자기와 자기실현

하나의 경지, 하나가 되는 길

이부영
분석심리학
3부작

III

자기와 자기실현

하나의 경지, 하나가 되는 길

한길사

Rhi Bou-Yong's Analytical Psychology Trilogy

Self and Self-actualization

One Mind, the Path toward Wholeness

by Prof. emeritus Bou-Yong Rhi, M.D. Ph. D

Published by Hangilsa Publishing Co., Ltd.
Seoul, Korea, 2002, 2021

카를 구스타프 융(Carl Gustav Jung, 1875~1961)
"나의 생애는 무의식이 그 자신을 실현한 역사다. 무의식에 있는 모든 것은 사건이 되고
밖의 현상으로 나타나며, 인격 또한 그 무의식적인 여러 조건에 근거하여 발전하며 스스로를 전체로서
체험하게 된다"(아니엘라 야훼 엮음, 『C.G. Jung의 회상, 꿈 그리고 사상』 프롤로그 중에서).

ΠΡΟΦΗΤΩΝ ΠΑΤΗΡ ΠΟΛΥΦΙΛΟΣ ΦΙΛΗΜΩΝ

융의 환상기록인 『붉은 책』(Red Book)에 들어 있는 융의 환상상. 융은 이를 필레몬이라 이름했는데,
이것은 무의식의 우월한 통찰의 인격화로 간주되었다.

융이 그린 만다라. 중심에서 빛나는 흰빛을 중심으로, 첫 번째 원에는 생명의 씨앗이,
두 번째 원에는 회전하는 우주의 원리가, 세 번째와 네 번째 원에는 안과 밖으로 작용하는 창조력이 표현되어 있다.
그리고 사방에 빛과 어둠으로 구분되는 남성적 · 여성적 혼이 묘사되어 있다.

티베트 불교에서 명상의 도구로 사용하는 만다라상. 만다라는 원과 사각으로 이루어지며 중심이 강조되어 마음의 중심에 집중하도록 되어 있다. 이 만다라 그림은 '차크라 삼바라 62존 만다라'(勝樂輪六十二尊曼荼羅)다 (한빛문화재단, *Art of Thangka from Hahn's Collection*에서 전재).

나바호족 인디언이 그린 「결코 죽지 않는 들소」라는 제목의 모래그림.
이는 전체적으로 만다라상을 나타내며, 중앙에 산으로 둘러싸인 호수가 보인다.

경남 울주군 천정리의 암각화. 많은 기하학적 문양 가운데 동심원, 소용돌이, 마름모꼴이 발견된다.
우리는 이것이 무엇을 뜻하는지 정확히는 모른다. 다만 선사시대와 고대의 유적 및 원시종족의 문화뿐 아니라
현대인의 꿈속에도 반복적으로 발견되는 것으로 미루어 어떤 핵심적인 상징을 표현하는 것이라고 추정할 뿐이다.

아일랜드 뉴그레인지에 있는 선사시대의 무덤과 그 입구에 놓인 돌. 기원전 3,000~4,000년의 것으로 추정되며, 돌에는 죽음과 재생을 상징하는 소용돌이무늬가 새겨져 있다.

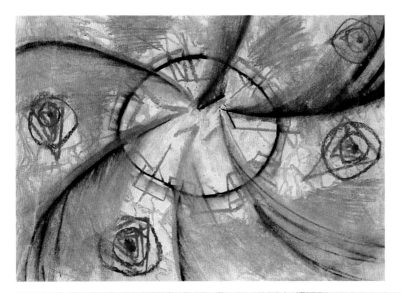

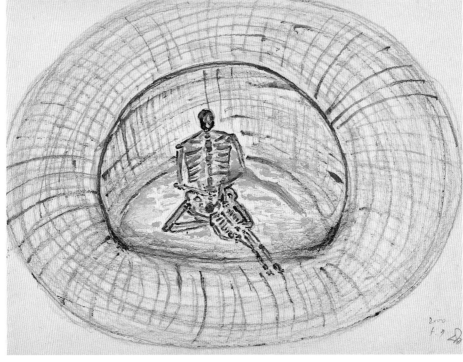

(위) 정신분열증을 앓는 청년이 급성기에 그린 그림 중 하나. 소용돌이가 그림의 주제로,
그가 갖는 고뇌와 고뇌로부터 해방되고자 하는 몸부림이 드러나 있는 듯하다.
(아래) 한 여성 피분석자가 꿈에서 본 만다라상. "등바구니처럼 짠 둥근 알, 그 안으로 보이는 것은 바다,
그곳에 황금빛 도는 피부에 뼈와 가죽만 남은 산 부처가 앉아 있다. 완전 엑기스. 그는 왼쪽 팔에 배춧잎 같은
것—내 생각에 지구로 보였다—을, 발목 근처에는 전신해골을 걸쳐놓고 결가부좌를 한 채 묵상에 잠겨 있었다.
머리털이 곤두설 정도로 무서웠다. 동시에 그 엄청난 모습 앞에서 나는 다만 먼지에 불과하다고 느꼈다."

한 여성 피분석자의 환상. "무수한 별이 모여 우주가 되어 오른쪽으로 돌기 시작했다.
그 중심에서 날개가 큰 새가 나와서 지상의 작은 섬으로 내려와 알을 품듯이 날개를 반쯤 접는다.
그 섬에는 파스텔풍의 코끼리와 사슴들이 있다. 처음에는 두려웠으나 곧 편안하고
따뜻한 느낌이 들었고, 그것을 그리고 싶어졌다."

우리나라의 세 살된 남아가 그린 그림. 자연스럽게 원형상이 묘사되어 있으며, 소용돌이무늬와 동그라미, 네모의 결합이 매우 흥미롭다. 소용돌이무늬는 선풍기의 영향을 받은 듯하나 다른 그림들에도 열중해 그려넣은 점으로 보아 중요한 의미를 담고 있는 것 같다. 로다 켈로그는 어린이에게서 만다라 그림이 중요하다는 점을 강조했다.

한 인디언의 선인장 중독 시 나타난 시각상을 그린 그림. 위의 그림은 선인장꽃,
아래 그림 중앙의 밝은 것은 불의 신이라 하며, 사방으로 사슴머리가 보인다.

달을 거쳐 천상의 세계로 이르는 야곱의 사다리. 야곱의 꿈: "그가 보니 땅에 층계가 세워져 있고 그 꼭대기는
하늘에 닿아 있는데, 하느님의 천사들이 그 층계를 오르내리고 있었다. 주님께서 그 위에 서서 말씀하셨다"
(「창세기」 28: 12~13). 영국의 화가 윌리엄 블레이크의 작품이다.

이부영
분석심리학
3부작

III

자기와 자기실현

하나의 경지, 하나가 되는 길

자기와 자기실현
하나의 경지, 하나가 되는 길

자기는 모든 것이다

▌프롤로그

1965년 무렵으로 생각된다. 나는 취리히 호수가 멀리 내려다보이는 퀴스나하트 언덕에 있는, 융의 수제자 마리 루이제 폰 프란츠 여사의 거실에서 차를 들며 이야기를 나누고 있었다. 영국 태생의 분석가이자 적극적 명상의 대가인 바바라 하나 여사도 함께 있었다. 우리는 융의 심리학적 개념을 더듬어가고 있었다. 이야기가 '자기'(Selbst)의 개념에 이르자, 두 분 가운데 누구였는지는 분명치 않으나 한마디로 '그건 모르는 것'이라는 반응이 나왔다. '자기'는 결국 '우리가 알 수 없는 것'이라는 말이다.

그런데 나는 지금 그 '모르는 것'에 관하여 이토록 많은 말로 책 한 권을 엮었다. 아마도 그 실체를 궁극적으로 알 수 없기 때문에 더 많은 설명이 필요했는지도 모른다.

그날 오후 퀴스나하트에서 나는 또한 융에 관한 다음과 같은 에피소드를 들었다. 강의 중에 자기의 개념에 관해 질문을 받고 융은 이렇게 말했다고 한다. "여기 내가 있고 여러분이 있고 여러분과 함께 이렇게 있는 것, 이 모든 것이 자기라 할 수 있습니다."

그렇다. 자기는 모든 것이다! 자기를 말하려면 모든 것을 말해야 한다. 자기는 각자의 전체 인격이기 때문이다. 자아, 페르조나, 의식, 그림자, 아니마와 아니무스, 각종 콤플렉스, 열등기능, 개인적·집단적 무의식, 원형들 ― 모든 것이 포괄된다. 이미 출간된 '분석심리학의 탐구' 제1부 『그림자』, 제2부 『아니마와 아니무스』를 제쳐놓고 자기와 자기실현을 말할 수 없다. 그러니 이 책에는 변주곡처럼 제1부와 제2부의 주제가 되풀이된다. 그러면서 자기와 자기실현의 상징이 경험자료를 중심으로, 혹은 상징사적 대비를 통해 묘사되어 있다. 스스로의 경험 없이 이해하기에는 벅찬 부분도 있을 것이다. 그럴 때는 제1부로 다시 돌아가 처음부터 시작하든가, 더 기초적인 필자의 『분석심리학』을 면밀히 음미해볼 일이다.

C.G. 융은 '자기실현'이라는 말보다 '개성화'(individuation)라는 말을 주로 사용했다. 두 용어가 다 개인의 전체정신을 실현한다는 뜻에서 같은 말이다. 자기(Selbst)라는 말이나 개성(Individualität)이라는 말은 같은 것을 다른 측면에서 표현했을 뿐이다.

그러나 개성화라는 말에 저항을 느끼는 사람이 있는 것은 사실이다. 그것은 개성화를 오직 남과 다르게 사는 개별화라고 오해하기 때문이다. 자기실현을 하게 되면 이기적인 사람이 되고 사회공동체를 위한 헌신과 희생의 정신은 사라져버릴 것이라고 걱정하는 사람도 있다. 그러한 오해가 이 책을 읽음으로써 어느 정도 풀릴는지는 독자에게 달렸다. 그러나 나는 획일주의와 전체주의를 동경하는 사람들조차도 개성을 존중하고 타고난 삶을 전체로서 살면서 좀더 성숙된 인간관계를 유지하는 일을 마다하지 않을 것이라 믿는다. 그 이유는 간단하다. 인간의 본성이 그것을 요구하기 때문이다.

'분석심리학의 탐구' 제1부, 제2부와 마찬가지로 이 책 역시 융의 학설을 더 깊이 소개할 뿐 아니라 그것이 한국문화와 한국인의 무의식에서 어떻게 증명되는가를 살펴본 연구서로서 결론이 아닌 중간보고의 성격을 띠고 있다. 아직 더 많은 것이 구명되어야 하고 더 많은 사례가 제시되어야 한다.

귀중한 체험이 담긴 무의식적 자료의 공표를 쾌히 응낙해주고 원고 집필이 끝날 때까지 긴 여름방학을 기다려준 피분석자들에게 진심으로 감사드리며, 몇 차례의 수정·보완에도 전사작업을 묵묵히 완수해준 한국융연구원 전영희 씨의 노고에 감사드린다.

변함없는 성의와 전문적 기량으로 꼼꼼하게 교정을 봐주고 수준 높은 편집에 임한 한길사의 여러분에게도 깊은 감사를 드린다. 무엇보다도 '분석심리학의 탐구' 전 3부가 세상에 나오도록 배려한 한길사 김언호 대표님께 충심으로 감사드린다.

끝으로 책의 출간을 기다리는 독자들과 후학들에게 조그만 의무를 완수했다는 홀가분한 마음으로 서문을 맺는다.

2002년 11월
한국융연구원 연구실에서
이부영

제1부

왜 자기실현인가

왜 자기실현인가? 이 물음에는 여러 가지 뜻이 포함되어 있다. 왜 '자아'실현이 아니고 '자기'실현이라고 하는가. 자아와 자기는 같은 것인가 다른 것인가. 왜 자기실현을 해야 하는가. 평범하게, 행복하게 살면 되지 무엇 때문에 자기실현이니 뭐니 하는 엄숙한 말을 쓰면서 어렵게 살기를 요구하는가 등등. 해답은 간단하다. 분석심리학에는 자아실현(ego-actualization, 또는 Ichverwirklichung)이라는 말이 없다. 실현(實現)하는 것은 자아(나, Ich, ego)가 아니고 자기(自己, Selbst, Self)라고 하는 것이다.

분석심리학에서는 자아와 자기를 구분한다. 자아는 의식의 중심이지만 자기는 의식과 무의식을 통틀은 전체정신의 중심이다. 전체정신은 실현될 수 있다. 그러나 의식은 발달, 분화, 또는 강화될지언정 '실현'되는 것이 아니다. 자기실현(Selbstverwirklichung)이란 아직 모르는 크기의 전인격을 실현하는 것을 말한다. 그러나 자아는 알고 있는 정신세계, 즉 의식계의 주인이므로 자아실현이라는 말은 어울리지 않는다. '자아의 확대' '자아의 발달' 혹은 '자아기능의 분화' 등으로 말할 수는 있을 것이다.

왜 자기실현을 해야 한다고 하는가? 그것이 인간의 핵심적인 과제이기 때문이다. C.G. 융의 분석심리학이 유난히 인격의 성숙을 강조하기 때문에 자기실현을 '요구'하는 것이 아니다. 원하든 원하지 않든 개개인의 삶이 그것을 요구한다. 자기실현은 엄숙한 것도 심각한 것도 아니다. 바로 개인의 '평범한 행복'을 구현하는 과정이다. 왜냐하면 그것은 당신 자신이 되는 것이기 때문이다. 모두 한결같이 성인군자나 초인이 되라는 요구가 아니다. 개인이 가지고 있으나 아직 실현하지 못한 삶을 가능한 한 많이 실현하는 것이다. C.G. 융은 인간심성 속에서 이와 같은 자기실현의 보편적·원초적 충동을 발견하고 여기에 이름을 붙이고 이 현상을 기술했다.

자기실현은 삶의 본연의 목표이며 값진 열매와도 같다. 자연은 값진 열매를 헐값에 내주지 않으므로 이 과정은 당연히 갈등과 방황이라는 고통스러운 시련을 수반하기도 한다. 성장과 성숙을 위한 고통과 시련을 마다한다면 통찰의 희열도 맛보지 못할 것이다. 이제부터 우리는 분석심리학에서 말하는 '자기실현'을 생각해보기로 한다. 그러기 위해서는 먼저 '자아'와 '자기'의 개념부터 살펴보아야 할 것 같다.

분석심리학에서 본 자아와 자기

자아(나)란 무엇인가

자아는 의식의 중심이다

우리는 '나'라고 부른다. 나의 생각을 말하고 나의 느낌을 말한다. 나의 추억, 나의 고통과 나의 보람 — 이 모든 것은 무엇인가? 그것은 내가 의식하고 있는 마음, 즉 자아의식(Ichbewußtsein, the ego-consciousness)의 내용이다. 분석심리학에서는 내가 알고 있는 마음을 의식(Bewußtsein, the consciousness)이라 하고 내가 가지고 있으나 모르고 있는 마음을 무의식(das Unbewußte, the unconsciousness)이라 하는데, 모든 의식내용은 나, 즉 자아에 연계되어 있다. 그래서 자아는 의식영역의 중심역할을 한다.

의식되어 있다는 것은 어떤 심리내용이 자아와 관계를 맺음으로써 가능하다. 자아를 통해서 지각되고 판단되며 기억되지 않는 정신은 모두 무의식의 내용이다. 무의식은 대단히 넓고 깊다. 그것은 마치 의식이라는 섬을 에워싸는 바다와 같다.[1] 자아는 그러한 섬을 통치하는 수장이다. 자아가 의식의 중심이라면 의식과 무의식을 합친 우리의 전체정신의 중심은 분명 자아와는 다른 성질을 지닌 것일 것이다. 융은 이것을 자아(Ich)와 구별하여 자기(Selbst)라고 불렀다. 그러나 자아는 한편으로는 지식의 확대와 무의식의 의식화(意識化, Bewußt-werdung)를 통하여 그 영역을 확대하거나 또한 변화하면서 전체정신인 자기에게 접근한다.

자아의 내용이 무엇인지를 남김없이 기술하는 것은 결코 쉽지 않다고 융은 말한다. 그것은 복합적인 요소로 구성된 하나의 콤플렉스(複合, Komplex), 즉 자아 콤플렉스(Ich-Komplex)라 부르기도 한다. 자아 콤플렉스는 의식의 내용을 이루는 동시에 의식이 의식일 수 있도록 하는 조건이기도 하다.[2] 분석심리학에서 콤플렉스란 정신의 자연스러운 구성요소들인데 자아는 그 많은 콤플렉스 중 하나라는 것이다. 다만 그 특징은 의식내용이 자아와 관계짓고 자아가 개인적 의식행위의 주체(Subjekt) 역할을 한다는 점에 있다. 자아는 총체적 의식영역을 토대로 하지만 자아가 그것으로 이루어진 것은 아니고 다만 그 연계점(Bezugpunkt)일 뿐이다.[3] 자아는 의식영역의 연계점으로서 모든 적응력의 주체다.

융은 말한다. 자아 콤플렉스는 마치 자석과 같은 큰 매력을 갖고 있다. 그것은 무의식의 내용을 우리가 모르는 어둠의 세계에서 끌어당긴다. 그것은 또한 밖에서 오는 여러 인상을 끌어당긴다.[4] 그러므로 자아는 두 가지 중요한 역할을 수행해야 한다. 하나는 바깥세계와 관계를 맺고 이에 적응하는 것이고 다른 하나는 무의식의 내면세계를 살펴 이와 관계를 맺고 이에 적응하는 기능이다.[5] 의식의 중심으로서 의식을 통제하고 견고히 하는 것이 자아이지만 동시에 무의식의 내용을 의식에 받아들여 이를 동화하거나 그 뜻을 인식하는 것도 자아의 몫이다. 그만큼 자아는 자기실현의 필수적인 전제조건이다.

무의식에서 자아는 태어난다

갓난아기도 자아를 가지고 있을까? 언어로 의사를 표현하기 전까지 갓난아기는 좋고 싫음을 몸짓으로 표현한다. 울거나 웃거나, 발버둥치거나, 아니면 토하거나 설사를 한다. 환경에 대한 미세한 신체적 반응은 태아기에도 관측된다. 생명의 자율적 기능은 물론 수태의 순간부터 생겨나지만 환경자극에 대한 아기의 선택적 반응은 분명 그 반응의 주체를 전제로 한다.

그러나 그 주체를 자아라고 부르기는 어렵다. 왜냐하면 자아란 '의식함으로써' 생기는 것이기 때문이다. 의식되기 이전 상태는 분석심리학적 용어로는 무의식상태라고 할 수 있다. 신체기능과 정신기능이 두드러지게 그 특색을 나타내어 분리되기 이전, 신체와 정신이 생명활동 속에 하나로 융합되어 있던 원초적 상태, 나와 너, 주관과 객관이 분명하게 나뉘기 전의 상태다.

갓 태어난 아기는 무의식 그 자체라고 해도 될 것이다. 그러나 이 말은 아기가 정신적으로 아무것도 없는 백지(tabula lasa) 상태라는 말이 아니다. 바다처럼, 대지처럼 무의식은 수많은 생명의 씨앗들을 그 안에 품고 있다. 다만 그것이 아직은 어둠 속에 있어서 드러나지 않거나 그 드러남이 극히 미약하여 겉에서 확인하기 어려운 상태일 뿐이다. 갓난아기는 태어나면서 이미 장차 성장하면서 발휘하게 될 모든 정신활동의 가능성을 갖추고 있다. 그 많은 가능성 가운데 자아가 있다. 다만 자아는 무의식 속에 잠재적으로 존재하고 있다.

"태초에 혼돈이 있었다." 많은 민족의 창세기는 이렇게 말한다. 캄캄한 밤이 있었고 하늘과 땅이 갈라지지 않은 채 서로 뒤엉켜 있었다. 그러자 빛이 있었다. 아기의 탄생과 성장은 창조신화에서 이야기되고 있는 것과 똑같은 과정을 보여주고 있다.[6) 심리학적 용어로 말하자면 "최초에 무의식이 있었다." 그리고 "무의식에서 자아의식이 싹텄다"라고 해야 할 것이다. 무의식은 자아의식을 탄생시킨 모체인 것이다. 이런 생각은 프로이트의 관점과 다른 점이다.[7] 그는 "최초에 자아의식이 있었다. 이로부터 억압에 의해 무의식이 생겨났다"는 관점을 견지했다. 그에 따르면 무의식은 의식의 부수물과 같은 것이었다. 그러나 융은 인격형성의 모체로서의 무의식을 강력히 주장한다. 이 간단한 무의식관의 차이는 사실 엄청나게 큰 학설상의 간극을 빚게 된다.

프로이트의 정신분석의 관점은 어떻게 자아가 위험한 무의식의 충동을 승화시키는가를 강조하는 데 비해 융은 어떻게 자아가 무의식의 창조성을 받아들이느냐에 집중한다. '자기'와 '자기실현'의 관념은 무의식에 창조적 기능이 있다는 견지가 아니고서는 있을 수 없는 학설이다. 프로이트의 학설에는 분석심리학에서 말하는 자기나 자기실현과 같은 의미의 가설이 없다. 흥미있는 것은 프로이트 이후의 정신분석자들이 자신(self)이라는 용어를 쓰면서 자아(ego)와는 다른 범주의 개념을 생각해내기 시작한 점이다.[8]

어린이와 원시인의 자아의식

자아의식의 측면에서 본 어린이의 심성은 매우 원초적인 상태에 머물러 있다. 태어나서 만 두세 살 무렵까지는 자기자신에 관해서 동물이나 원시인처럼 무의식적 상태에 있다고 융은 보았다. 이 단계에서 차츰 문명된 의식성으로 발전된다. 이 단계의 아이는 환경조건에 완전히 용해된 상태에 있고 태아가 모체의 일부라면 유아기초의 심리는 처음에는 어머니의 정신의 일부, 뒤에는 아버지의 정신의 일부가 된다. 자기 고유의 정신은 나중에 비로소 생긴다.[9] 융은 말한다.

동물적·원시적 단계에서는 의식의 빛은 해리된 자아의 여러 조각들과 구별할 수 없을 정도의 미미한 광도(光度)를 지니고 있다. 갓난아기의 의식은 아직 탄탄하게 다져진 자아 콤플렉스를 중심으로 모여 있지 않은 채, 외부사건이나 내면에서 일어나는 본능과 정동(情動)에 따라 여기저기서 피어오른다. 그러므로 이 단계에서의 의식은 아직 섬 같은, 혹은 많은 섬이 흩어져 있는 다도해 같은 성격을 띠고 있어 통일성을 이루지 못하고 있다.[10]

출생 뒤 아주 일찍부터 정신과정이 분명히 인지되지만 이 과정은 자아와 연결되지 않고 중심을 가지고 있지 않다. 그래서 연속성을 갖춘 의식을 볼 수 없다. 또한 아기는 비록 유연한 정신기관을 가지고 있고 인상을 지각하는 능력을 가지고는 있으나 어른의 기억에 해당하는 것이 잘 드러나지 않는다고 융은 생각했다.[11] 어린이가 세 살 내지 다섯 살, 또는 그 이전에 '나'라고 말하기 시작할 때, 비로소 지각할 수 있는 의식이 생기고 이때부터 개별적 정신(individual psyche)이 존재하게 되며 의식의 발전이 시작된다.[12] 그러나 그 의식은 무의식의 본능적 충동에 의해 자주 중단되어 연속성을 유지하기 어렵다.

출생 첫해의 아기에게서 우리는 의식이 어떻게 점진적으로 조각들을 결합하면서 형성되어가는지를 뚜렷이 볼 수 있다. 이런 과정은 사실 전생애에 걸쳐 결코 완전히 멈추는 법이 없다.[13]

의식이 생김으로써 그 이전에 정신을 지배하던 엄청난 신화적·집단적 표상이 억제되고 그것은 그 후 종종 아기들의 꿈속에서 원형적 형상들로 나타나기도 한다.[14] 이렇듯 아기의 의식과 원시인의 의식상태는 비슷한 면을 보인다.

　원시인은 원시심성에 관한 레비 브륄(Lévy Bruhl)의 신비적 참여의 법칙에 따라 나와 너, 주체와 객체, 정신과 물질을 동일시하는 경향이 있다. 아기의 의식도 그러하다. 세계는 매우 경이롭거나 때로는 낯설고 의심쩍으며 엄청난 영향력을 가지고 겨우 싹튼 자아를 위협하는 것처럼 보인다.

　원시인이나 아기의 '나'는 줄곧 어둠을 밝히는 등불이라기보다 어둠 속에서 깜박이는 불빛과 같다. 대상에 대한 집중력, 지구력, 통합능력이 부족하고 자아는 쉽게 피로하여 무의식의 온갖 충동에 의해 자주 그 흐름이 차단되는 것이다. 이 경우 아기는 원시인이 겪는 영혼의 위기(perils of soul)에 직면한다. 원시인들은 인간의 영혼이 수많은 악귀에 에워싸여 있고 악귀들은 언제 영혼을 빼앗아갈지 모른다고 생각한다. 영혼이 홀로 돌아다니다가 변을 당하지 않도록 자기 방어의 주술을 익혀야 하고 여러 가지 금기를 지켜야 한다. '혼의 상실'(失魂, soul-loss)을 병의 원인 중 하나로 보는 원시인은 의식의 일부가 무의식으로 떨어져나가 의식이 해리되는 현상을 잘 알고 있었다. 우리나라 제주도에 '넋남'으로 인한 병에 넋들임의 굿을 한다든가, 자는 아이를 갑자기 깨워서 놀라게 해서는 안 된다는 속신이나 모두 원시인과 마찬가지로 아이의 의식이 얼마나 깨지기 쉬운 느슨한 결합체인가를 암시한다.15)

　아기가 '나'라고 할 때 그것은 자기의 몸과 구분되지 않는다고 융은 말한다. '나'는 곧 내 몸이다. 이 점에서도 아이의 의식은 원시인과 비슷하다.16)

　신체와의 동일성은 자아를 만드는 최초의 것들 중 하나라고 융은 생각했다. 자아 개념을 유도하는 것은 분명 공간적 분리성(spatial separateness)이며, 자아의 복합적 요소는 경험상 두 개의 토대에서 생겼는데 하나는 신체적인 것, 다른 하나는 정신적 토대라고 융은 말했다. 이런 사실은 신체적 기초인 내인성 신체감각들의 총체에서 추론되는데 이것은 이미 정신적 성질로서 자아에 결부되어 있다. 즉 의식의 내인적·신체적 자극들에 근거를 두고 있으나 오직 부분적으로만 의식의 문턱을 통과한 것이라는 것이다.[17]

유아기의 의식이 원시인의 의식과 비슷하고 원시인의 의식이 문명인의 의식으로 발전한다고 말한 점에서 융이 원시인의 지능이 열등하다거나 유아기의 심성이 유치한 단계에 있다고 본 것은 아니다. 자아의식의 발전이라는 차원에서 볼 때는 발달학적 관점에서 그렇게 볼 수도 있겠으나 의식과 무의식 전체로서 볼 때는 그렇지 않다. "원시인은 바보가 아니고 단지 본능적으로 현명(instinktiv intelligent)한 것이다"[18]라고 융은 말한다. 원시인은 현대인보다 훨씬 본능에 가까이 있고 본능에서 분리되어 있지 않기 때문에 어쩌면 현대인보다 훨씬 우수한 본능적 지각을 가지고 있을지도 모른다. 원시인은 현대인처럼 머리로 생각하지 않고 몸으로 생각한다. 사고가 감정과 감각 등으로부터 분리되어 있지 않다.[19]

이것은 하나의 원초적인 사고형태다. 푸에블로 인디언들과 대화를 나눈 융은 이들에게는 추상적 사고가 없고 이들이 감각과 감정을 뛰어넘지 못한다는 사실을 발견했다. 원시심리학에서는 이런 의식의 국재성(局在性)이 큰 역할을 하지만 그렇다고 미개한 것이 아니라고 융은 말하면서 탄트라 요가와 힌두 심리학이 의식의 층에 관한 매우 정교한 체계를 만들어냈음을 지적하고 있다.[20]

1961년 융이 서거하기 한달 전, 미구엘 세라노(Miguel Serrano)와의 면담 중 죽음의 문제와 집단적 무의식에 관한 이야기를 나누는 가운데 융은 이런 말을 했다.

당신이 알다시피 어린이는 명확한 자아감각을 가지고 있지 않습니다. 어린이의 자아는 그의 온몸에 널리 퍼져 있습니다. 그런데도 어린이는 꿈을 꾸고 꿈속의 자아는 성숙한 어른들의 자아처럼 명확하다는 사실이 증명됩니다. 꿈속에서 어린이는 페르조나를 분명히 지각하고 있습니다. 만약 생리학적 관점에서 어린이가 자아를 갖지 않는다면 그 어린이 속에서 꿈을, 그것도 그 이후의 나머지 생애 동안 그에게 영향을 주는 큰 꿈을 만들어내는 것은 무엇이겠습니까. 다른 의문 즉, 만약 신체적 자아가 죽음으로 인해 없어진다면 어릴 때 그에게 꿈을 보냈던 다른 자아도 사라질까요?[21]

전체로서 볼 때 어린이와 원시인, 그리고 이른바 현대인은 한 가지 사물을 전혀 다르게 보고 다르게 반응한다고 할 수 있다. 더 잘나고 못나고가 없다. 그러나 의식의 발달이라는 차원에서 볼 때 어린이와 원시인의 자아는 어른과 현대인의 자아와는 사뭇 다르다. 의식의 짜임새, 그 견고함이나 명확성뿐 아니라 의식성(Bewußtheit)의 유무에서도 이 두 부류는 크게 다르다. 의식성이란 단지 "내가 하는 것"이 아니라 "내가 하는 것이 무엇인지를 내가 아는 것"이다. 그러나 어른이라고 해도 의식성이 부족한 면에서 어린이보다 못한 경우도 있다.

의식에서 의식성으로

자아의식이 대상과의 원초적 동일시에서 벗어나기까지는 상당한 기간이 필요하다. 융은 그것이 사춘기가 지난 다음에야 가능하고 그때까지 자아의식은 고도의 충동과 환경조건 사이의 노리개와도 같다고 보았다. 심지어 "소아기에서 사춘기까지는 자체적인 정신은 전혀 존재하지 않는다"고까지 말했다. 여섯 살에 학교에 가는 아이는 어떤 의미에서든 아직 부모의 산물이라고 그는 잘라 말한다.[22] 그리고 사람들이 말썽을 부리고 순종하지 않아서 가르치기 어려운 문제아를 개성적이며 자기 고유의지를 갖춘 아이라고 생각하고 싶은 유혹에 빠지는 수가 있으나 그것은 착각이라고 그는 말한다. 이 경우에는 부모의 환경과 그들의 심리적 조건을 살펴볼 필요가 있으며, 그것은 아이에게 고유한 존재의 표현이라기보다 부모의 해로운 영향이 반영된 것이라고 말하면서 융은 부모의 콤플렉스가 아이에게 주는 전염력이 얼마나 강력한지를 거듭 강조했다. 또한 아이의 개인의식이 부모와의 원시적 동일성에서 해방될 때 이 해방의 투쟁에서 학교교육은 적지 않은 역할을 한다고 보았다.[23]

나와 남, 주체와 객체의 구별이 불분명한 무의식상태에서 자아가 탄생하여 이를 중심으로 차츰 세계에 대한 지식이 확대되고, 외부 사물에 대한 관찰과 분석을 통하여 고태적·신화적·집단적 요소의 투사상을 제거하고 이를 의식으로부터 분리하는 작업이 진행된다. 그러면서 남과 다른 나를 구축한다.

열 살된 어린이가 '나'라고 할 때 그가 자신의 자아를 충분히 의식하고 있는지는 알 수 없다. "자아를 의식하지 않는 의식"이 있을 수 있다고 융은 지적한다. 어린이가 자라서 열네 살경 혹은 그 이전에 별안간 "내가 여기에 존재한다"는 사실을 인식할 때, 이들은 생전처음으로 자신이 경험하고 있는 주체를 느끼며 주체가 여러 가지 과거를 회상할 수 있다는 사실을 알게 된다.[24]

이때 우리는 자아를 의식하는 '나'를 본다. 또한 "내가 한다"와 "내가 하는 것이 무엇인지 안다" 사이에는 큰 차이가 있다. 하나는 반성되지 않은 의식이고 다른 하나는 의식성을 갖춘 의식이다. 의식성을 갖춘 자아의식이야말로 성숙한 자다. 의식성이란 자신이 미처 몰랐던 것을 집중적으로 통찰하고 깨닫는 자세, 다른 말로 '깨어 있음'을 말한다. "항상 깨어 있읍시다" 하고 바울도 말했다. 분석심리학에서 말하는 것은 맹목적이며 무의식상태에서 자신과 세계를 바로 보기 위해 깨어 있음을 말한다. 그러나 항상 '깨어 있음'은 피곤한 일이다. 그래서 사람들은 가끔 무의식성의 편안함 속에 잠들기를 좋아한다.

> 의식은 무의식의 산물이다. 그것은 격렬한 노력을 필요로 하는 조건이다. 의식됨으로써 사람은 피곤해진다. 의식에 의해서 사람들은 지친다.[25]

그러나 전체정신의 핵심인 자기는 때때로 잠들어버린 자아를 깨워서 벗어날 수 있도록 자극을 준다. 그것은 고통을 수반하므로 많은 사람이 그런 기회를 가지지만 그 목적을 의식하는 사람이 적다.

집단정신과 나

'나'라고 하면 일차적으로 남과 다른 나를 생각한다. 앞에서 말한 대로 그것은 일회적이며 개인 특유의 것이어야 할 것이다. 그런데 실제로는 그렇지 않다. 자아의 상태, 자아의 수준은 여러 가지이고 자아의식 속에는 개인적인 것 이외의 많은 다른 집단적 내용이 들어 있다. 어린이의 자아의식 속에는 부모의 생각과 감정이 깊이 스며들어 있다. 어린이가 자라서 청소년기에 접어들면 자아의식은 어느 정도 굳건해지고 부모에 대한 환상(고태적 동일시)에서 해방되고 이들에 대한 의존심에서 벗어나기 시작한다.

그러나 인간과 사물에 대해 자기 나름대로의 냉철한 판단을 내리기 시작할 때에도, 아니 어른이 된 뒤에도 '부모의 마음'이 '나의 마음'과 구분없이 의식세계를 지배하고 있음을 발견할 때가 흔히 있다. 상급학교에 가거나, 직업을 선택하거나, 결혼을 할 때, 이른바 '개성 있는' 사람들은 그 결정을 자아의 자유의지대로 내린 것이라고 생각하는데, 물론 그런 경우도 분명히 있다. 그러나 그렇지 않은 경우도 많은 것이다.

집안일은 돌보지 않은 채 여기저기 찾아다니며 공부만 하고 있는 중년부인이 있다. 하루는 그녀의 꿈속에 어머니가 나타나서 공부 열심히 해서 좋은 학교에 가라고 한다. 꿈꾼 사람은 이 말에 감동한다. 그녀의 어머니는 자기가 공부 못 한 것이 한이 되어 자식들에게 항상 공부만을 강조하고 공부 잘하는 아이만 귀여워했다. 꿈꾼 사람은 공부를 제법 잘해서 어머니의 후한 점수를 받았다. 어머니는 몇 해 전에 병으로 돌아가셨다.

이 꿈은 이 부인의 일방적인 학구욕이 무엇에 의해서 지지되고 촉진되고 있는지를 가르쳐주고 있다. 그녀는 그녀 자아의 자유의지보다 청소년기에 겪은 어머니의 마음, 이제는 그녀 자신 마음의 일부로 동화되어버린 어머니의 공부 콤플렉스에 지배되어왔던 것이다. 사실 그녀는 허기진 사람처럼 이런저런 지식을 소화되지 않은 채 탐식하고 있었지만 삶에 대해 별로 보람을 못 느끼고 항상 공허감에 시달리고 있었다. 이 경우 정신치료자는 그녀의 자아 속에 끼어든 어머니의 자아를 구별해내는 작업을 하지 않으면 안 된다.

유행심리를 따르지 않고 주관이 뚜렷하다고 자부하는 '개성적인'

사람의 자아의식에도 자세히 보면 집단의 의식이 많이 들어 있음을 알 수 있다. 이것은 대개 자기가 살아온 문화집단을 떠나 전혀 다른 문화권으로 가서 살 때 비로소 표면에 드러난다. 같은 집단의식을 공유하는 사회에서는 보이지 않다가 이질적인 집단과의 대면에서 자기 모습을 보게 되는 것이다.

1962년 스위스 취리히시의 C.G. 융연구소에 유학 갔을 당시의 필자도 그러한 '개성적'이며 자존심 강한 청년이었다. 그러나 나는 거기서 내가 개성적인 사람이 아니라 한국문화라는 커다란 집단정신의 부산물임을 알았다. 내가 나도 모르게 동일시한 한국의 문화전통이 이와는 전혀 다른 서유럽의 집단의식과의 충돌에서 모습을 드러냈던 것이다.

전차 안에서 백발의 노신사가 젊은 여인에게 정중히 자리를 양보하는 장면, 다리를 저는 노인이 연구소의 긴 계단을 힘들여 올라오는 것이 안쓰러워 위에 서 있다가 황급히 내려가 부축해드리려다가 오히려 완강한 저항에 부딪혔던 경험, 선생의 얼굴은 마주 보는 것이 아니라 약간 고개를 떨구는 것이 예의라고 알았던 동양의 동료가 그렇게 하다가 상대방이 크게 노했다는 에피소드, 좋고 싫은 감정을 호들갑스럽게 직접 표현하지 않는 것을 미덕으로 알았다가 동양사람은 무슨 생각을 하는지 모르겠다는 오해를 받은 경험, 나와 너의 구분을 너무도 분명히 요구하는 서구인의 '극성'과 '단순성'에 짜증을 냈던 경험, 아무 생각 없이 멍하니 있으면서 자연과 내가 하나가 되는 무념무상(無念無想)의 여유로움을 이해 못 하고 항상 의식의 빈 공간에 문자를 채워야만 직성이 풀리는 서구인의 지칠 줄 모르는 사고에 대한 역겨움—낯선 문화권에 첫발을 딛고 나서 경험하는 문화충격의 예를 들자면 이밖에도 수없이 많다.

나는 그곳에서 분석수련을 받으면서 내가 기본적으로 내향적임에도 불구하고 생각 속에서는 얼마나 외부적인 것을 크게 갈망해왔는지를 알고 놀랐다. 40년 전의 나는 부끄럽게도 큰 것, 유명한 것, 권위적인 것을 찾고 있었다. 유명한 대학, 권위 있는 교수, 박사학위, 커다란 강의실 등. 이에 비해 융의 개인연구소는 무언가 흡족하지 않았다. 나의 의식에는 온통 유교의 전통문화에서 이어받은 집단적 행동규범이 가득 들어 있었다. 외향적 가치관은 아마 여기에 뿌리를 두고 있었는지 모른다. 그러나 그것들은 대개 남성과 여성, 개인 사이의 평등한 관계, 개성의 상호존중, 형식주의나 권위적 허세보다 실용성, 내용의 건실성과 정확성에 투철했던 당시 유럽 사회, 특히 스위스 사회의 가치관으로 볼 때는 대부분 쓸모없는 것들이었다.

그러나 서유럽의 정신세계를 알아가는 가운데 내 속의 집단적·한국적 전통의식 속에 매우 귀중한 사상이 깃들어 있다는 것도 알게 되었다. 집단정신의 가치와 무가치를 상이한 집단정신 사이의 부딪침으로 알게 된 것이다.

이렇듯 한 개인의 '나'(자아) 속에 많은 '우리'(집단)의 생각들이 있다. 왜 그런가. 그 이유는 간단하다. 개인은 한 사회집단 속에서 살면서 집단의 요구에 맞추기 위해서 '우리'라는 집단적 가치체계와 행동규범을 배워야 하기 때문이다.

어린이가 말을 시작하면서부터 집단규범의 교육은 시작된다. 아이에게 존댓말을 가르치고 어른에 대한 인사법을 가르치면서 그 아이는 한국인의 집단규범을 익히기 시작하는 것이다. 자아 속에 들어 있는 집단정신, 그것을 좀더 살펴보기 위해 분석심리학의 페르조나라는 개념을 설명할 필요가 있을 듯하다.

페르조나[26]

자아가 외부세계와 관계를 맺고 이에 적응해가는 가운데 형성되는 행동양식, 일종의 기능 콤플렉스를 융은 페르조나(Persona)라고 했다. 그것은 사회집단이 개인에게 기대하고 요구하는 것에 맞추어갈 때 생긴다. '사회적 역할'(social role)이라고 하는 것이 이에 해당된다. 페르조나는 한 집단 속에서 사는 사람들이 한결같이 나누어가지는 공통된 내용을 가지고 있다. 그래서 한 집단에서 통용되는 화폐나 지폐에 비유된다. 이것들은 다른 집단에 가면 통용되지 못하므로 그곳에서는 거기서 쓰는 지폐나 화폐로 바꾸어야 한다. 장유유서(長幼有序), 즉 나이 많은 사람과 어린 사람 사이에는 지켜야 할 순서가 있다는 생각은 한국에서는 아직 통용될지 모르지만 서양사회에서는 통용되지 않는 것과 같다.

페르조나라는 말은 고대 그리스의 가면극에서 쓰는 탈에서 따온 말이다. 배우가 왕의 가면을 쓰면 왕의 역할을 하고, 같은 배우가 그 가면을 벗고 다른 가면을 쓰면 그 가면의 역할을 한다. 인간은 이렇게 사회 속에서 이런 가면, 저런 가면을 썼다 벗었다 하면서 살아가고 있다. 집에서 아들 딸 앞에서는 아버지 어머니의 가면을 쓰고, 직장에 가면 부장님의 가면을, 친구와 동료 사이에서는 친구와 동료의 가면을, 부부 사이에서는 남편과 아내의 가면을 쓴다.

아들의 가면, 딸의 가면, 시어머니의 가면, 며느리의 가면, 선생의 가면, 학생의 가면 —무수히 많은 가면이 있다. 명함에 찍힌 박사, 사장, 회장, 교수, 장관 등 수많은 사회적 칭호는 모두 페르조나를 대변한다. 우리말에서 사명이니 본분, 도리니 하는 말은 페르조나를 표현하는 것들이다.

'학생의 본분으로서', '부모된 도리로서' 할 때 그것은 모든 학생이

나 부모가 똑같이 지켜야 할 의무와 역할과 자세를 말하고 있고 따라서 집단적이다. "사람이 그러면 못쓴다" 할 때의 '사람'(man)은 모든 사람, 집단적 인간을 가리키는 말이다. 체면, 낯, 얼굴도 페르조나에 어울리는 말이다. 이런 집단적인 태도가 굳어져서 한 개인의 모든 생활을 지배할 정도가 되면 그 개인은 한 가지 특징만을 나타내는 '틀에 박힌' 사람이 된다. 말하자면 선생티, 목사티, 의사티, 그밖의 다른 티가 나는 사람들이 생겨난다.

많은 변화를 보이고 있기는 하지만 한국사회는 특히 페르조나를 강조하는 사회다. 한 개인의 자질보다도 그의 사회적 배경, 사회적 지위, 출신학교, 출신지역, 인간관계로 사람을 평가한다. 누구의 딸, 누구의 아들, 누구의 아내, 누구의 엄마, 누구의 아버지 등 개인 고유의 이름보다도 대개 가족이나 사회관계를 나타내는 말로 호칭된다. 또는 박사님, 회장님, 교수님, 사장님 등 직위만으로 그 사람을 부른다. 때로는 윗사람의 이름을 부르는 것조차 불경스러운 것으로 여기고 금기시한다. 나와 너는 노출됨이 없이 사회관계의 페르조나 뒤에 조심스럽게 숨겨놓고 있다.

집단규범은 그 사회의 모든 성원에게 한결같이 강요되고 만약 그 규범을 따르지 않으면 그는 배신자, 낙오자, 무능력자로 낙인찍히고 소외된다. 창의적인 생각을 하는 많은 사람, 개성이 있는 예술가, 미래를 내다볼 줄 아는 사회개혁자들이 초기에 집단적인 박해를 받는 것도 이들이 당대의 페르조나를 따르지 않기 때문이다. 친구 간의 의리, 조직의 단결, 평등이라는 이념 등 집단규범을 내세워 개성이 살아 숨쉬는 것을 막는 사회는 결코 진정한 민주주의 사회라 할 수 없다. 페르조나는 전체주의 국가에서 더욱 위력을 발휘한다.

그런데 페르조나는 그 사람 고유의 자아가 아니라 사람들이 만들어

준 외투나 모자 같은 것이다. 그것은 자아 속에 있는 남들의 눈에 비친 '나', 남들의 시각에서 보는 '나', 남들이 인정해주는 '나'다. 이러한 '나들'에 맞추어 살다보면 그 사람 고유의 '나'가 상실될 뿐 아니라 인간에게 가장 중요한 정신의 내면세계와의 관계가 끊어질 위험이 있다. 페르조나는 바깥세계와의 관계, 즉 외적 관계의 산물인 외적 인격이다. 그런데 자아는 외적 관계 못지않게 정신의 내면세계와의 내적 관계를 수립해야 하며 자아로 하여금 내면세계로 이어주는 내적 인격, 즉 심혼(心魂, Seele, 아니마와 아니무스)과 관계를 맺어야 한다.

"페르조나는 가상(假相, Schein)이다"라고 융은 말한다. 페르조나는 사회 속에서 살아가는 데 필수적인 기능 콤플렉스이지만 그것이 바로 그 사람 자신, 진정한 그 사람의 길은 아니다. 어떤 사람이 사회적 역할을 충실히 해나가는 것은 사회를 위해서 매우 유익한 일이다. 회사의 발전을 위해서, 생산공장의 활발한 가동을 위해서, 또는 학문연구를 위해서 맡은 바 책임을 충실히 하는 것, 혹은 결혼한 여성이 가정일을 열심히 하는 것, 남편을 돕고 아이를 돌보며 주부로서 역할을 충실히 이행하는 것 모두 바람직한 행동임이 틀림없다.

그러나 이렇게 사회적 의무로 대변되는 페르조나를 자기의 오직 유일한 사명이며 삶의 목표라고 생각하고 살 때, 즉 자아를 페르조나와 완전히 동일시할 때, 자아는 무의식의 내면세계와의 관계를 상실하게 된다. 의식이 무의식과의 관계를 잃으면 의식과 무의식은 따로 놀게 된다. 혹은 자아의식과의 관계단절 때문에 살지 못한 무의식의 내용들이 세력을 강화해 의식의 구조를 산산조각낼 수 있다. 이럴 때 나타나는 현상이 정신적 해리로 대변되는 여러 가지 신경증 증상들이다.

모범적인 주부로서 평생을 살아왔고 효부상도 받은 부인이, 혹은 임무에 충실한 회사 사장이 이유 없는 심인성 두통을 겪거나 우울증 같은 신경증 증상을 나타내는 수가 있다. 이는 외부적인 페르조나와의 동일시 때문에 내면의 무의식과의 관계가 끊어진 증거다. 이때 그에게 필요한 것이 그동안 소외되었던 무의식의 진정한 자기, 살리지 못한 그의 전체정신을 찾게 하는 일이다.

페르조나가 가상이라면 우리는 그것을 벗어버려야 하는가? 그렇지 않다. 페르조나는 사회생활에 필요한 것이다. 어린 시기로부터 청소년기에 페르조나는 형성되어야 한다. 지금은 많이 다양화되고 혼란에 빠져 있긴 하지만 공중도덕에서부터 이성관계, 친구관계, 그밖의 대인관계의 윤리규범에 이르기까지 페르조나는 배우고 몸에 익히고 실천할 수 있어야 할 것이다. 그것은 젊은이가 외부세계라는 인간 집단 속으로 자기 삶을 확장하는 징검다리가 되기 때문이다. 페르조나가 없으면 무정부주의자나 반사회적 성격의 소유자처럼 된다. 사회 질서는 문란해지고 합리적이고 이성적인, 이른바 건전한 사회의 온갖 덕목이 상처를 입게 될 것이다. 물론 집단규범을 거부하고 무시하는 반사회적 태도나 비사회적 행태도 겉으로는 개성적이고 독창적인 듯 보이지만 이것이 집단화되면 사회적 틀이 되고 또 하나의 페르조나를 형성하게 된다.

앞에서 말한 대로 페르조나는 비록 때로는 경직되고 그것과의 무조건의 동일시로 정신건강을 해치고 자기실현을 불가능하게 하기는 하지만 페르조나의 형성은 인격의 발전과정에서 없어서는 안 될 과정이다. 청소년기에는 자아와 무의식과의 단절, 즉 심혼과의 관계상실이라는 희생을 감수하고라도 페르조나는 형성되어야 한다. 자아가 무의식에서 태어났듯이 페르조나가 형성되는 조건은 원초적으로 미리 정해져 있는 것이나 다름없다. 다만 그 내용은 출생한 뒤에 채워진다.

페르조나와의 동일시가 특히 문제되는 것은 자기실현이 본격적으로 시작되는 중년기부터다. 중년에 이르면 자아는 페르조나를 구별하고 내면세계를 성찰하는 작업에 주력해야 한다.

심리학적 유형에 따른 자아의식의 특성

이상에서 설명한 대로 자아는 개인에게 특수한 성질일 뿐 아니라 그가 살고 있는 집단사회의 보편적 가치관을 지니고 있다. 자아는 곧 잘 맹목적으로 이에 동화되어 보편적이고 집단적인 생각이나 판단을 자기 고유의 생각이나 판단인 듯이 착각한다. 자기실현에서는 집단정신이 좋은 것이냐 나쁜 것이냐 하는 문제보다도 우리 생각 속에 어떤 집단의식이 들어 있는지를 의식하느냐 못 하느냐 하는 '의식성'의 문제와 진정한 자기자신의 개성을 찾기 위해 무의식을 의식화하는 노력이 더욱 중요하다. 이러한 노력을 기울이는 가운데 각 개인은 특수한 관점과 자세를 갖는데, 융의 심리학적 유형학설이 이를 잘 표현해 주고 있다.[27]

즉 세상을 볼 때, 또는 자기자신을 볼 때 사람들은 최소한 이와 같은 유형에 따라 다르게 볼 수 있다는 것이다. 외향형은 주체보다 객체, 거창하고 우람한 것, 소수보다는 다수를 높이 평가하지만, 내향형은 객체보다 주체, 겉의 크기보다 내면의 의미를 더 중시해야 한다고 한다. 사고형은 이성적 판단을, 감정형은 정서적 판단을 다른 판단기준에 앞세운다. 직관형이 즐겨 쓰는 직관기능은 감각형에서 우세한 감각기능과는 전혀 다르고 서로 상대를 견제한다. 사고와 감정이 합리적 기능의 양극을 이루듯이 직관과 감각기능도 비합리적인 기능의 양극단이다.

이렇게 서로 받아들이기 어려운 기능과 태도 때문에 세상에선 항상 크고 작은 '나'와 '나', 혹은 '나'들과 같은 집단 사이의 논쟁과 싸움이 끊이지 않는다. 중요하다고 확신하는 것들이 다르기 때문이다. 논쟁과 반목과 갈등이 있어서는 안 되고 모든 사람이 한마음 한뜻이 되어야 한다고 억지로 화합을 주장하는 것으로는 문제가 해결되지 않는다. 그것이 인간 심성의 조건인 이상, 다양한 목소리는 표현되어야 하고 다양한 의견은 활발히 논의되어야 할 것이다.

융의 심리학적 유형론이 사고, 감정, 직관, 감각 등 의식의 네 기능과 내향과 외향의 두 기본정신 태도만을 기술하는 데서 멈추었다면 이 이론은 사회의 논쟁을 넘어선 집단 간, 개인 간의 피비린내 나는 명분 싸움, 증오감에 실린 적대관계의 근거를 해석할 길이 없었을 것이다. 그러나 융은 유형론으로 평면적인 의식의 지도를 그리는 데 만족하지 않고 의식의 기능과 무의식과의 관계, 우월기능과 무의식에 남게 된 열등기능 사이의 역동적 관계, 열등기능의 상호투사가 유형 간의 갈등과 오해의 소지가 됨을 시사했다.

자아와 무의식

지금까지 보아온 것처럼 자아는 깊고 넓은 바다 같은 무의식에서 태어나며 대양의 섬처럼 작고 부서지기 쉬운 상태에서 온갖 원초적 충동과 신화적 환상세계 속에 동화되었다가 차츰 현실세계를 의식하면서 그 영토를 넓혀나간다. 자아는 끊임없이 변한다. 한편으로는 외부세계로부터 자극을 받으며 그 세계에 대한 지식을 확대함으로써 구체적 세계의 객관적 사실과 그 세계에 대한 자신의 환상——예를 들면 구체적인 부모와 부모에 대한 환상——을 구별해나간다. 다른 한편으로는 내면에서 올라오는 각종 충동과 암시에 의해 지배를 받거나, 그것과 대결함으로써 주체적 관점과 판단을 키워나간다.

자아의식은 마치 옛날 이집트 나일강가의 비옥한 땅과 같다. 주기적인 강물의 범람을 통해서 그 땅이 비옥해졌듯이 자아의식도 무의식으로부터의 침범을 통해서 살찐다.

가정교육, 학교교육, 사회교육을 통하여 자아가 강화되면 어린 시절의 신화적 환상체험, '나'와 외부사물과의 신비적 참여(participation mystique)는 사라지고 '신비적' 세계와 관계된 심리내용들은 의식에서 격리되기 시작하고 무의식에 남아 있게 된다. 그리하여 의식은 무의식과의 경계를 단단히 지으면서 일방적인 발전을 진행한다.

자아의식이 어떤 특징을 가지고 어떻게 발전하는지를 한마디로 말할 수는 없다. 지금까지 보아왔듯이 자아는 실로 다양하고 복합적이다. 단순히 자아의식이 합리적이다 비합리적이다, 혹은 현실적이다 비현실적이다라고 말할 수는 없다. 자아는 개인마다 다르고, 시대의식에 따라 문화권에 따라 그 특성과 성향이 다르다. 시대의식이 비합리적이면 자아에도 비합리적인 요소가 들어갈 것이고 그 개인이 내향적이고 직관적인 유형이면 자아의식도 특별한 환경의 간섭이 없는 한 내향적·직관적인 특성을 갖게 될 것이다. 인도인의 자아, 현대 서구인의 자아, 중세 기독교인의 자아를 무엇이라 규정하겠는가?

그런데도 현대인에게서 의식은 합리적 성향을, 무의식은 비합리적 성향을 띤다고 말하는 것은 그저 일반적인 인상을 말한 것일 뿐, 무엇이 합리적인 것이고 무엇이 비합리적인 것이냐를 따지자면 그 말의 신빙성이 위태로워진다. 자아의식의 발전에서 확실한 것이 있다면 융이 말한 대로 그것이 일방적이라는 사실이다. 즉 한쪽 방향으로만 발전해간다는 것이다.

내향적인 사람은 내향성과 외향성을 동시에 발전시킬 수 없다. 내향적 태도를 견지할 때는 외향적 성향은 눌려 있게 된다. 사고형이 사고기능을 사용하면서 동시에 감정기능을 살릴 수 없다. 이성(理性)은 감정을 누르게 되고 감정은 또한 이성을 누른다. 일방성은 항상 그 방향에 어울리지 않는 것은 배제하게 마련이다. 이리하여 자아의식의 발달은 필연적으로 의식의 일방성에 어울리지 않는 성향을 무의식에 억압하게 만든다. 교육을 통하여 현대인은 과학적 지식을 배우고 공중도덕과 옳고 그름, 선과 악의 윤리적 가치를 배운다. 청소년기는 이와 같은 사회적 책임, 사회적 행동규범을 확실하게 배워나가는 시기이며 그 가운데서 자아가 취해야 할 결단과 의지를 모색하게 된다.

좋은 것을 취하고 정의를 실천하며 영웅들과 동일시하면 이에 어울리지 않는 나쁜 것들, 즉 나태함과 부패와 비겁자들은 무의식으로 들어가 또 하나의 무의식적 인격을 형성하게 된다. 이와 같은 무의식의 열등기능을 우리는 그림자라고 한다.[28] 청소년기는 그림자가 유난히 짙어지는 시기다. 친구 사이에도 싫고 좋음이 뚜렷하며 모든 것은 선과 악으로 분명히 구분된다. 자아의식이 밝고 긍정적인 이상상(理想像)만을 치열하게 구현하고자 노력하기 때문에 의식적 인격과 무의식적 인격 사이의 긴장과 분리가 생기는 것이다.

그림자는 투사되거나 때로는 자아의식을 사로잡기 때문에 청소년기에서 성인 초기에 이르는 시기의 자아상은 모순과 갈등의 양상을 띤다. 자아는 내적 충동과 사회적 요구 사이의 충돌을 겪으며 현실사회에서 때로는 페르조나를 받아들이고 때로는 이를 배척하고 주체를 주장하면서 점차 흔들리지 않는 신념으로 사회 속에 자리 잡기 시작한다.

청소년기는 삶 속으로 나아가는 시기다. 청소년기 신경증은 중년기

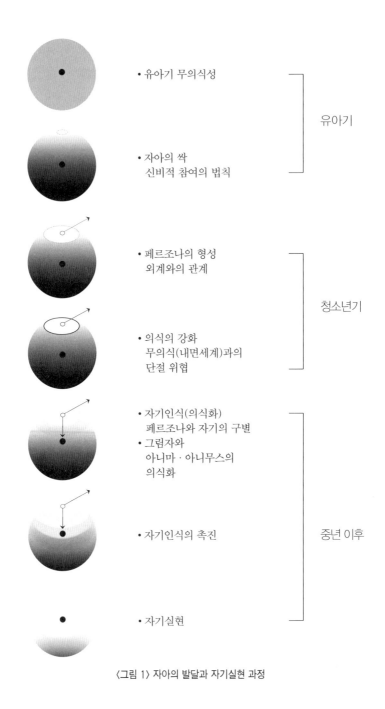

- 유아기 무의식성

- 자아의 싹
  신비적 참여의 법칙

유아기

- 페르조나의 형성
  외계와의 관계

- 의식의 강화
  무의식(내면세계)과의
  단절 위협

청소년기

- 자기인식(의식화)
  페르조나와 자기의 구별
- 그림자와
  아니마·아니무스의
  의식화

- 자기인식의 촉진

중년 이후

- 자기실현

〈그림 1〉 자아의 발달과 자기실현 과정

와 달리 삶을 두려워하거나 삶에서 물러서려 할 때 생긴다고 융은 말했다.[29] 성인기를 지나 중년에 이르기까지 페르조나를 강화해나가는 과정에서 자아는 새로운 과제에 직면한다. 그것은 사회활동을 통해서 잊어버린 내면세계, 즉 무의식세계와 다시금 관계를 맺는 일이다. 무의식의 내적 인격인 아니마와 아니무스[30]는 자아로 하여금 자기로 인도하는 매개자가 된다(그림 1). 청소년기에는 심혼의 상실을 견딜 수 있지만 중년 이후에는 심혼의 상실을 상처없이 견디기는 어렵다고 융은 말한다. 의식의 중심인 자아는 이 시기에 비로소 자기 내면세계로의 여행을 본격적으로 실시하게 된다. 남성에서는 아니마, 여성에서는 아니무스의 도움으로 전체정신의 중심인 자기에게로 다가가는 것이다.

자기란 무엇인가

전체정신으로서의 자기

의식과 무의식을 통틀은 인간의 모든 정신현상 전체를 자기(Selbst, self)라 한다. 자기는 전체인격의 통일성과 전일성을 나타낸다.[31] 즉 말하자면 '하나가 된 인격'이다. 자아의식만으로는 결코 하나가 된 인격이라 할 수 없다. 그것은 전체정신의 일부일 뿐이다. 의식과 무의식이 하나로 통합될 때 비로소 전체인격이 실현된다. 그러나 어떤 개인의 전체정신, 또는 전체인격이 어떤 모습인지, 얼마나 큰 것인지는 미리 알 수 없다. 전체인격이란 그 사람이 무의식을 의식화해나감으로써 서서히 드러나는 것이다. 그런데 무의식은 끝없이 넓고 깊은 것이어서 그것을 남김없이 의식화할 수 없다. 우리는 다만 전체인격에 가까워지고자 부단히 노력할 뿐이다. 융은 말한다.

자기의 개념은 경험할 수 있는 것과 경험할 수 없는 것, 또는 아직 경험되지 않은 것을 포괄하고 있다.

의식된 내용과 무의식적 내용으로 이루어진 전체성이 하나의 명제인 한, 이 개념은 초월적이다.[32]

'자기'가 무엇인지 우리는 모른다. 다만 그것은 형이상학이나 철학이 아닌 경험적 관찰을 토대로 도출된 인간정신에 있어야 할 전제다. 자기는 자아를 넘는 크기를 가지고 있다. 의식과 무의식을 포괄하기 때문이다. 우리가 의식하는 만큼 특정지을 수 없는 무의식이 남고 그것은 자기의 전체성에 해당된다. 그래서 자기는 항상 자아를 넘어서는 크기로 남는다고 융은 말한다.[33]

자기는 심리적 개념으로서 우리에게 알려지지 않은 본체, 우리의 파악능력을 넘어서는 것을 표현하는 하나의 구조이며 "우리 안의 신(神)"이라고 할 수 있는 것이다.[34] 그것은 어떤 비합리적인 것, 정의할 수 없이 존재하는 것으로서 '자기'의 내용에 관해 우리는 아무런 말도 할 수 없다. 오직 자아만이 자기의 유일한 내용이라고 융은 말한다. 어느 정도 자기실현이 진행된 단계의 자아는 자신을 어떤 미지의, 상위에 있는 주체의 객체로서 인지할 수 있다. 자기의 개념은 그 자체가 초월적 명제이기 때문에 심리학적으로는 정당하다고 인정되더라도 과학적으로 증명할 수는 없는 것이다. 융은 자기란 원자구조의 가설처럼 하나의 가설로서 가치를 지니며 우리가 그 속에 포함된 하나의 상(像, Bild)일 것 같다고 했다.[35] 또한 융은 말하기를 전체성으로서 자기는 필연적으로 의식을 초월한다. 자기는 칸트의 물자체(Ding an sich)처럼 완전히 하나의 한계개념이라는 것이다.[36]

우리가 알지 못하는 것의 경계를 알아낼 수 없으니 우리는 '자기'에 대해서도 어떤 경계를 설정할 입장에 있지 않다. 자기를 개인적 정신의 경계에 한정해놓는 것은 횡포이며 따라서 비과학적인 일이 될 것이다. 그러한 경계 역시 무의식 속에 놓여 있어 우리가 그것을 전혀 알지 못한다는 근본적 정황을 전적으로 도외시한다 하더라도 말이다. 우리는 물론 의식의 경계를 제시할 수 있을 것이다. 그러나 무의식은 그저 알려지지 않은 정신이며 따라서 특정 불가능한 것이기 때문에 또한 무제한적이다.[37]

의학에서 환자를 치료할 때 환자의 병뿐 아니라 앓는 그 사람 전체를 대상으로 한 전체적 치료의 필요성이 제기된 지 오래되었고 정신의학에서는 특히 정신치료의 대상으로 전체인간(whole person)을 이해할 것을 강조해왔다. 전체성, 또는 전체적 인격이란 주장하는 사람의 입장과 관점에 따라 다른데, 융의 분석심리학에서 말하는 전체성(Ganzheit)은 실로 헤아릴 수 없는 깊이와 크기를 가진 것이다. 이것은 융의 무의식관이 매우 심오하여 궁극적으로 의식할 수 없는 심층의 성격을 전제하기 때문이다.

중심으로서의 자기 · 자기원형

자기는 전체인격인 동시에 또한 전체인격의 중심이다. 일련의 꿈에 나타난 자기와 자기실현의 상징에 관한 연구를 통해서 융은 우리의 무의식 속에 전체정신을 통괄하는 중심이 존재하며 모든 원형적 상징들은 그 중심으로, 새로운 인격을 실현하는 방향으로 집중됨을 관찰했다. 『자아와 무의식의 관계』에서 융은 무의식 내용의 의식화를 통하여 도달되는 전체정신의 중심점을 다음과 같이 묘사했다.

존재하며 살아 있는 어떤 것, 두 개의 세계상과 그저 어렴풋이 예감되는, 그러나 그럴수록 분명히 느껴지는 세력들 사이에 걸쳐 있는 어떤 것. 이 '어떤 것'은 낯설고도 너무나 가까이에, 전적으로 우리 자신 가까이 있으면서 우리가 인식할 수 없는 너무도 신비한 구성을 하고 있는 하나의 잠재적 중심이다. 그것은 우리를 놀라게 함이 없이, 물론 우리의 비난을 자극함도 없이 동물과 제신(諸神)과 결정(結晶)들과 별들과의 친족성을 요구할 수 있다. 우리는 이 요구에 합당하게 대항할 수단을 갖고 있지 않으며, 그 소리는 심지어 치유의 힘까지 갖고 있다―나는 이 중심을 자기라고 불렀다.[38]

전체정신의 중심은 하나의 추상적인 점에 불과한 것이 아니다. 그것은 자기원형으로서 무궁한 에너지를 갖추었으며 그 자체로 존재하며 자율적으로 정신기능을 조절하여 전체정신을 실현하는 원동력을 가지고 있다. 그것은 무의식에 있는 조절자, 질서와 지남력(指南力, orientation)의 원형이다.[39]

집단적 무의식을 구성하는 원형은 인간정신의 선험적인 원초적 조건으로 시공간, 인종, 문화, 시대의 차이에도 불구하고 인간이면 누구나 태어날 때부터 이미 가지고 있는 인간행태의 조건들이다. 그것은 가장 인간적으로 느끼고 사유하며 행동하게 되는 조건이며 태초로부터 인류가 경험해온 모든 것의 침전이다.

무수히 많은 원형이 있다. 모성원형, 부성원형, 아니마·아니무스 원형·그림자원형, 영웅원형, 어린이원형, 노현자원형, 태모(太母)원형, 여성성의 원형, 남성성의 원형 등―원형 그 자체는 원초적 행동유형의 조건들로서 인식할 수 없고 내용을 갖지 않으나 체험을 통해 상(像)으로 나타남으로써 인식된다. 꿈과 환상, 그리고 오랜 인류의 역사 속에 남겨진 상징사적 문헌에 나타난 원형상들을 통해서 우리는 원형적 조건의 존재를 짐작할 수 있다.[40]

자기원형은 집단적 무의식의 원형 가운데서 가장 핵심적인 것이다. 그것은 태양계의 태양과도 같다. 무의식에 있는 정신의 조절자로서 원형들을 그 주변에 배열하여 전체정신을 실현할 수 있도록 하는 조건을 만든다. 그러나 그러한 자기원형의 활동은 오직 자아의식이 무의식의 의식화를 적극적으로 추진할 때만 발휘된다.

1929년 쿠르트 플라하테 박사에게 보낸 편지 가운데서 상징에 관한 설명을 하면서 융은 자기라는 심적 요소가 집단적 무의식 속에 이미 존재하고 있지만 자아가 그것을 의식적으로 체험하기 전까지는 무력하다는 말을 한 뒤, 그러나 자아가 그것을 일단 의식하여 체험하면 그다음에는 '자기'가 주도권을 차지한다고 했다. "이제 내가 사는 것이 아니라 그리스도가 내 안에 살고 있다"는 말에 표현되는 구원의 느낌을 갖게 된다는 것이다.[41]

인식할 수 없는 한계개념으로서의 자기에 관해서 1955년 융은 한 목사의 편지에 대한 회신 속에서 종교적 진실을 구명하는 심리학적 과정과 그가 발견한 원형을 포함한 심리적 사실을 설명하면서 이렇게 말했다.

나는 원형이 '진리'인지 아닌지 모릅니다. 나는 다만 그것이 살아 있고 내가 그것을 만든 것이 아님을 알고 있습니다.[42]

우리의 경험에는 한계가 있다는 것을 알게 될 때 차츰 확신하게 되는 것은 경험한다는 것이 끝없는 접근(approximation)이라는 사실임을 술회하면서 원형적 상징들은 그 무한한 접근의 목표를 미리 제시하는 듯한데 그것은 중앙(die Mitte)을 중심으로 한 순행(巡行)을 나타낸다고 했다.

중앙으로 차차 다가감으로써 '비어 있는' 중앙의 영향 때문에 자아의 값이 떨어집니다. '비어 있는' 중앙은 결코 원형과 동일한 것이 아니고 원형의 존재를 가리키는 근거라 할 수 있습니다. 중국식으로 표현해서 원형이란 도(道)의 '이름'일 뿐 도 그 자체는 아닌 것입니다. 예수회 신부들이 도를 '신'이라 번역했듯이. 우리는 이 중앙의 '비어 있음'(虛)을 신이라 부를 수 있습니다. 비어 있다고 해서 결손이라든가 부재(不在)를 말하는 것이 아니고 오히려 최고의 강도를 지닌 인식할 수 없는 것을 말합니다.[43]

융은 계속하기를 이 인식할 수 없는 것을 '자기'라고 불렀다고 해서 인식할 수 없는 것의 작용이 총체적인 이름을 얻은 것 이외의 어떤 일이 일어난 것은 아니라 했다. 나 자신 존재의 알 수 없는 큰 부분이 자기 속에 들어 있으나 그 경계와 넓이를 말할 수 없으므로 알려진 정신과정으로 충족하기에는 너무 거리가 먼 것이므로 자기란 한계개념이다. 융은 원형이 한편으로는 동시성현상[44]을 포괄하고 다른 한편으로는 뇌구조에 뿌리박고 있어 생리적으로 증명가능한 것이라고 하면서 뇌간 가운데 어떤 부위의 전기적 자극으로 만다라 환상이 일어나는 실험결과를 제시하기도 했다.

정신과 신체가 궁극적으로 접촉하는 정신 비슷한(psychoid) 무의식의 층은 동시성현상의 배경을 이루는데 이 현상에서 시간, 공간적인 확장이 일어나고 있음을 알 수 있다. 또 그로써 직접 초월의 경계에 도달하게 되는데 이것을 넘으면 인간의 진술은 신화적일 수 있을

뿐이라고도 말했다.[45)]

'자기'가 원형이라는 말은 그와 같은 능력이 만들어지는 것이 아니라 태어날 때 이미 갖추어진 인간 본연의 원초적 조건이라는 말이다. 의식의 삶뿐 아니라 무의식의 삶을 인식하고 실현하여 통합된 전체 인격이 되도록 하는 선험적 조건이 자기원형이다. 다만 그것을 인식하는 과정은 길고 많은 우여곡절을 거쳐 진행되며 그 끝은 무한하다.

대극과 대극합일로서의 자기

모든 원형은 밝고 어두운 양면성을 지니고 있다. 정신은 대극으로 이루어진다. 모든 정신현상이 대극의 긴장과 갈등과 통합의 과정에서 진행된다. 의식과 무의식, 남성성과 여성성, 선과 악, 아름다움과 추함, 정신과 신체, 높고 낮음, 우월기능과 열등기능, 내향과 외향, 합리와 비합리, 강함과 부드러움, 어른과 아이 — 무수히 많은 대극성 속에서 우리는 삶을 경험한다. 대극성은 정신의 원초적 조건이다. 이 가운데서 '자기'는 전체정신으로서 밝고 어두운 면을 그 안에 포괄하는 하나다. 자기가 대극의 융합, 대극합일의 상징으로 표현되는 까닭이 여기에 있다.

1954년 빅터 화이트(Victor White) 신부에게 보낸 편지에서 융은 자기의 상징으로서 그리스도상을 언급하는 가운데 다음과 같은 말을 했다.

　자기는 단일성입니다. 그러나 둘, 즉 대극으로 이루어진 단일성입니다. 그렇지 않다면 그것은 전체성이 아닐 것입니다.[46)]

『꿈에 나타난 개성화 과정의 상징』에서 융은 '자기'는 대극의 합일이며 모든 관계에서 명제와 반명제, 동시에 종합명제를 나타내기 때문에 자기는 절대적인 역설적 논리로 남는 것이며 대극을 체험하지 않고서는 전체성을 경험할 수 없다는 말을 하고 있다. 또한 그 자체가 갈등이며 합일인 자기의 이율배반을 말하기도 했다.[47]

자기는 음양이 합하여 도를 이룬다는 동양사상의 도 개념에 일치된다. 전체성이란 밝은 면만을 가져서는 안 된다. 그림자가 함께 있어야 한다. 자기원형의 그림자가 그와 같은 것이다. 자기는 얼핏 보기에 서로 받아들일 수 없는 대극을 한 몸에 지니고 있다. 따라서 갈등의 소지를 안고 있고 대극이 서로 상대극을 억누르려 하는 한, 갈등과 긴장은 강해진다. 그러나 대극의 존재와 대극의 갈등을 삶 본연의 요청으로 받아들이고 대극을 철저하게 체험해나감으로써 정신의 전체성, 즉 자기에 도달한다. 그 결과는 대극 간의 적당한 타협이거나 하나가 다른 것에 자리를 양보하는 것이 아니라 대극을 뛰어넘는 하나의 경지, 융이 초월적 기능[48]이라고 부른 것에 의한 새로운 의식성의 탄생이다.

자기의 상징적 표현

원형상의 특징

원형 자체를 우리는 모르지만 원형상은 인지할 수 있고 이를 통해 원형의 존재를 추정할 수 있다. 자기원형의 경우도 그러하다. 어떠한 상이 정신의 통일성과 전체성을 나타내는 것인지를 백과사전처럼 나열하는 것은 의미가 없다. 통속적인 꿈의 상징사전 같은 것에 따라 꿈속에 나타난 그럴듯한 형상을 모두 자기의 상징이라고 부른다면 너무나 경솔하고 너무나 피상적인 해석태도일 것이다. 상징은 지적이고 기계적인 해석으로 이해될 수 없다. 그것은 감정으로 파악되어야 한다. 모든 원형은 강렬한 정감을 포함하고 있기 때문이다. 또한 상징의 뜻은 결코 언어로 남김없이 설명할 수 있는 것이 아니다. 그러므로 상징을 이해하려면 언어를 넘는 상징의 뜻을 헤아리는 지적 겸손과 진지한 태도를 가지고 살펴야 한다.

원형상은 대개 우리에게 긍정적이든 부정적이든 매우 충격적인 것이며, 신비하거나 감동적인 정서반응을 일으키는 무의식의 어떤 것이다. 물론 휴화산처럼 겉으로는 아무런 감동을 주지 않은 듯하나 상징을 이해하기 위해 확충을 해나가는 가운데 잠자던 정감이 살아나는 경우도 있다. 어느 경우나 원형상은 누미노제의 영향력을 간직하고 있다. 자기원형의 경우도 마찬가지다.

정신의 통일성, 전일성, 전체정신의 중심핵을 상징하는 원형상은 분명 이에 해당하는 강력한 감정반응을 수반하는 상(像)이 될 것이다. 그것은 꿈에 나타나 꿈꾼 사람에게 어떤 중심적인 것, 조화와 통일의 감정, 갈등으로부터의 해방과 균형감, 최고의 희열, 대환희, 혹은 거룩함과 엄숙함, 깨달음의 아픔, 엄청난 충격과 두려움을 불러일으키는 것들이다.

자기원형의 발견

원형과 '자기'의 심리학적 개념을 확립한 융의 탐구과정은 바로 이와 같은 무의식과의 정감적 대면이었다. 1913년 프로이트의 정신분석학파를 완전히 떠났고 대학과의 관계도 끊고 홀로 개인 개업을 했던 융이 무의식을 좀더 깊이 탐구하기 위해 실시한 첫 작업은 바로 그 자신의 꿈과 환상을 집중적으로 관찰하고 기록하고 생각해보는 작업이었다. 그는 이렇게 무의식의 상들을 적극적으로 불러내어 이를 추적해가는 가운데 뒤에 그의 집단적 무의식과 원형학설의 토대가

될 귀중한 형상들을 만나게 되었다. 「죽은 자를 향한 일곱 가지 설법」은 그 하나의 기록이다.[49]

1918년과 1919년 사이에 군의장교로 피억류 영국인 수용소의 지휘를 맡고 있을 때 융은 매일 아침 노트에 작은 만다라 도형을 그렸다. 융은 그것이 자신의 그 당시 내면상황을 나타내고 있음을 발견했다. 마음의 부조화와 짜증스러움은 균형이 깨진 만다라의 모습으로 나타났다. 그는 만다라상에 무엇인가 자기기만을 결코 용납할 수 없는 인격의 전체성이 표현된다는 것을 어렴풋이 느끼기 시작했다. 그러나 그 당시에는 그것이 티베트의 만다라와 관계가 있다는 것도, 무슨 뜻인지도 전혀 모른 채 그 중요성을 느끼기 시작한 것이다.

만다라가 정말 무엇인지를 나는 서서히 발견하게 되었다. 즉 그 것은 "형성, 변환, 영원한 심성의 영원한 재창조"였다.
나의 만다라 그림들은 매일매일 새롭게 나에게 나타나는 '자기'의 상태와 연관되는 암호와 같은 것이었다. 그 속에서 나는 자기를, 즉 나의 전존재가 활발히 작동하고 있음을 보았다.[50]

융은 만다라 그림이 어떤 핵심적인 것을 의미한다는 사실을 느꼈고 '자기'란 "내가 그것이며 동시에 나의 세계인 단자(單子)와 같은 것"이며, 만다라는 정신의 소우주의 성질에 해당되는 것이라 했다. 그런데 만다라 그림은 자신을 어디로 인도하려 하는가, 그 목표는 무엇인가, 이런 의문을 스스로 제기하면서 융은 말했다.

내가 취한 모든 발걸음이 하나의 점, 즉 중심점으로 되돌아간다는 것을 알게 되었다. 만다라가 중심임이 더욱 분명해졌다. 그것은

모든 길의 표현이다. 그것은 중심을 향한 길, 개성화(자기실현)를 향한 길이다.[51]

1918년과 1920년 사이의 여러 해 동안 융은 '자기'가 정신적 발전의 목표임을 이해하기 시작했다. 1927년에 만다라의 꿈을 꾸고 그에 대한 그림들,「영원에 이르는 창」과 「황금의 성」을 그렸다. 또 중국학자 빌헬름(R. Wilhelm)의 『태을금화종지』(太乙金華宗旨)의 번역서를 논평하면서 융은 중심과 자기에 관한 생각이 동방의 연금술서에 똑같이 존재함을 발견하고 자기의 보편성에 확신을 갖게 되었다.[52] 그 뒤에 융은 주로 서양인 피분석자들이 그린 무의식의 형상들 속에 나타난 여러 가지의 만다라상을 자기실현의 과정과 관련하여 연구했고, 또한 꿈에 나타난 자기실현(개성화) 과정의 상징과 연금술의 변환 상징 사이의 공통성을 제시했다.[53]

그런데 자기의 사상은 이미 융 이전부터 있었다. 미국 오리건대학의 보먼 박사(Dr. Herbert Bowman)에게 융 저서의 영역본, 『아직 발견되지 않은 자기』(Undiscovered Self)에 관한 질문에 대한 답신에서 융은 자기는 사실 발견되지 않은 것이 아니라 이미 발견되었으나 간과되거나 오해를 받아왔다고 했다.[54]

고대와 현대의 동양철학에서 '자기'는 그 중요성이 이미 알려져 있습니다. 선불교철학은 심지어 본질적으로 자기의 인식에 토대를 두고 있습니다. 내가 확인할 수 있는 한, 유럽에서 자기가 중요한 역할을 하게 된 최초의 인물은 아마 에크하르트 수사(Meister Eckhart)일 것입니다. 뒤에 위대한 독일 연금술사들이 자기의 개념을 다루었고 그것은 야코프 뵈메(Jakob Böhme), 앙겔루스 질레지

우스(Angelus Silesius)와 다른 동류의 사상가에게 전수되었습니다. 괴테의 『파우스트』는 거의 고전적 연금술의 목표에 다다랐지만 유감스럽게도 마지막 융합(coniunctio)에는 이르지 못했습니다. 즉 파우스트와 메피스토펠레스는 그들의 하나 됨을 실현하지 못했습니다. 두 번째 시도, 즉 니체의 '차라투스트라'는 지구에 결코 도달하지 못한 운석에 머물렀습니다. 왜냐하면 대극의 융합이 일어나지 않았고 또한 일어날 수 없었기 때문입니다. 물론 나는 나의 정신의학적·심리학적 연구에서 이러한 매우 분명한 관련성에 부딪쳤기 때문에 새롭게 자기에 관해 말하는 것입니다——1900년 동안 사람들은 우리에게 훈계하고 가르치기를 '자기'를 그리스도에 투사하도록 했습니다. 그래서 자기는 경험적인 인간으로부터 간단히 제거되었습니다. 사람들이 크게 안심했지요. 왜냐하면 이런 식으로 대극의 융합인 자기의 체험을 하지 않아도 되었기 때문입니다.[55]

이상에서 보는 것처럼 융에 의한 원형적 상징의 확인은 첫째, 융 자신과 수많은 다른 사람의 무의식의 체험을 바탕으로 하며 둘째, 동서양의 사상사 속에 일찍이 나타난 비슷한 상징들과 비교고찰하여 그 보편성과 근원성을 확인함으로써 이루어진 것이다.

자기의 상징적 표현

융은 여러 논문에서 '자기'의 상징적 표현에 대해 언급했다. 그것은 앞에서 반복해서 강조했듯이 경험심리학적 연구의 결과다. 그가 자기의 상징으로 제시한 상들과 비슷한 것이 우리 꿈에 나타났을 때 그것이 정말 자기의 상인지 알기 위해서는 우리 스스로 체험해보지 않으면 안 된다. 다시 말해서 자신의 꿈을 분석받으면서 융이 발견한 상징의 의미를 몸소 음미하는 작업을 통해서 비로소 통찰하게 되는 것이다. 그렇지 않을 경우에는 상징을 단지 형태적으로, 혹은 지적으로 파악하여 여기저기에 갖다붙이는, 생명이 없는 언어의 유희를 일삼게 될 위험성이 있다. 그러므로 융은 말한다.

정신현상은 전체로서 지성에 의해 파악되는 것이 아니다. 왜냐하면 그것은 뜻(Sinn)뿐 아니라 가치(Wert)로 이루어지기 때문이다. 감정가치 없이 심리학은 아무것도 할 수 없다.[56]

그러나 다른 한편 종교적 인간은 어떤 형태로든 자아를 넘어서 있는 초월적인 것, 누미노제를 가진 어떤 존재나 본체와 접촉할 기회를 가지고 있다. 그러므로 융학파의 분석을 받지 않아도 고등종교가 추구하는 최고의 경지, 궁극적 목표를 지적 사유의 대상으로서만이 아니라 내적인 감정체험으로서 경험하는 사람들이 있다.

그리스도, 도(道), 불성(佛性)과의 일치와 실현 등 고등종교의 수행목표는 한결같이 융이 심리학적 견지에서 '자기'라고 부른 인간정신의 중심적인 것에 도달하는 것으로서 이런 생각은 인류의 역사 속에 이미 오래전부터 제시되고 체험되어왔다는 사실을 입증하고 있다. 그러므로 진정으로 우리 안의 그리스도를 받아들이고 그와 하나가 된 사람, 도의 경지에 있는 사람, 자기 마음의 불성을 실현한 사람은 모두 자기를 실현하는 체험을 하고 있는 것이나 다름없다. 다만 심리학적으로 개개인의 무의식에 현시되는 자기의 상(像)은 종교의 틀 속에서 형성된 상보다 훨씬 다양하게 나타난다는 차이가 있다.

그런데 어려운 것은 꿈속에 겉보기에는 하찮은 존재처럼 나타나고 꿈을 꾼 사람에게 별로 감정반응을 일으키지 않는데도 해석과정에서 대단히 중요한 가치를 지니고 있다는 사실이 밝혀지는 경우가 결코 적지 않다는 사실이다. 융은 이와 관련해서 "무의식에는 항상 주관적 감정을 강조하지 않으면서 그 자체의 감정가치를 가지고 있는 집단적 표상이 있다"고 했다. 이것들은 주관적 증후로 나타나지 않고 집단표상에 결부된 가치속성, 특징적인 상징을 통해 나타난다.

다시 말해서 꿈에서 그 자체로는 중요한 집단표상이 주관적 감정의 강조가 부족했기 때문에 다만 하위의 속성을 대변하는 경우가 있다는 것이다. 예를 들면 신(神)의 상이 이에 속하는 동물의 형태로 나타난다든가 여신이 검은 고양이로 나타나거나 신격(神格)의 성질이 연금술에서 말하는 '하찮은 돌'(lapis exilis)로 나타나는 경우다. 혹은 어떤 무의식의 원초적 이념에 상응하는 정감적 강조가 의식에 없으면 그것의 원형적 맥락을 번역해야 하는 작업이 시인이나 예언자에 의해 이루어진다.[57]

그러므로 이러한 원형상을 보통 사람이 이해하기 위해서는 신화에 대한 지식이 필요하고 물론 개인분석이 도움을 준다. 경험과 함께 경험을 반성할 수 있는 넓은 앎 없이는 뒤뜰에 황금을 쌓아놓고도 그것을 돌이라고 생각해온 우리 민담 속의 숯굽는 사나이처럼 자기의 무의식의 보배를 발견하지 못하게 된다. 지혜로운 여인과 결혼함으로써 그것이 황금임을 알게 되었고 또한 그녀의 도움으로 공부하여 큰일을 해낸다는 이야기는 현실생활뿐 아니라 마음속에서 일어나는 통찰과 변환의 과정을 나타내는 것이다. 분석과정에서는 우리 꿈속에 나타나는 하찮은 것처럼 보이는 것이 실은 인류의 역사 속에 깊이 뿌리박힌 매우 뜻깊은 것이라는 사실을 놀랍게 발견하게 될 때가 적지 않다. 융이 말한다.[58]

'자기'도 (아니마·아니무스와 같이) 개인적으로 미칠 수 있는 거리를 벗어나 있는 것이다. 만약 그것이 나타난다면 그것은 오직 종교적 신화로서 나타난다. 그의 상징은 가장 높은 것과 가장 낮은 것 사이를 넘나든다.

융에 따르면 현대인의 꿈과 환상 속에 자기는 모든 형상으로 나타난다. 동물의 모습으로 나타날 때는 코끼리, 말, 황소, 곰, 희고 검은 새, 물고기, 뱀이 가장 흔하다.[59] 때로는 거북이, 달팽이, 거미, 나비, 그밖의 곤충으로도 나타난다. 필자의 의견으로는 동양인에게는 소와 상상동물인 용과 같은 것이 추가될 수 있을 것이다. 식물의 상징으로는 꽃과 나무가, 자연의 상으로는 산과 호수가, 그리고 의식에서 성(性)이 과소평가되면 그 보상으로 무의식에 나타난 남근이 자기 상징으로 나타나게 될 것이다.[60]

모든 꽃이 자기를 나타내는 것은 아니다. 동물이나 식물 등의 여러 형상이 꿈에 어떤 모습으로 어떤 맥락에서 등장하는가. 꿈꾼 사람에게 그 자체와 그 해석이 미치는 영향은 어떤 것인가에 따라 그것이 어떻게 정신의 전체성을 상징하는지를 짐작할 수 있다. 고대 이집트에서 재생의 의미를 담고 있었던 스카라베우스(Scarabäus, 황금풍뎅이), 꽃 중에서도 서양인에게는 장미가 동양인에게 연꽃이 주는 중요성만큼 자기의 상징으로 나타날 수 있다. 영원히 변치 않는 금강석, 그밖의 신비한 돌, 바위 등도 자기의 상징으로 표현될 수 있다. 자기, 즉 전체인격과 자기실현의 과정은 특별한 나무를 통해 표현되기도 한다.[61] 노자의 도를 나타내는 골짜기, 즉 곡신(谷神)은 동양의 전통에 접한 사람에게는 전체성의 상징적 의미를 포함하고 있다.

'자기'는 물론 우월한 인격상으로 나타날 수도 있다. 그것은 뒤에서 말하게 될 신(神)의 상들이다. 우리나라의 무속사회나 민간에서는 산신령에서 옥황상제, 성주님, 조상님으로 표현되는 무신으로 나타날 수 있을 것이다. 그러나 거지, 비천한 여자와 같이 전혀 우월해 보이지 않는 인격상으로 나타날 경우도 있다. 남녀 양성을 한 몸에 지닌 양성자(兩性者, Hermaphrodtit)가 자기 상징으로 나타날 수도 있다. 대극합일의 상징, 즉 전체상을 표현하기 때문이다. 자기 상징으로서 어린이상은 신화학자 케레니(K. Kérenyi)와의 공동작업으로 융이 자세히 밝힌 터다.[62]

남성에서는 남성상이, 여성에서는 여성상이 자기 상을 나타내지만 인격적인 특성을 갖추고 있으나 꿈에서 상으로 나타나지 않고 저항할 수 없는 위엄있는 목소리로 나타날 경우도 있다. 그렇다고 꿈에 위엄있는 소리를 들었다고 해서 모두 자기로부터의 지시라고 속단하는 것은 너무 단순한 생각이다. 그것은 무의식의 소리다. 구체적으로 생각하기보다는 그것이 의식을 포함한 전체인격과의 관계에서 어떤 상징적 의미를 가졌는지 주의 깊게 성찰해야 할 것이다.

'자기'는 때로는 빛으로, 때로는 불로, 혹은 바람과 물로 나타날 것이다. 자기는 복합적인 것이라 했다. 검고 흰 새가 자기의 상징으로 나타날 수 있는 것은 그 때문이다. 대극의 결합을 나타내기 때문이다. 그런데 때론 자기가 어둠과 공포의 대상으로 꿈에 나타나 꿈꾼 사람을 놀라게 하는 수가 있다. 의식이 자기의 밝은 면에만 도취되고 있는 경우에 무의식은 보상적으로 자기의 어두운 면 —자기의 그림자— 을 내보이는 수가 있다. 그것은 흉측한 거인, 무시무시하게 파괴적인 목소리, 그리고 모든 것을 휩쓰는 바다의 파도, 홍수 등 자연의 재앙이나 소용돌이, 미로의 형상으로 나타날 수 있다.

현대 기계문명의 영향 아래에서 상상되었으나 사실 역사적으로 그

뿌리가 깊은 미확인비행체(비행접시, UFO) 같은 것은 현대인의 꿈에서 '자기'의 상징으로 곧잘 등장한다.[63]

그런데 자기 상징에서 반드시 설명하고 지나가야 할 것은 융이 매우 면밀히 연구했고, 그 결과 전체성의 핵심적인 상징구조라고 본 만다라 주제의 상징이다.

만다라의 의미

만다라(Mandala)는 산스크리트어로 '원'(圓)이라는 뜻이다. 이것은 인도의 요가 수행자들과 특히 티베트 밀교에서 명상의 도구로 사용된 그림을 가리킨다. 그 기본구조는 보통 세 개인 원과 4각으로 이루어지며 변두리에서 중심을 향해 마음을 집중하도록 그려진 일종의 마술적 명상도구(Yantra)다.

사방에 문이 있는 사각형의 성과 이를 에워싼 원 사이사이에는 여러 가지 상징적인 형상이 그려져 있고 중심에는 대극합일을 표현하는 금강저(金剛杵) 또는 인도의 창조신 시바(Shiva)와 그의 아내 샤크티(Shakti)의 융합이 표현되기도 한다. 수행자는 만다라 그림을 바라보며 명상을 통해 세속의 번뇌를 버리고 마음의 중심으로 집중해 들어감으로써 자기가 중심적 존재임을 깨닫게 된다.

그리고 만다라 그림을 그리는 그 자체가 바로 수행 과정이기도 하다. 만다라 그림은 특수하게 처리된 천, 또는 종이에 섬세한 붓으로 그려서 족자를 만들거나 색깔 있는 모래로 사원에서 여럿이 함께 그려가는 경우도 있다. 또한 춤으로 표현하기도 하는데 어느 경우든 중심을 목표로 하고 있다. 색깔 있는 모래로 땅에 만다라를 그리는 의식은 북아메리카 인디언 중 나바호족에서 병자를 치료할 때 행해지고 있다. 환자를 가운데 앉혀놓고 주문을 외우며 메디슨맨(medicine man)이 색깔 있는 모래가루를 뿌리며 그림을 그리는데 이것이 티베트 밀교와 무슨 관계가 있는지는 모른다.

만다라 형식의 춤은 아프리카, 오스트레일리아 원주민의 군무(群舞)에서도 볼 수 있고 대승불교와 티베트 밀교에서도 볼 수 있는데 우리의 강강술래도 이에 속할 것이다. 명상의 수단으로 쓰이는 경우는 티베트 불교에서 특히 흔하다. 우리나라에서도 만다라 그림이 출토되거나 발견되기도 하지만 제의(祭儀)의 도구로 사용된 경우는 별로 없는 듯하다.[64]

융은 만다라 상징에 관한 논문[65]에서 만다라는 사람이 외부적인 것을 배제하고 내면적인 것을 보존하면서 중심으로 집중하도록 하는 그림이라 했다. 그 중심은 명상의 목표로서 여러 가지 형태로 다루어지고 있다. 보통 탄트라 요가에서 '하나인 존재', 즉 무한성을 대변하는 시바 신이 세계 창조의 빛 한가운데에 그려져 있다고 했다. 창조는 시바점(Shiva-bindu)이라는 점(點)과 같은 모양의 시바가 그의 여성적 측면인 샤크티와 포옹할 때 이루어지며, 이때 헤겔식 표현대로 한다면 그-자체-존재(An-Sich-Sein)에서 나와서 그를-위한-존재 (Für-Sich-Sein)에 도달한다고 할 수 있다고 융은 말했다.[66]

만다라에 표현된 명상과정의 목표는 요가수행자가 신 안에 받아들여지는 것, 즉 관조를 통하여 그가 자신을 신으로 재인식하고 그로써 개별적 존재의 착각에서 신의 상태라는 보편적 전체성으로 되돌아가는 것이다.[67]

제의(祭儀)에 쓰이는 만다라 그림에는 여러 가지가 있는데, 모든 그림에서 중심이 강조되어 있다. "모든 것이 그것과 관계를 맺고 그것을 통해서 질서지어진 것. 동시에 에너지의 원천을 묘사하는 인격중심을 느끼게 한다"고 융은 말한다.

중심의 에너지는 마치 모든 유기체가 어떤 경우든 자기 고유의 본체에 가까워지고자 하는 것처럼 사람이 있는 그대로의 것이 되고자 하는 저항할 수 없는 강박적 충동 속에 시현된다.[68]

이 중심에서 사람은 작은 '나'로서가 아니라 '자기'로서 느끼며 생각하게 되는 것 같다고 그는 말한다. 또한 그 중심은 가장 안에 있는 점이지만 다른 한편으로는 원의 변두리를 포괄하며 '자기'에 속하는 모든 것, 즉 인격의 전체를 이루는 대극을 그 안에 품는다. 밖으로 향한 에너지가 객체에서 주체로 옮겨와서 내면세계를 인식하게 될 때, 그리하여 모든 에너지의 완전한 융합이 전체성의 네 측면에 두루 미치면 정적(靜的)인 상태, 어떤 변화에도 휩쓸리지 않는 상태에 이른다. 융은 이것을 중국 연금술에서의 금강체와 서양 중세 연금술의 '부패하지 않는 몸'(corpus incorruptibile)에 비유했고, 또 이것은 불멸의 부활체인 중세 기독교의 '영광체'(corpus glorificationis)와도 같은 것이라 했다.[69]

이 만다라는 음과 양에 있는, 천지 간의 모든 대극들의 융합, 그래서 흔들림 없는 항구성을 지니고 있다.[70]

만다라를 통해 요가수행자는 자아를 시바나 붓다의 존재로 바꾼다. 그의 심리적 중심은 개인적 자아에서 비개인적 비자아로 이동하며 이제는 그것이 그의 인격 고유의 존재근거로서 경험되는 것이라고 융은 말한다. 또한 만다라와 비슷한 중국의 근본 관점으로 주역(周易)의 바탕을 이루는 하도(河圖)의 원리를 설명했다.[71]

만다라상에서 볼 수 있는 원의 4등분은 많은 원형적 주제 가운데 하나이며 전체성의 원형이자 신상(神像)의 기본형식으로 4위 1체를 표현한다. 융은 그 예를 구약성경의 에제키엘서, 다니엘서, 에녹서, 그리고 이집트 신화에서 호루스와 그 네 아들의 상에서 제시한다. 4위는 거룩한 분화과정을 의미한다.[72]

만다라 주제의 상징은 비단 인도나 티베트 또는 고대 중국, 인디언 부족뿐 아니라 서양 기독교에도 오래전부터 내려오고 있다. 그 대표적인 것이 네 복음자와 그 속성인 동물로 둘러싸인, 중앙에 그리스도 상이 그려진 기독교의 만다라상이다. 그리스도의 상징에 관해서는 뒤에서 다시 언급할 것이다. 춤추는 모습의 원상(圓像)은 이슬람 사원에서도 발견된다.[73]

이미 언급한 바와 같이 만다라상은 갈등적 상황, 정신적 혼란, 방향상실의 상태, 가정생활의 파탄, 또는 신경증적 혼란, 정신분열증 상태에 처해 있을 때 곧잘 꿈에 나타난다. 혼란에 질서를 부여하고 중심을 잡을 수 있게 하는 점에서 만다라상은 인간 본성을 자가치유하는 시도로 볼 수 있다고 융은 말한다.[74]

무의식에서 우러나온 자연스러운 만다라상을 그리는 것은 분명히 치유의 효과가 있지만, 그렇지 않고 인공적인 반복이나 의도적인 모방만으로는 아무것도 기대할 수 없다고 융은 말했다.[75] 그런 의미에서 내담자들과 만다라를 집단적으로 그려나가는 것이 개인의 자기실현에 어떤 효과가 있을지는 매우 불확실하다. 집단암시에 의해 개인 고유의 자발성이 심하게 왜곡될 수 있기 때문이다. 그런데 개인적으로 자연스럽게 표현된 만다라상은 실로 다양한 모습으로 나타나고

정신요법의 단계에 따라 그림이 다르다고 했다.[76]

만다라 그림에 대한 융의 상징적 해석

환자나 피분석자들의 환상과 꿈에 자연발생적으로 나타난 만다라상과 일부 종교의식에서 쓰이는 그림을 포함하여 총 51개 그림을 융이 고찰하여 해석한 것이 있다. 그 그림을 일일이 제시할 수는 없으나 무의식의 형상들이 얼마나 다양한 상징적 의미를 나타내고 있는지를 제시하기 위하여 여기에 융이 내린 해석의 개요를 소개한다. 전체적으로 융은 이 그림의 주제를 종합하여 다음과 같이 열거하고 있다.[77]

1. 원, 구(球) 또는 알 모양

2. 원 모양의 꽃(장미, 연꽃) 또는 수레바퀴

3. 태양, 별, 십자로 표현된 중심, 그 빛을 4, 8, 12 방향으로 뻗침

4. 회전하는 원, 구, 십자, 卍자(스바스티카[Svastika])

5. 중심을 둘러싸고 있는 한 마리 뱀, 자기 꼬리를 무는 뱀 우로보로스(Ouroboros) 또는 나선형, 오르페우스(Orpheus) 비의(秘儀)에서 볼 수 있는 알[78]

6. 원의 4방형화: 4각 속의 원, 원 속의 4각

7. 성, 도시, 저택의 4각 또는 원형

8. 눈(동공과 홍체)

9. 네 쌍(또는 4의 배수)의 형상들, 아주 드물게 3위, 5위

융은 피분석자가 그린 만다라 주제의 그림 하나하나를 신화, 요가의 원리, 성서, 연금술서와 비교하며 그 상징적 의미를 해석했다. 예를 들면 원 한가운데에 꽃이 핀 한 포기 식물을 그린 그림에 대해서

는 성장과 발전의 상징으로서 요가에서 횡격막 차크라에 있는, 시바 신을 의미하는 푸른 싹과 비슷하다고 했다. 그 꽃봉오리에서 융은 여성이며 탄생의 장, 연꽃에서 태어나는 붓다를 연상한다. 또한 둥지에서 몸을 일으키는 이집트의 독수리 머리를 한 태양신 라(Râ 또는 Re)와 나무 꼭대기에 있는 페르시아의 태양신이며 빛의 조절자인 미트라스(Mithras), 연꽃 속의 이집트 태양신인 호루스 아기 등의 예를 들어 그 상징적 의미를 설명했다. 또한 중세 기독교에서 마리아를 그리스도가 새가 되어 날아드는 꽃받침으로서 찬양했음을 상기시켰다. 이것은 그리스도와 신비체인 교회, 또는 신의 어머니와의 하나 됨을 의미한다는 것이다. 그는 그 그림에서 성장과 꽃으로 대변되는 하나의 중심으로부터의 발전에 관한 상징적인 표현을 보고 있었다.[79)]

한 마리 뱀이 감고 있는 황금의 구(球)의 그림에 대해서 융은 이 주제에 가장 가까운 유형으로서 힌두교의 시바점을 지적한다(그림 2). 시바점은 창조 이전, 아직 대극이 둘로 갈라지지 않고 하나였을 때의 신성한 힘을 나타내며, 신은 이 점 속에 있다. 그렇게 보면 구를 감고 있는 뱀은 그 창조적 힘의 확대이며, 생성의 어머니, 구상적 세계의 형성이다. 이 시바점이 인도에서는 히란야가르바(Hiranyagarbha), 즉 황금의 태(胎), 또는 황금의 알을 가리키는 것이라고도 했다. 황금의 태는 고대 인도의 서사시 『리그베다』(Rig Veda)에 따르면 만물에 생명과 활기를 주는 태초의 주인, 천지를 포괄하는 자다.[80)]

황금의 알(또는 태)은 한 노인 피분석자가 그린 그림의 해석에서도 언급되었다. 그 그림은 오른쪽으로 회전하는 황금의 공에 날개 네 개가 휘날리며, 방사하는 네 개의 빛 속에 별이 떠 있고, 두 마리 뱀이 그 공을 둘러싸고 움직이고 있다(그림 3). 융은 이 황금의 공은 곧 황

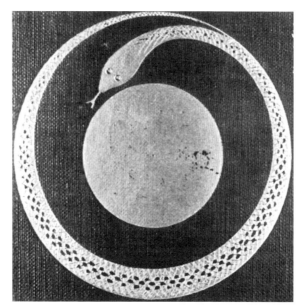

〈그림 2〉 한 마리 뱀이 감고 있는 황금의 구(융, 『무의식의 형상들』에서)

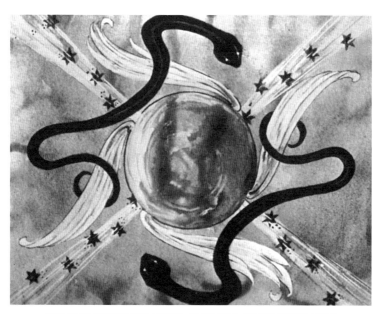

〈그림 3〉 두 마리 뱀이 감고 회전하는 황금의 공(융, 『무의식의 형상들』에서)

금의 태에 해당된다고 했다. 그리고 두 마리 뱀이 회전하는 공을 둘러싸고 있는 것은 의식화를 의미하는데 그것은 어떤 상이 중복되어 나타나는 복수화(複數化)의 현상과 관계된다.

복수화란 무의식에서 올라오는 내용이 어떤 순간에 두 쪽으로 나뉘는 현상인데, 인위적인 것이 아니라 의식되고자 할 때 생기는 자연스러운 무의식의 산물이다. 오른쪽으로 회전하는 것은 의식화를 표현하며 네 개의 방사광선 속의 별은 이 중심이 지닌 우주적 현상으로서의 특징을 두드러지게 한다고 했다.

융은 황금의 공은 빛나는 천체와도 같은데, 브라만교 경전의 태양예찬을 인용하면서 그것은 또한 태양이기도 하다고 말한다. 그런데 해를 이르기를 또한 황금의 태라 부른다고 했다. 히란야가르바(황금의 태)는 최고의 '자기', 즉 '모든 개별 심혼의 집단적 응집체'라고 했는데 그것은 브라만의 체(體)이며 집단적 심혼을 대변한다. 많은 것이 결합하여 자기가 된다는 생각은 오리게네스(Origenes)에게서도 발견된다고 융은 말한다.[81] 이 대목은 '자기'와 집단의 관계라는 측면에서 볼 때 아주 흥미 있는 말이므로 이에 대한 융의 생각을 잠시 소개한다.

1953년 정신분석이 자기 자신에게 집중하는 것만을 목표로 한다는 한 여목사의 오해에 대한 해명을 하면서 융은 '모든 자기들의 자기' (Selbst aller Selbste)라는 말에 대해 언급하고 있다. 그런 말은 자기의 개념을 표현하는 데 적절하며 그 뜻은 그리스도가 모든 개별적인 사람과 관계되어 있듯, 모든 개별적인 사람이 그리스도에 관계되어 있는 것이라고 설명하면서 융은 이렇게 말했다.

모든 자기는 '모든 자기들의 자기'에게 속할 수 있는 성질을 가지고 있습니다. 그리고 모든 자기들의 자기는 하나하나의 자기로 이루어집니다. 심리학적 개념은 이로써 남김없이 일치됩니다.[82]

다른 곳에서 융은 또 이렇게 말한다.

개체의 고유한 중심인 자기는 그 본질상 다수성(多數性, Vielheit)을 띱니다. 그것은 말하자면 하나의 그룹(群)입니다. 즉 집단성을 표시합니다. 그래서 만약 긍정적으로 작용한다면 그룹을 만듭니다.

1948년 뉴욕 클럽의 창립과 관계하여 개체와 집단 간의 긍정적 관계가 있을 수 있다는 말을 한 것이다.[83]

황금의 태(태장), 집단적 심혼으로서의 브라만의 체를 설명하는 가운데 우리는 잠시 '자기'가 내포하고 있는 다수성에 관한 융의 견해를 살펴보았다. 다시 융의 피분석자들의 그림으로 돌아가 몇 가지를 더 소개하겠다.

중앙의 원 속에 자신의 모습을 그린 그림이 있다. 손에 쥔 값진 알을 중심으로 다리와 몸을 둥글고 휘게 그린 것인데 이런 주제는 교회의 전통에 그리 낯선 것이 아니라고 융은 말하고 있다.[84] 그림에 나타난 숫자의 상징에 관해서도 언급하고 있는데 전체성을 상징하는 4는 반성된 전체성으로서 영적 인간을, 이에 비해 5는 자연스러운 신체적 인간(五肢)을 묘사한 것이라 한다. 그림 속의 4와 5의 딜레마를 지적하면서 또한 6과 3에 관해서도 언급하고 있다. 공작새 그림에 대하여는 그것이 연금술에서 전체상으로 간주되고 있음을 지적한 뒤, 연금술의 변화과정에서 융은 독수리, 헤르메스의 거위, 불사조, 혹은 공작

〈그림 4〉 많은 눈과 자기 꼬리를 무는 뱀으로 에워싸인 원(융, 『무의식의 형상들』에서)

으로 변한다고 설명하고 있다.[85]

또한 만다라의 그림자 측면에 관한 언급도 있다. 그림자의 출현은 개성화가 멈추거나 자기가 인식되지 못하면 나타나는 위험한 측면으로 혼돈, 무질서를 일으키는 것이다. 이는 연금술의 이중(二重) 메르쿠리우스(Mercurius duplex)의 표현에서 볼 수 있고, 한편으로는 영혼의 인도자, 다른 한편으로는 속임수로 질서를 어지럽히는 신화적 현상인 트릭스터(trickster)로, 유독성 악마로 나타난다고 했다.

의식성과 통찰을 상징하는 태양 주위의 원둘레 속에 많은 눈이 있고 그 원을 자기의 꼬리를 무는 뱀, 즉 우로보로스가 둘러싸고 있는 그림에서 융은 『우파니샤드』의 황금의 태는 '천 개의 눈'으로 표시되어 있음을 제시했다(그림 4). 또 만다라 속의 눈은 분명 관조의 의식을 나타내는 동시에 그 눈의 소유자인 어떤 신화적 상, 예컨대 안트로포스(Anthropos)의 존재를 시사하는 것이라 했다. 그것은 하나의 매혹을 나타내며 마술적인 눈으로 의식을 끌어당기는 작용을 한다고 했다.[86]

이밖에도 '자기'의 상징인 신성한 아이, 연금술의 호문쿨루스(Homunculus, 작은 인조인간), 황금의 알 속에 있는 생명에 필적하는 원 한가운데 그린 갓난아기, 자연적이기는 하나 세속의 무의식 상태의 인간으로서 5각의 별, 강력한 변환의 상징으로서 불, 초월적 전체로서 별에 관해서도 언급하고 있다.[87]

자신이 그린 황금의 성의 그림에 대해서는 대극합일의 상징과 기독교의 상징사에 나타나는 '하늘의 예루살렘', 대지의 중심, 즉 배꼽에 위치한다고 믿었던 인도의 환상세계인 메루(Meru)산 위의 브라만의 도시와 일치점을 지적했다. 또 중국의 도교 경전과 『태을금화종지』에 언급된 황금성을 인용하고 있다.[88]

황금성의 책은 말한다. '한 자(尺) 크기의 집의 한 치(寸) 크기의 땅에서 사람은 삶을 배열할 수 있다'고──한 자 크기의 집은 얼굴이다. 얼굴 속의 한 치의 땅, 그것이 천심(天心)이 아니고 무엇이랴? 미간 한복판에 영광이 자리하고 있다. 연석(軟石)으로 된 도시의 보랏빛 방에는 극한의 공허와 활기를 지닌 신이 살고 있다. 도사들은 이 중심을 조상의 나라, 또는 황금의 성이라고 한다.

이상의 소개로 현대인의 마음에서 우러나온 그림에 자기, 즉 정신의 전체성, 전체인격의 만다라 주제의 상징이 어떻게 표현되며 그것이 연금술, 동서양의 종교적 상징들과 어떤 관계를 지니고 있는지 조금이나마 엿볼 수 있었기를 바란다.[89]

융의 다음과 같은 말은 만다라 상징의 기능적 의미를 적절하게 요약하고 있다.

> 만다라 그림은 침사(沈思), 집중, 내적 체험의 인식, 내적 질서의 형성이라는 기능적 의미를 가지고 있다. 이런 그림은 혼란된, 무질서한 갈등에 찬 불안한 상태 뒤에 나타난다. 이것은 확실한 피난처, 내적 화해, 그리고 전체성을 표현한다.[90]

자기와 신의 상

우리 안의 그리스도, 우리 안의 불성(佛性), 혹은 도(道)라고 부르는 것을 모두 심리학적으로 자기(Selbst)라는 용어로 일컬을 수 있다고 말한 융의 이 학설은 제창될 당시 특히 기독교 신학자들 사이에 큰 반향을 불러일으켰다. 그 가운데는 비판적인 공격이 적지 않았는데, 그것은 사실 신학자들이 융의 경험심리학적 가설을 형이상학과 혼동한 데서 생긴 오해였다.

이들은 융이 신(神)을 '자기'로 대치하고 있다고 비난했다. 융에게 이런 오해는 견디기 어려운 일이었으므로 자기 학설에 대한 올바른 이해를 거듭 호소하면서 비판에 대응했다. 융은 역설하기를, 자신이 심리학적으로 다룰 수 있는 것은 사람들이 '신'이라 하면서 상상하고 체험하는 심리적 사실뿐이다. 신 그 자체는 심리학의 영역을 넘어서는 것이다. 그것이 무엇인지 심리학적으로 설명할 수도 알 수도 없지만, 무의식에 나타난 신의 이마고, 신상(神像)은 심리학적으로 인식

가능하고 탐구할 수 있다. 자신은 심리적 사실로서 신의 이미지를 말하는 것이지 신 자체에 관한 형이상학적인 주장을 펴고 있는 것이 아니라는 것이다.

1944년 가톨릭적 견지에서 융의 이론을 비판하면서 융이 왜 신에 귀의하지 않는지를 물은 취리히의 한 사람에게 융은 "기독교인으로서 나는 물론 기독교 진리의 토대 위에 있습니다. 그러니 나를 신에 귀의시키려는 것은 불필요한 일입니다"라고 대답했다. 그러면서 어떻게 그가 신을 대치할 수 있다고, 그것도 개념으로 대치한다는 생각을 하게 되었는지, 그것으로 미루어보아도 '자기'라는 개념을 전혀 이해하지 못한 것이라고 말했다. "'자기'는 결코 신의 대치물이 아니라 아마도 신적인 은혜를 위한 그릇일 것"이라고도 했다.[91]

1960년 당시 마르틴 부버(M. Buber)와 융 사이에 벌어진 논쟁에 관해서 학위논문을 쓰던 어떤 젊은 미국인에게 보낸 편지에서 융은 이렇게 반문했다. "부버는 왜 내가 심리적 사실을 다룰 뿐 형이상학적 주장을 다루고 있지 않다는 것을 생각하지 못하는지 모르겠습니다." 융은 또 부버는 심층심리학의 경험이 없기 때문에 '콤플렉스의 자율성'을 모른다. 심층심리학자들은 쉽게 그 존재를 경험한다, 부버는 신이 또한 자율적 콤플렉스일 수도 있음을 이해하지 못한다, '자기' 또한 엄청나게 놀랄 만한 현실로서 그것과 관계를 가지고자 원한다면 누구나 경험할 수 있는 것이라고 했다. 융은 자신은 단지 실제적인 이론적 문제, 즉 콤플렉스가 어떻게 작용하고 있는가, 예컨대 모성 콤플렉스는, 혹은 신-콤플렉스는 개인의 심리와 공동체에서 어떻게 작용하고 있는가를, 또한 '자기 콤플렉스'는 헤르메스 철학에서의 현자의 돌, 또는 교부(教父)들의 그리스도에 관한 비유와 어떤 관계를 가지고 있는가를 다룰 뿐이라고 했다.[92]

1955년 어떤 프랑스인에게 보낸 편지에서 융은 이렇게 말한다.

'자기'는 우리가 심리학적으로 확인할 수 있는 것입니다. 우리는 자기의 상징들을 경험합니다. 그것은 신의 상징들과 구별할 수 없습니다. 자기와 신이 비록 실제로는 동일한 것처럼 보이지만 정말 같은지 나는 증명할 수 없습니다. 개성화(자기실현)는 물론 궁극적으로 하나의 종교적 과정으로 이에 적합한 종교적 자세를 요구합니다. 즉 자아의지는 신의 의지에 순종합니다. 불필요한 오해를 불러일으키지 않기 위해서 나는 신 대신 자기를 말합니다. 경험적으로 그것이 더 옳습니다.[93]

1948년 융은 게브하르트 프라이(Gebhard Frey) 교수에게 말하기를, 자연과학적·인식론적 비판으로 훈련된 사고와 신학적·형이상학적 사고의 충돌이 자기와 신을 말하는 데 큰 어려움을 준다고 했다. 그러고 나서 다음과 같이 덧붙였다.

'자기'에 대해서 나는 그것이 신과 대등한 것이라고 말할 수 있겠습니다. 신학의 정신으로는 그런 말은 절대로 흥분할 만한 일입니다. 왜냐하면 그렇게 말함으로써 아마 '신의 대치물'이 생겼다고 생각하기 때문이겠지요. 그러나 신을 대치한다는 그런 견해는 심리학적 관점으로는 너무도 황당해서 그런 바보 같은 짓을 누가 하리라고 믿을지 주저됩니다. 내가 하는 말은 사실 다음과 같은 뜻입니다. 내가 신을 말할 때 이것은 심리적인 상(像, Bild)입니다. 자기도 마찬가지로 인간의 초월적이며 기술할 수도 파악할 수도 없는 전체성의 정신적인 상입니다. 두 개의 유형은 경험적으로 비슷하거나 동일한 상징에 의해 표현되고 있습니다. 그래서 그들은 서로 구별할 수 없는 것입니다. 심리학은 오직 경험할 수 있는 상들만을 다룹니다. 그 상들의 소질과 생물학적 형태를 비교방법으로 탐구하는 것입니다.[94]

『자아와 무의식과의 관계』에서 융은 자기는 우리 속의 신이라고 할 수 있다고 했다. 우리의 전체 심적 생활의 시초는 어쩔 수 없이 이 점에서 뿜어져나오며 모든 최고의, 최후의 목표는 그에게로 달려가는 듯하다고 했다.[95]

그러므로 우리가 신의 개념을 사용할 때는 우리는 이로써 단지 하나의 일정한 심리적 사실, 즉 의지를 방해하고 의식에 강요하며 기분과 행위에 영향을 주는 능력을 가진 어떤 정신내용의 독립성과 위력을 설명할 뿐이다.[96]

『아이온』(*Aion*)에서는 전체성과 신의 상은 구별되지 않음을 더욱 명확하게 말하고 있다.

단일성과 전체성은 객체적 가치척도의 최고의 단계이다. 왜냐하면 그것의 상징들은 이마고 데이(Imago Dei, 神像)와 더 이상 구별되지 않기 때문이다.[97]

자기와 그리스도상

자기의 상징이 동양종교사상에서 볼 수 있는 수행의 궁극적 목표,

즉 도(道), 진여(眞如), 일심(一心), 금태장(金胎藏, hiranya-garbha), 금강체, 금화(金華) 등에 표현되고 있음을 제시한 융은 서양의 연금술에 나타난 상징을 포함하여 기독교의 근본인 그리스도상의 자기와의 관계를 상세히 연구했다.[98) 그 결론의 일단은 다음의 설명에서 볼 수 있다.

　그(그리스도)는 우리 안에, 그리고 우리는 그 안에 있다. 그의 왕국은 값진 진주, 밭에 숨어 있는 보배, 커다란 나무가 될 작은 겨자씨, 그리고 하늘의 도시이다. 그리스도가 우리 안에 있듯이 그의 하늘의 왕국은 우리 안에 있다. 이러한 일반적으로 알려진 시사만으로도 그리스도 상징의 심리학적 입장의 특징을 제시하기에 충분할 것이다. **그리스도는 자기의 원형을 구체적으로 보여주고 있다.**[99)

　그런데 문제는 그리스도상이 과연 인간의 모든 것을 포괄하는 전체상인가 하는 논란이다. 그것은 너무도 밝고 순수하며 절대적으로 선하고 심리학적 비판이 허용된 현대의 시각에서 볼 때는 전체성을 표현한다고 하기에는 부족한 것이 아닌가. 융은 이런 의문을 진지하게 추적했다. 특히 개신교의 나라 독일이 나치 독일로 변모하여 제2차 세계대전 당시 저지른 엄청난 악행을 볼 때 그동안 기독교가 절대선의 그리스도상에서 떼어놓고 대수롭지 않게 보아온 사탄과 반기독(antichrist)이 얼마나 강력한 대자로서 현존하고 있는가에 주의를 기울일 필요가 있다고 강조했다.

　악의 힘을 교계에서 말하듯 선의 결여(privatio boni), 약화된 선, 또는 완전성의 우연한 결여 정도로 치부하기에는 그 영향력이 엄청나게 크다. 그러므로 우리는 악을 선의 대극으로, 하나의 실체성을 가진 것으로 보아야 한다고 융은 강조했던 것이다.

전통적인 그리스도 형상에서 자기의 심리적 출현의 유형을 인식
한다면 반기독은 자기의 그림자에 해당된다. 이는 인간적 전체성
의 어두운 반면이다. 우리는 이것을 너무 낙관적으로 판단해서는
안 된다. 우리의 경험이 미치는 한, 빛과 그림자는 인간 본성 속에
서 비슷하게 분포되어 있어 정신적 전체성은 오히려 억제된 빛 속
에 나타난다.[100]

빛과 그림자는 경험적 자기 속에서 역설적인 하나를 이루는데 기독
교적 관점에서는 이에 반해서 서로 용납되지 않는 반으로 분열되어
있다고 융은 지적한다. 긍정적인 기독교인에게 반기독의 개념은 소화
하기 어려운 존재이지만 반기독의 반격은 단지 예언적인 말이 아니
고 가차없는 심리학적 법칙이다. 물론 그리스도의 속성들은 자기의
구체화라 할 수 있지만 심리학적 입장에서 보면 원형의 반일 뿐이고
그 다른 반은 반기독이라고도 했다.[101] 인간의 본성에는 끝없이 악행
을 저지를 수 있는 요소가 있다. 그러니 심리학이 악의 현실을 주장하
지 않을 수 없다.[102]

다만 우리의 경험 분야에는 백과 흑, 빛과 어둠, 선과 악은 대등한
대극이며 이들의 한쪽 부분은 언제나 다른 부분을 전제로 한다. 이런
단순한 사실은 이미 그노시스 기독교의 총서에서 인정된 것이다.[103]

이렇게 기독교의 그리스도상이 그 그림자 측면의 실재성을 경시하
고 있어 현대인의 자기 상으로는 좀 부족하다고는 하면서도 융은 기

독교의 관조세계에서 그리스도는 틀림없이 자기를 묘사하고 있다고 한다. 일회적 개성이면서도 영원하며, 독특하면서도 보편적인 대극 4위의 공식은 심리학적 자기뿐 아니라 그리스도의 도그마적 형상도 묘사한다고 그는 주장한다.

역사적 인물로서 그리스도는 일회적이며 독특하다. 신으로서 보편적이며 영원하다. 개성으로서 '자기'는 일회적이며 독특하고 이에 비해서 원형적 상징으로서 그것은 신상(神像), 즉 보편적이며 영원하다.[104]

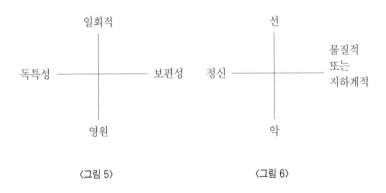

〈그림 5〉   〈그림 6〉

그런데 심리학적 자기의 특성은 선과 악의 대극이 분리되지 않은 4위로 표현된다. 융은 이 관계를 위와 같이 나타냈다(그림 5, 6).

그런데 흥미롭게도 융은 사람들이 생각하는 그리스도상은 거의 완전하다고 생각되었으나 원형은 그러한 완전함에 훨씬 미치지 못한다고 했다. 원형은 하나의 모순(paradox)이며, 역설적인 것, 형용할 수 없는, 초월적인 것에 관한 표명이라고 그는 말한다. 그 최고의 권위를 인정하고 따라야 할 '자기'의 실현은 이에 따라 근본적인 갈등, 대극 사이의 매달림과 전체성에 가깝지만 완전하지는 않은 상태로 유도된 다. 이것은 두 도둑 사이에서 십자가에 못 박힌 예수의 상황을 연상시 킨다고 융은 말한다. 그런데 완전해지려는 인간의 열정은 문화의 강 력한 뿌리를 이루고 있고 그의 선천적 특이성이다. 그래서 인간은 전 력을 다해 어떻든 완전을 지향한다. 그러나 원형은 자기완성을 온전 성(Vollständigkeit)이라는 전혀 다른 방식으로 이루어내며 원형이 우세하면 모든 의식적 노력에 반해서 온전성이 강요된다. 개인은 완 전성을 향해 노력하지만 그의 본성의 온전성 때문에 그는 의도와 반 대로 고통받게 된다. 이런 상황은 완전한 인간이며 동시에 십자가에 못 박힌 그리스도의 상에 필적한다.

원형을 인정한다고 해서 기독교의 신비를 피해 가는 것이 아니고 그것 없이는 구원도 의미가 없는 필연적인 심리적 전제조건을 마련 하게 된다고 그는 말한다. 그 갈등은 매우 참을 수 없는 것이다. 그러 나 사람이 그에게 부과되어 있는 개성화(자기실현)를 의식적으로 실 천하고 전체성 또는 온전성을 임의로 받아들인다면 그는 모든 억압 된 개성화의 후유증을 피할 수 있다고 했다.[105]

그리스도가 자기의 상징이라는 주장과 악을 떼어놓은 그리스도상 은 부족하다는 지적, 그리고 그리스도상이 너무도 완전해서 원형의 온전성을 넘어선다는 말들은 서로 모순된 견해처럼 보인다. 그러나 이것은 전체성의 여러 측면을 말하고 있는 것으로 융의 다음과 같은 말을 보면 이런 의문의 일단이 어느 정도 풀릴 것이다.

사람들은 나에게 항의하기를 그리스도는 자기의 유효한 상징이 아니고 단지 그런 것을 가장한 대치물일 뿐이라고 했다. 나는 이 견해에 대하여, 만약 그 말이 엄밀하게 심리학적 비판을 적용할 수 있는 최근의 시기에 관계된다면 찬성하겠다. 그러나 만약 그것이 심리학 이전의 시대를 판단하는 것이라면 결코 찬성할 수 없다. 그리스도는 전체성일 뿐 아니라 또한 심리현상으로서 존재했다. 악이 선의 결여였던 그런 시대의 상징성이나 현상학이 이를 증명한다. 전체성의 표상은 그때마다 사람이 그렇게 있는 전체인 것이다. 우리의 전체성의 개념이 마찬가지로 보충을 필요로 하는 것이 아니라고 누가 보증하겠는가. 단지 전체성의 개념만으로는 전체성을 결코 설정하지 못한다.[106]

융이 역사적으로 사람들이 경험을 통해 말해온 전체성과 현대인의 무의식에서 그가 발견한 전체성을 다 같이 자기의 상징이라고 말하고 있다는 사실은 「삼위일체 도그마의 심리학적 해석시론」에서 한 다음의 해명에서도 분명하다.

모든 사람의 마음속에서 일어나는 '복음'에 대한 기대에 응답하여 구체적인 라비 예수는 단시일 안에 사람들 마음속에 배정된 자기원형에 의해 동화된 것이다. 그렇게 그리스도는 자기의 이념을 실현했다. 그런데 자기의 상징과 신상(神像)은 경험적으로 결코 구별할 수 없기 때문에 이 두 관념은 온갖 구별하고자 하는 시도에도 불구하고 혼합된다. 예를 들면 자기는 요한과 바울이 특징지은, 내적인 그리스도와 같은 말이다. 혹은 그리스도는 신(아버지와 본질적으로 같은)이다.

아트만(Atman)은 개별적인 자기인 동시에 우주의 존재이며 도(道)는 개별적 상태이면서 동시에 세계적 사건의 바른 자세로서 같은 말이다. 심리학적으로 신적 영역은 의식 저편에서 직접 시작된다. 그곳에서 인간은 자연의 질서에 축복과 파멸을 내맡기고 있기 때문이다. 그곳에서 인간은 그를 향해 오는 전체성의 상징들에 이름을 붙이는데 그것은 시간과 장소에 따라 서로 다른 것이다.

심리학적으로 자기는 인간의 정신적 전체성이라고 정의한다. 인간이 자신보다 더 포괄적인 전체성을 전제하는 것이면 무엇이든 자기의 상징이 될 것이다. 그러므로 자기의 상징이 언제나 심리학적 정의가 요구하는 전체성을 가지고 있는 것은 아니다. 그리스도의 형상도 또한 그러하다.[107]

그러므로 그리스도상에 응축된 고통, 죽음, 부활의 의미, 인간이면서 신인 그리스도의 대극성과 초월성은 비록 그 완전성 때문에 현대인의 심성에서 발견되는 악과 물질성이 배제되어 있다고 하더라도 그리스도상을 하나의 전체성의 상징, 즉 자기의 상징이라고 부르는 데 방해되지 않는다.

심리학적으로 말해서 그리스도는 원초적 인간(사람의 아들, 제2의 아담)으로서 평범한 인간을 넘어선다. 또한 그것은 모든 것을 포괄하는 전체성을 표현하며 의식을 넘는 전체인격에 해당되는 것이다.[108]

아니엘라 야훼가 엮은 회상록에서도 융은 말하고 있다.

붓다와 마찬가지로 그리스도도 자기의 구체화이다. 그러나 전혀 다른 의미에서 그러하다. 두 사람은 다 세계극복자이다. 붓다는 그것을 이른바 이성적 통찰로서, 그리스도는 이를 숙명적인 희생으로 성취했다. 기독교는 더 많은 고통을 겪었고 불교는 더 많이 인식하고 더 많이 행했다. 양자는 모두 옳다. 그러나 인도(印度)의 의미에서 붓다는 보다 완전한 인간이었다. 그는 역사적 인물이므로 이해하기가 보다 쉽다. 그리스도는 역사적 인간이면서 신이다. 그러므로 파악하기가 훨씬 어렵다.[109]

지금까지 우리는 자아와 자기에 관한 융의 견해를 살펴보았다. 자아(나)의 특성과 기능에 관해서 융이 말한 것들과 자기의 크기와 기능, 그리고 그 상징적 표현에 관한 융의 연구성과를 개관했다.

분명하고 논리적이며 구체적이고 단순한 체계적 설명을 좋아하는 독자들에게는 자아에 관한 이야기나 자기에 관한 이야기에 다소 혼란을 느낄지도 모르겠다. 왜냐하면 여기에는 자아나 자기, 어떤 것도 확실한 것이 없고 분명한 것이 없다고 하기 때문이다. 그것은 정지되어 있는 것이 아니라 부단히 움직이고 변하고 있는 것이다. 자아도 변하고 자기도 변한다.

융은 체계적인 설명을 별로 즐겨 하지 않았다. 인간심리의 체계화는 개별적 인간이 지닌 개성의 다양성을 몇 가지 틀로 분류하는 것인데 그러한 작업은 개개인의 성숙과 성장을 목적으로 하는 분석심리학적 정신요법에 그리 큰 도움을 주지 않는다. 오히려 체계를 만듦으로써 개성을 몇 가지 단순한 틀 속으로 환원할 위험마저 있다.

자아와 자기의 개념에서 한 가지 분명한 것은 이 책의 첫머리에서 말했듯이 자아가 의식의 중심이며 자기는 의식과 무의식을 포괄하는 전체정신의 중심이라는 사실이다. 그리고 인간의 무의식 속에는 전체 인격이 되려는 내적 충동이 모든 사람이 태어날 때부터 두루 갖추어져 있다는 사실이다. 자기는 인격전체이면서 동시에 원형이다. 즉, 인간의 원초적 조건이다. 그리고 이 원형은 여러 가지 상징 속에 그 모습을 드러내며 각자 정신의 전체를 실현하도록 영향을 준다. 혹은 무의식을 의식화하고자 하는 자아의 적극적인 자세로 인해 무의식의 조절자인 자기원형이 활성화된다. 이리하여 인간은 의식을 넓히면서 자아에서 자기로 다가간다. 자기를 실현하게 되는 것이다.

전체정신인 자기는 결코 어떤 이상적 인간형이나 성자(聖者)의 규범이 아니다. 그리스도나 불성(佛性)이 자기의 상징이라고 하면 사람들은 곧잘 그리스도와 붓다의 행적을 그대로 따라야 한다고 생각한다. 그러나 그러한 상이 집단적으로 만들어진 전범(典範)인 한, 그리스도 모방(Imitatio Christi)이나 붓다 모방만으로는 결코 자기를 실현하는 것이 될 수 없다. 그것은 집단이 만들었고 개인에게 요구하는 역할, 즉 페르조나와 동일시하는 것과 다름없다. 그런 모방은 그 사람 자신인 자기로부터 더욱 멀어지는 결과를 만들어낼 뿐이다. 자기는 진정한 의미의 그 사람의 개성(Individualität)이다. 실현해야 할 것은 집단규범으로서의 그리스도나 붓다를 흉내내는 것이 아니라 개성적인 길을 걸어간 그리스도와 붓다의 그 정신과 용기다.

개성이란 그 사람 자신의 것이다. 정신의 전체성이라는 것이 누구에게나 똑같은 크기와 모양을 가진 것이라면 그것은 융이 말하는 자기가 아니다.

오늘날 프로이트, 융 이후에 나온 정신분석자, 정신치료자들 가운데 많은 사람이 자신(self)이라는 말을 쓰기 시작하고 있다. 자아(ego)만으로는 부족하다는 당연한 통찰의 결과이겠으나 융의 자기개념과는 근본적으로 다른 점이 있다. 융이 말하는 자기는 누미노제의 강력한 영향력을 간직하고 있는 원형이라는 사실이 다른 점이고, 자기는 그 변두리를 아마도 무한히 확대할 수 있는 미지의 전체정신의 중심이라는 사실에서 다르다.

융이 말하는 개성이란 자기와 같은 말인데 그 사람 자신이라는 뜻이다. 각 개인은 모두 일회적인 독특한 존재이면서 동시에 보편적·인간적 토대 위에 있다. 그러므로 남들과는 다르게 하기 위해 자신을 드러내는 개인지상주의(Individualismus)는 개성화 또는 자기실현과 다른 것이다. 진정한 개성은 전체정신을 포괄하는 것, 즉 그 사람의 의식과 무의식을 통틀은 그 사람 그 자체인 것이다. 그러므로 개성은 전체정신과 마찬가지로 다른 사람과 다르면서도 같고 같으면서도 다른 것이다. 왜냐하면 모든 인간은 각기 개인적인 특성을 가지고 있으면서 집단적 무의식과 같은 보편적인 인간적 토대를 가지고 있기 때문이다.

자기는 그러한 개성 ─아직 확실히 모르는 미래의 인격이며, 그러한 개성을 살리는 것이 뒤에서 다루게 될 자기실현, 즉 개성화(Individuation)다.

자기실현 또는 개성화

자기실현이란 무엇인가

앞에서도 거듭 말한 것처럼 융의 자기실현이란 '자기가 되는 것' (Selbstwerdung)이다. 이 세상에 태어날 때 가지고 나온 나의 모든 정신을 남김없이 발휘하고 통합하는 것이다. 아무도 우리가 무엇을 가지고 태어났는지 모른다. 아무도 우리가 장차 무엇이 될지 모른다. 아이들의 재능과 소질을 알아내기 위한 여러 가지 검사방법이 개발 되어 사용되고 있고 그것이 현재 상태를 어느 정도 알려주고 때로는 미래의 가능성을 일부나마 예측할 수 있다고 믿을지 몰라도 절대적 인 평가기준은 아니다.

우리 정신활동의 무한한 가능성이 아직 무의식 속에 있다. 그것은 무의식 속에 있으면서 쓰이기를 기다리고 있다. 자기실현은 그것들을 살려서 자기의 전체정신을 실현하는 것이다. 아니엘라 야훼가 엮은 융의 회상록에서 융은 이런 말을 했다.[110]

나의 생애는 무의식이 그 자신을 실현한 역사이다. 무의식에 있는 모든 것은 사건이 되고 밖의 현상으로 나타나며, 인격 또한 그 무의식적인 여러 조건에 근거하여 발전하며 스스로를 전체로서 체험하게 된다.

말하자면 무의식은 자기실현의 원초적 조건이다. 왜냐하면 그것은 현실에서 억압된 충동으로 가득 찬 쓰레기통이 아니라 인간의식을 새롭게 변화시키는 창조의 샘이기 때문이다. 자기가 전체성인 동시에 원형이라는 사실은 인간이 태어날 때부터 누구에게나 자기실현, 즉 전체정신을 실현할 수 있는 원동력이 무의식에 존재한다는 사실을 뒷받침한다. 모든 사람이 자기실현을 할 수 있는 잠재력을 가지고 있다. 그런 잠재력을 일깨워서 적극적으로 자기실현을 수행하느냐 하지 않느냐는 자아에 달려 있다.

부름을 받았든 못 받았든 신은 그곳에 있을 것이다.
(Vocatus atque non vocatus Deus aderit)[111]

퀴스나흐트에 있던 융의 집 입구 상판에 새긴 이 델피의 신탁은 '자기'의 현존을 말해준다. '많은 사람이 부름을 받았으나 그저 소수만이 그를 따랐다'는 말도 자기실현의 기회는 보편적으로 주어져 있으나 의식적으로 실천하는 사람은 그리 많지 않다는 현실에 해당되는 말이다.

자기실현(개성화)을 통하여 '있는 그대로의 그 사람'이 되면 개체의 고유성을 소홀히 하거나 억압함이 없이 인간의 집단적 사명을 더 나은 방향으로 좀더 충실하게 충족시키게 된다. 자기실현(개성화)에 관한 융의 다음과 같은 정의에 나오는 '개별적 존재'도 이와 같은 맥락에서 이해해야 할 것이다.

개성화는 개별적인 존재가 되는 것이다. 그리고 우리가 개성이라는 말을 우리의 가장 내적이며 궁극적이고 다른 것과 비길 수 없는 고유성(일회성, 유일무이성)이라고 이해한다면 그것은 본래의 자기가 되는 것이다. 개성화는 자기화(Verselbstung) 또는 자기실현(Selbstverwirklichung)이라고 규정될 수 있을 것이다.[112]

다시 말해서 개성화 또는 자기실현은 '그 인간을 그가 그렇게 있는 그 특정한 개별적 존재로 만드는 것'이다. 한 개체는 보편적 요소로 조성된 살아 있는 통일체이므로 집단적인 면을 가지고 있지만 개별적 형식으로 존재하는 것이다. 그러므로 우리가 각자의 개별적 존재가 된다면 인간관계에서 한 차원 높은, 성숙된 관계를 형성할 수 있게 될 것이다.

이렇게 말하노라면 자기실현 또는 개성화란 '인격의 성숙'과 같은 것이 아닌가 생각될 것이다. 물론 자기실현이 되면 이른바 성숙된 인격이 될 것이다. 그러나 이때 말하는 성숙이란 성숙에 관해 학자들이나 사람들이 전통적으로 말해오고 기대하며 상상하는 것과는 전혀 다른 것일 수 있다. 자기실현의 목표는 결코 모범시민, 도덕군자, 세계구원자, 혹은 '원만한 사람'의 상이 아니다. 이것들은 다시금 집단에 의해 만들어진 가상(假像)으로서 자기의 페르조나에 불과하다. 자기실현은 바로 그러한 집단인간이 되지 않기 위한 작업이다.

그러므로 융은 자기실현의 목적이 한편으로는 자기를 페르조나의 잘못된 은폐에서 해방시키고 다른 한편으로는 무의식적 상들로부터 오는 암시력에서 해방시키는 데 있다고 했다. 이 작업은 결코 쉬운 일이 아니다. 이런 목적의 작업은 독립된 내적 과정을 통한 인격의 변환이기 때문에 세상사람들의 구미에 맞지 않을 경우도 있게 마련이다.

세상사람은 영웅이나 구원자, 또는 완벽한 '인격자'를 원하는지 모른다. 그런데 어떤 사람이 자기 자신의 능력을 과신해서 영웅행세를 하면 그는 얼마 안 있어 그 역할을 감당할 수 없게 되고 그런데도 이를 강행한다면 심한 정신적 해리상태에 빠져 신경증적 증상에 시달리게 될 것이다. 이 사람을 건강하게 만드는 길은 그동안 사회의 요구에 무조건 순응함으로써 자아에 의해 완전히 소외된 그 사람의 진정한 개성, 자기를 찾아주는 일, 즉 자기실현뿐이다. 그런 뜻에서 자기실현 또는 개성화는 하나의 치유과정이며 건강한 사람을 만들어가는 과정이다.

자기실현이나 개성화는 자기인식(Selbsterkenntnis, self knowledge)의 과정이다. 자기인식이란 무의식의 내용들을 인식하는 과정이다. 이것을 의식화(意識化, Bewußtwerdung)라고 한다. 인식이란 지적인 인식일 뿐 아니라 감정적인 통찰이라는 점에서 의식화는 우리말의 '깨달음'에 가까운 뜻을 가지고 있다. 다만 우리 안의 무의식에 있는 여러 요소를 깨닫는 심리학적 체험이지 고등종교에서 말하는 깨달음과 꼭 같은 것이라 말하기는 어렵다. 그러나 고등종교에서의 자기인식과 융의 자기실현 과정의 자기인식과는 많은 점에서 닮은 면이 있다.

융은 그리스도와 붓다가 자기를 실현한 사람이라고 말한 일은 있으나 자기실현이 된 사람의 모습이 어떤 것인지를 묘사한 적이 거의 없다. 그러나 『자아와 무의식의 관계』에서 그는 의식화를 통해서 변하는 것이 무엇인지에 관해 기술하고 있다. 그것은 예민하고 자질구레

한 자아 — 세계에 매달려 있지 않은 상태, 더 넓은 객체의 세상에 참여하는 것이다. 넓어진 의식은 더 이상 예민하고 이기적이며 사사로운 욕망, 조심, 희망과 야망이 뒤얽힌 실타래가 아니고 객체세계에 접합된 관계기능이 된다. 개체는 그러한 의식을 붕괴될 수 없는 공동체 속으로 옮겨놓는다고 융은 말했다.

이 단계에서 생기는 착종은 이제는 더 이상 이기적인 욕구갈등이 아니라 나와 남에 간여되는 어려움이다. 이 단계에서 중요한 것은 결국 집단적 무의식을 움직이게 한 집단적 문제이다. 여기서 우리는 비로소 무의식이 해당되는 개인뿐 아니라 다른 사람을 위해서도, 아니 많은, 아마도 모든 사람에게 가치있는 내용을 산출한다는 사실을 체험할 수 있다.[113]

예민한 자아세계에 대한 집착은 언제나 무의식의 내용을 밖에 투사하거나 스스로 이에 사로잡힘으로써 생긴다. 대상에 투사된 무의식의 일부를 되돌려오면 그만큼 그를 얽매던 집착에서 해방되고 대상과의 관계가 자유로워질 수 있다. 그러나 투사의 되돌림은 쉬운 일이 아니고 많은 고통이 뒤따른다. 다른 사람과의 싸움은 자기 안에서의 싸움으로 옮겨지기 때문이다. 자기실현을 함으로써 사람은 더 많은 것을 보지만 그만큼 더 많은 고통을 겪을 수 있다. 더욱이 인간의 개성을 억압하는 획일적·전체주의적 권위주의 사회에서 자기실현, 또는 개성화는 여러 가지 어려움에 부딪힌다. 그러나 한 가지 분명한 것은 자기실현이나 개성화는 사람을 편안하게 하는 것이 아니고 고통을 감내하는 힘을 주고 고통에서 의미를 발견하게 한다는 사실이다.[114]

자기실현은 언제 시작되는가

어린이의 꿈, 젊은이의 삶

자기실현이 언제, 어떻게 진행되는지는 한마디로 말하기 어렵다. 자기실현이 개별적 존재가 되는 것인 이상 개인마다 다르기 때문이다. 그러나 정신적 내면세계를 인식해 들어가는 자기실현이 본격적으로 시작되는, 또는 되어야 하는 시기는 중년 이후부터다. 그 이전에는 무의식의 의식화보다 자아의식의 강화와 발전에 주력을 기울여야 할 시기다.

자기원형상은 이미 어린이의 꿈에 활발하게 나타난다. 미래의 전인격을 상징한 상들이 이미 어린이의 의식에 밀려들어 잊을 수 없는 인상을 남긴다. 사춘기에도 강력한 원형적인 꿈들이 의식의 문을 두드린다. 원형적인 꿈, 특히 전체성의 상징은 인생의 전환기에 정신적인 긴장과 혼란에 처했을 때 곧잘 나타나는 것으로 알려져 있다. 자기실현을 위한 자아의 적극적 참여는 중년 이후라 하더라도 무의식은 일찍부터 그 개체의 전체성을 일깨우고 이에 합당한 상징을 내보낸다.

1936년부터 1941년까지 진행되었던 어린이 꿈의 세미나에서 융은 3세에서 10세 사이의 어린이 꿈을 중심으로 한 원형적 상징들을 다루었다.[115] 융의 수제자 폰 프란츠(M.L. von Franz)는 융의 사례에서 한 여성의 세 살 적 꿈을 소개하여 무의식에 내재하는 미래의 숙명이 어떻게 상징적으로 나타나는지를 보여주었다.

그 소녀는 꿈에서 엄동(嚴冬)귀신(Jack Frost)이 나타나는 것을 보고 불안해한다. 귀신이 그녀의 배를 마구 꼬집는데, 깨어서 보니 제 손으로 배를 꼬집고 있었다.[116]

이 어린이는 어른이 되어 심한 정신병을 앓게 되었고 엄동귀신의 손처럼 차가운 마음으로 26세에 자기 목숨을 끊었다. 해결책이 없는 악몽을 꿀 때 가끔 그렇듯이 무의식은 그녀에게 장차 닥쳐올 숙명적인 삶의 종말과 그 위험을 미리 예시했는지 모른다. 이처럼 끔찍한 미래에 대한 예고를 하는 자──그것이 그 소녀의 무의식에 존재하고 때때로 상징적 언어를 의식에 보내고 있다고 상상해보라. 자기의 존재를 조금은 알게 될 것이다.

소아정신과에 입원한 우리나라의 10세 여환아의 다음과 같은 첫번째 꿈도 전체성과 자기실현의 상징을 나타내고 있다.[117]

언니와 함께 산에 놀러 갔다. 물이 없다. 언니가 물을 구하러 갔다. 나는 컴컴한 동굴에서 기다렸다. 아무리 기다려도 언니는 안 왔다. 뱀 여섯 마리가 나에게 달려들었다.

컴컴한 동굴은 알 수 없는 괴물이 살고 있는 곳, 생명의 모체, 무의식이다. 동굴은 죽음과 재생, 샤먼의 입무수련의 터다. 원시사회의 입무(入巫)나 입사과정(initiation)은 자기실현의 원시적 형태를 구체화한 것이다. 환아는 그곳에서 뱀 여섯 마리로부터 공격을 받는다. 6은 3의 배수, 3은 인식가능해진 하나, 연속성을 지닌 하나의 역동적 실현, 남녀의 결합, 전일(全一)의 상징인데 안정된 하나가 아니고 동적인 균형을 표현한다. 또한 뱀은 리비도, 생명의 원천으로 여섯 마리 뱀이 자기에게 공격해온다는 것은 자기실현의 충동이 꿈의 자아에 하나의 위협으로 다가오고 있다는 말이다.[118]

소아, 청소년기에는 한편으로는 이와 같은 내적인 원형적 충동에 직면하고 다른 한편으로는 외계에 대한 시급한 적응의 과제를 완수해야 한다. 도덕적 모순과 갈등에 눈을 뜨고 부모에게서 떨어져나온 자기 삶의 불확실성에 직면하여 자신과 삶의 많은 수수께끼를 풀어 줄 해답을 찾아 헤맨다. 철학, 종교, 그밖의 어떤 이념을 섭렵하거나 아예 상업주의가 제공하는 현실 속에 뛰어들어 모든 것을 잊는다. 의지와 인내, 좌절, 용기와 비겁, 정의와 부정, 본능적 쾌락과 영성, 의존과 독립, 사랑과 미움이 첨예하게 대립된 양극단 사이에서 갈등을 겪고 이를 헤쳐나가야 한다.

그러면서 청소년기를 거쳐 성인에 이르기까지 의식의 발달, 페르조나의 형성과 외계에 대한 적응은 점차 합리적·객관적, 이른바 과학적 사고판단의 토대를 확고히 하고 심혼의 신화적·원형적 토대에서 멀어져간다. 어린이가 자라서 공부를 마치고 취직하고 결혼하고 승진할 때까지 이와 같은 일방적인 자기외면화 작업이 서서히 또는 급격히 진행된다.

중년에 이르러—35세 전후—그동안 철저히 내버려둔 내면세계와 관계를 다시 맺어야 할 필요를 느끼게 된다. 자기실현은 청소년의 과제가 아니라 중년 이후의 과제라고 하는 이유가 여기에 있다.

청소년기와 초기 성인기에는 삶 속으로 나아가야 한다. 청소년기 신경증은 대개 삶을 두려워하고 삶에서 후퇴하는 데서 생기므로 이들의 치료는 다시 삶 속으로 나아가게 하는 것을 돕는 일이다. 반대로 중년 이후의 신경증은 너무 많은 시간을 바깥생활 속으로 나가 있어 본래의 자기를 망각한 데서 발생하기 때문에 이들에게는 내면을 보고 자기를 찾는 개성화 작업이 바로 치료의 원칙이 된다고 융은 말했다.[119]

젊은이의 삶은 눈에 보이는 목표 아래 전반적인 확장으로 이루어진다. 그의 노이로제(신경증)는 주로 이 방향에서 뒷걸음질치거나 그런 삶을 주저하는 데서 생기는 것 같다. 늙어가는 사람의 삶은 이에 반해서 축소되거나, 이미 이룩한 바를 유지하고 확대를 점진적으로 제거하는 것으로 이루어진다. 그의 노이로제는 근본적으로 그의 시간에 어울리지 않게 청년의 자세를 고집하는 데 있다. 젊은 신경증환자가 삶을 두려워하듯, 늙은이는 죽음을 회피한다. 한때 청년들에게 정상적인 목표였던 것이 노인에게는 신경증적인 지장이 된다. 결국 바로 젊은 신경증자의 주저 때문에 그의 부모에 대한 본래의 정상적인 의존이 삶에 반하는 근친상간 관계로 뒤바뀌는 결과가 되는 것과도 같다. 젊은이들에게 신경증, 저항, 억압, 전이, 허구 등이 비록 모든 면에서 비슷함에도 불구하고 노인에게는 반대의 뜻을 갖는다. 이에 따라 치료의 목표도 수정되어야 한다. 그러므로 환자의 연령은 나에게 가장 중요한 적응증인 듯 보인다.[120]

그렇다고 해서 소아, 청소년기의 꿈의 분석작업이나 무의식을 다루는 정신치료가 무의미하거나 부적절하다고 말할 수는 없다. 다만 이 시기의 중요한 과제를 알고 무의식 본래의 뜻과 달리 무의식에 대한 탐색이 현실도피의 수단으로 이용되지 않도록 주의해야 한다.

고통과 상실은 자기실현의 기회

줄곧 착실한 아내로서, 또한 두 아이의 어머니로서 모범적인 주부였던 32세의 부인이 어느 날 남편이 젊고 여우 같은 여자와 외도를 한다는 사실을 발견한다. 그 뒤 잠을 못 자고 토하고, 심지어 전신의 경련발작을 일으켜 병원에 실려왔다. 진단은 심인성구토, 히스테리성 경련발작을 수반한 전환장애였다.[121]

입원하고 나서 첫 면담 때 환자는 울부짖었다. 나는 모든 것을 완벽하게 해주었다. 남편의 더러운 빨래를 항상 깨끗이 빨고 다렸으며 맛있는 음식을 해주었으며 아이들을 곱게 길렀다. 그런데 그렇게 충실하게 살아온 나는 이렇게 정신병원에 들어와 있어야 하고 남편은 천연스럽게 돌아다녀도 좋다는 말인가 하고——입원 뒤 환자가 보인 최초의 반응은 남편을 빼앗긴 것에 대한 분노와 실망이었고 어떻게든 남편에게 깊은 인상을 주어 자기에게 관심을 돌리도록 하는 것이었다. 이 경우에 환자들이 흔히 하듯 매우 잘못된 방법을 썼는데, 그것은 자기의 병을 과장하여 남편의 동정을 유발하거나 그로써 남편을 지배하려는 일종의 권력시위였다. 항불안제는 최소한으로 쓰고 처음부터 분석을 시작했는데 이런 권력관계, 통제되지 않은 본능적 충동은 때때로 남아 있는 심인성구토와 함께 환자의 꿈에도 표현되었다.

22회째 분석시간에 이르러 분석가에게 긍정적인 전이가 생기면서 이러한 내적인 충동의 위협에서 벗어나기 시작했다. 이 사례 가운데 특이한 꿈은 환자가 어떤 가파른 바윗덩어리 위로 올라가야 하는데 뱀들이 뒤에서 쫓아오고 앞에도 뱀이 많아서 갈 수 없었다. 그때 갑자기 분석가가 저쪽에 나타나자 뱀이 물러서서 둘 사이에 길을 열어놓는 꿈이었다.

그것은 자기실현의 꿈이었다. 꿈속의 분석가는 현실의 치료자에게 투사된 그 환자의 무의식에 있는 심상(心像)으로 일종의 영혼 인도자(psychopompos) 역할을 하는 아니무스상이었다. 아내와 어머니로서의 페르조나를 오직 자신의 유일한 삶의 목표처럼 생각하고 살아온 그녀가 이제는 자기 자신의 길을 가야 한다는 것을 깨닫기 시작한 것이다. 자기를 향한 길은 험악하다. 그것은 흔히 세속으로부터 버려짐을 의미한다. 그러나 다음 꿈에서 볼 수 있는 것처럼 그 버려짐 속에 새로운 미래의 여성이 태어난다.

나는 집에서 쫓겨났다. H의사에 의해서. 옷도 없고 가방도 지니지 못했다. 그는 나를 어느 작은 성으로 인도한다. 병이 돌고 있다고 한다. 나는 격리되었다는 것이다. 다 무너져가는 교회, 철탑에 종이 매달려 있다. 광야에서 나는 갑자기 아이를 낳은 것을 알게 되었다. 딸아이인데 이름을 '야스민'이라 했다. 까만 머리를 하고 있다. 나는 가진 것이 아무것도 없었으나 아이에 대해 기뻐했다. 이때 나는 한 큰 남자 거인을 보았다.

분석가와 환자의 분석작업은 몇 번의 위기를 거치면서도 순조롭게 진행되었다. 환자는 안정을 되찾았고 증상은 없어졌으며 자기 나름대로 재능을 발휘할 수 있는 작업에 착수했다.

자기실현의 기회는 이렇게 느닷없는 결혼생활의 파탄, 절망과 병고뿐 아니라 인생에서 겪을 수 있는 온갖 고통과 정신적 위기에 처했을 때 찾아온다.

버림받음과 버림

고통에는 실로 여러 가지가 있다. 그러나 대개는 '버림받음'으로 요약된다. 혹은 주관적으로 '잃음'의 경험이다. 원하는 것을 잃고 집단에서 버림받는 것, 또는 버림받은 것처럼 느끼는 사건과 상상들 ── 친구로부터, 부모로부터, 연인으로부터, 사랑하던 남편이나 아내로부터, 자식으로부터 버림받았다는 느낌은 참을 수 없는 고독과 슬픔, 때로는 모욕감과 분노를 사람들에게 안겨준다. 그래서 버림받음에 관계되는 그토록 많은 처방이 아리랑뿐 아니라 대중가요의 가락 속에 들어 있는 것이다. 하물며 사회적인 지탄, 정치적 핍박, 종교적 박해로 자기의 실수나 잘못 때문이든 아니든 집단에 의해 개인이 따돌림을 당하고 심지어 조롱거리가 될 때, 그 고독은 말할 것도 없을 것이다. 이와 같은 버림받음 때문에 겪는 고통은 지금까지 자기를 지탱해온 사회적 관계, 사회의 기대와 지지, 사회적 이권, 집단이 한 개인에게 씌워준 숱한 세속적 명예, 칭호의 박탈을 의미한다. 다시 말해 페르조나의 상실과 관계된다.

버림받는 고통은 매우 위험하다. 그 사람의 집단에 대한 의존심이 강하면 강할수록 그것은 그 사람을 죽음으로까지 내몰 수 있다. 따돌림을 당하는 사람의 소외감은 자살충동으로 이어질 수 있다. 버림받음의 고통은 비단 보통 사람들에게만 있는 것이 아니다. 공자는 사랑하는 제자가 죽었을 때 이렇게 부르짖었다 한다. "아, 하늘이 나를 버리는도다! 하늘이 나를 버리는도다!"[122] 십자가에 매달린 예수조차 "주여, 왜 나를 버리시나이까!"라고 했다.[123] 그러나 이들은 인간집단으로부터 버림받음을 한탄한 것이 아니었다. 이들의 고통은 하늘로부터의 버림, 즉 '자기'로부터의 거절을 더 염려한 점에서 속인들의 고통과 다르다.

버림받음의 고통과 방황은 원시사회의 성인의례(initiation)의 3단계, 즉 고통, 죽음, 재생 가운데 첫 번째 단계다. 바꾸어 말해서 고통에는 기회가 있다. 그것은 그 사람이 새로워질 수 있는 기회다. 버림받음의 고통을 통해 사람들은 자문한다. 나는 왜 이러한가? 하고 — 만약 그런 물음을 외면하지 않고 계속 자신을 들여다보는 작업에 정진한다면 그는 중요한 통찰을 얻게 되고 새로워질 것이다. '새로워짐'은 곧 자기실현이다. 그것은 부단한 인격의 변환과정인 것이다. 모든 것이 편안하고 잘될 때는 사실 아무것도 자신에게서 배울 것이 없다. 치료자는 치료의 성공보다 실패를 통해 더 많이 배운다. 남녀가 사랑에 성공한 경우보다는 실패의 쓴 잔을 마셨을 때, 사람은 더 많이 생각하고 더 많이 자신에 대한 통찰을 얻는다. 폰 프란츠도 이런 점을 지적하고 있다.

> 개성화(자기실현)의 실제과정 ─ 자기 자신의 내적 중심(정신의 핵), 또는 자기와의 의식적 대화 ─ 은 보통 인격의 상처와 그에 따르는 고통과 함께 시작한다. 이 첫 번째 충격은 마침내 일종의 '소명'(召命)이 된다.[124]

'버림받음'은 그저 현실적인, 누구나 겪는 고통 같지만 사실은 신화에 깊이 뿌리박혀 있는 의미있는 고통이다. 영웅신화에서 버림받음은 영웅의 조건이다. 장차 영웅이 될 아기는 태어나자마자 곧 버려지거나 박해를 받고 쫓겨다니거나 굴 속에서 유모의 손으로 키워져야한다. 기존권력, 기존의 집단적 가치세계로부터 버림받음으로써 그는 장차 기존질서를 개혁할 영웅으로 거듭난다. 제우스, 헤라클레스의 이야기에서, 우리나라에서는 무조(巫祖) 바리데기의 이야기에서, 그 밖에도 많은 이야기에서 버림받음의 주제가 발견된다.

앞의 사례에서도 볼 수 있듯이 버림받음은 원형적 배경을 가지고 있다. 버림받음은 엄청난 위기임이 틀림없으나 만약 그 고통의 의미를 알고 견디어 나간다면 값진 기회가 될 수 있다. 자아가 그런 위기에 어떻게 대처하느냐에 달렸다. 카를 케레니와 함께 쓴 『신화학 입문』에서 융은 신성한 어린이의 버림받음과 자기원형상으로서의 어린 이상에 관해 자세히 기술하고 있다.[125]

폰 프란츠는 자기실현 또는 개성화 과정의 이와 같은 첫 번째 단계는 신화나 민담에서 괴물이 나타나 왕국의 모든 사람을 해치고 재산을 훔친다든가 암흑이 나라를 뒤덮고 홍수와 한발과 서리가 나라에 피해를 준다든가 하는 등의 위기상황에 견줄 수 있다고 했다. 그리고 다음과 같은 흥미로운 말을 하고 있다.

> 자기와의 첫 번째 대면은 마치 그것이 앞질러 어두운 그림자를 드리우는 것과 같고, 또는 '내부의 친구'는 처음에는 마치 그가 함정에 빠져 절망적으로 버둥대는 자아를 잡으러 오는 사냥꾼 같기도 하다.126)

이것은 대인(大人)이 가까이 올 때는 먼저 그림자를 던진다는 주역의 말과 상통하는 이야기로서 자기실현을 위한 고통이 내포하고 있는 의미를 말해주는 것이다.

고통이 자기실현의 기회인 것은 틀림없으나 그것을 실제로 좋은 기회로 삼는 사람은 많지 않다. 많은 사람이 자기의 버림받음과 상실의 고통을 남의 탓으로 돌린다. 부모 탓, 친구 탓, 남편 탓, 자식들 탓, 혹은 사회가 잘못된 까닭에 내가 그렇게 되었다고 원망하고 싶어진다. 그것은 고통의 쓰라림에 직면해서 사용하는 매우 인간적인 자기방어이지만 이로써 그 사람의 자기실현은 일차적인 벽에 부딪힌다. 자기실현의 일차적 과제는 한편으로는 바로 '자기'와 페르조나를 분리하여 구별하는 일이고 다른 한편으로는 밖의 대상으로 투사된 자기의 무의식의 내용들을 인식하여 자기의 분신들을 자신에게로 돌려오는 작업이다.

버림과 구별─페르조나의 문제

버림받음의 고통이 주로 페르조나의 상실과 관계한다면 도대체 우리가 애지중지하고 신주단지처럼 모셔온 페르조나(예: 체면)는 무엇이었는가. 페르조나의 상실을 괴로워한다면 그는 아직도 페르조나를 그리워하고 있음이 틀림없고 어떻게든 상실한 페르조나, 다른 말로 체면을 회복하려고 안간힘을 쓰고 있는 것이다. "페르조나는 가상이다." 융의 이 말은 이미 앞에서 소개했다. 페르조나는 그 사람의 전 인격의 본질적인 측면이 아니라 남들이 만들어준 것, '남에게 보이는 나'일 뿐이다. 사람들은 얼마나 남들에게 보이는 나를 위해서 봉사해오고 있는가? 남들이 나를 어떻게 볼 것인가? 온통 이것에 마음을 조이며 남의 눈치를 보며 살고 있다. 얼마나 많은 사람이 남들을 또한 그 고유의 개성을 가진 사람으로 보지 않고 사회적 직책과 가족관계 속에서의 위치만을 보고 살고 있는가. 그런 점은 한국사회에서 특히 두드러지지만 비단 우리 사회에 국한된 현상은 아니다.

스위스의 한 정신병원에서 근무할 때의 이야기다. 나의 숙소는 병원구내 본관까지는 약 3~4분 거리에 있었다. 아침마다 가운을 입고 그곳을 걸어 출근하노라면 병원에서 종사하는 간호사들을 만난다. 나를 보면 그들은 항상 예의바르게 "안녕하십니까? 박사님!" 하고 인사했다.

하루는 비번이어서 낮에 가운을 입지 않고 밖으로 나섰다. 지나가던 남자간호사가 나를 보더니 "안녕하십니까" 하고는 다음 말을 잇지 못한 채 지나갔다. 이 순간 나는 깨달았다. 이 사람들이 지금까지 박사님이라고 부른 것은 내가 아니라 나의 흰 의사 가운을 향해서였다는 것을─생각해보면 나도 그들의 간호사 제복을 보고 간호사인 줄 알았을 뿐, 실제로 그들 개인의 이름을 전혀 몰랐다.

그 뒤에 나는 주립정신병원이 아닌 특수한 사나토리움(요양소)에서 근무했는데 그 병원은 주로 정신분열증 환자를 사회적·가족적인 분위기 속에서 치료하는 유명한 빈스방거 집안의 치료공동체였다. 이곳에서 치료진은 환자와 함께 식사하고 함께 생활하면서 대등한 위치에서 대화하고 모든 환경을 치료적으로 조절해나갔다. 그러므로 병동은 아담한 주택으로 이루어지고 환자나 의사나 제복을 입지 않는 것이 원칙이었다. 그 병원에서 나는 처음으로 의사 가운을 벗고 평복을 입고 다녔다.

처음에는 왠지 어색했다. 권위가 상실된 것 같고 지시가 먹혀들지 않은 듯하고 힘이 빠진 듯했다. 병원의 정원에서 만난 다른 환자가 코리아에서 온 환자라고 오해할 때는 좀 당황스러웠다. 그곳에서는 물론 환자도 환자복을 입지 않고 자유롭게 자기 옷을 입고 다녔다. 시간이 가면서 나는 우리가 얼마나 규격화된 제복으로 의사 쪽과 환자 쪽 사이에 선을 긋고 치료해왔는지를 통감했다. 개인은 '환자'라는 딱지와 '정신분열증'이라는 진단명으로 분류되어 각자의 개성을 볼 수 없었는데 제복을 벗으니 그것이 보였다.

한국에 돌아와 병동에서 환자에게 사복을 입히도록 시도해보았는데 간호사들도 어렵다고 반대했지만 환자들이 찬성하지 않았다. 낮에 병원에서는 의사 가운을 입지 못하도록 했는데도 젊은 의사들은 이것을 지키는 것을 곧잘 잊어버렸다. 개성을 획일적 다수의 얼굴 속에 숨기려는 한국사회의 풍토는 아직도 여전히 페르조나를 금과옥조로 여기는 전통을 키우고 유지하고 있다.

인류의 역사 속에는 그런 가상(假相)을 과감하게 벗어던지고 자기의 길을 간 사람들이 있다. 대표적인 예가 석가모니일 것이다. 그는 한 왕국의 왕자, 남편과 아들의 역할을 버리고 그보다 더 큰 자기 안의 대인(大人)을 만나러 수행의 길을 떠났다. 예수가 율법학자였다거나 로마 총독 밑의 무슨 관직을 가졌다거나, 그리고 이에 연연했다면 어떻게 인류구원자의 길을 갈 수 있었겠는가. 모든 종교의 창시자들은 세속의 세계에서는 광인(狂人)이요 무능력자로 조롱과 박해를 받았다. 그러나 이들은 심리학적 관점에서 말하자면 페르조나를 버리고 무의식의 자기(Selbst) 소리에 귀를 기울이고 이를 따랐던 사람들이다.

위대하고 유명한 개척자만이 그런 것이 아니다. 눈에 띄지 않는 평범한 목수, 시골아낙네 가운데도 사회의 온갖 명예와 부귀영화에 개의치 않고 자기 길을 가는 사람들이 있다. 때로는 사회적응에 실패한 사람으로 멸시받고 때로는 머리가 나쁘고 열등하다고 사회가 깔보고 따돌린 사람들 속에 오늘도 자기실현의 어두운 터널을 가고 있는 사람들이 있을 것이다. 나이가 들었다고 직장에서 버림받은 유능한 사람들이 이것을 기회로 인생의 새 출발을 모색하는 그 속에 자기실현의 길이 열려 있다.

그러면 페르조나는 가상이니까 미련없이 무조건 버리면 되는 것인가? '페르조나를 버리라'고 하면 모든 사회적 관계를 끊고 산에 들어가거나 은둔하라는 말로 들린다. 가족도 버리고 자기 혼자 득도하겠다고, 혹은 국가와 민족과 세계의 구원을 위해서 부귀영화를 초개같이 버리라고 하면 개인의 사회적 책임과 아버지로서 아내로서 자식으로서 서로의 도리를 저버리는 것이 될 것이다. 그런데 실제로 성경에는 이것을 요구하는 대목이 있다.

그리스도는 가족보다 더 위에 존재하는 하느님을 사랑하라고 했다.[127] 그러나 여기에는 깊은 개성화의 진실이 들어 있다. 집단사회의 규범인 페르조나를 버리고 자아보다 위에 있고 전체를 포괄하는 자기에게 이바지한다는 뜻이 있다. 그러나 이 말을 글자 그대로 믿으면 가족을 버리고 온 재산을 갖다바친 신흥 광신집단에 들어가 사는 사람이 된다. 이것은 개성화로서의 자기실현이 아니고 집단의 이름을 빌린 또 하나의 모성(또는 부성)에 의지하고 기생하는 강력한, 매우 의존적인 삶을 의미한다.

세속으로부터의 버림받음과 세속적 가치의 버림은 분명 자기실현 과정의 한 양상이다. 그러나 페르조나의 버림이 과연 그 사람의 전체에 이르는 합당한 길이었던가 이것이 문제다. 그것이 그의 길이면 사회규범에 어긋나고 가족이 희생되더라도 그로서는 옳은 선택을 한 것이다. 그러나 그 옳고 그름을 평가하는 것은 우리가 아니다. 무엇이 그의 길인지 우리는 모른다. 그도 그것을 모른다. 그 길은 보이는 길이 아니고 무의식에 있어서 아직 보이지 않는 길이기 때문이다. 그 길은 찾아야 하는 길이다. 찾는다는 말 속에 방황과 고독이 들어 있다. 사회규범과 내적인 충동 사이에서 고민하고 방황하지 않고 내린 결정은 전체정신의 해답이 아니다. 자기의 길은 의식과 무의식이 전체로서 응답할 때 비로소 열리는 것이다. 그러기 위해서는 무의식을 들여다보고 참을성 있게 '자기'의 의도를 알아보는 작업이 있어야 한다.

위대한 종교인들은 이때 기도로서 신의 뜻을 살피는 데 헌신했다. 그리스도는 십자가에서 끝까지 "할 수만 있으면 쓴 잔을 피하게 해달라"[128]고 했으나 결국 신의 뜻에 순종했다. 붓다는 마지막 고행의 절정에서 육체를 학대하는 것은 성불의 조건이 아님을 알고 소녀가 건네준 우유죽을 마셨다.

그런데 이 세상에는 이러한 냉엄한 자기성찰, 피비린내 나는 자신과의 싸움을 거치지 않고 득도를 위한 버림을 흉내 내는 사람들이 있다. 그것은 성자(聖者)를 모방하고 각자(覺者)를 모방하는 것에 불과하다. 그것은 다시금 집단이 만든 성자상(聖者像)을 그대로 따르는 것이기 때문에 오히려 그 사람의 진정한 개성에서 점점 멀어지는 결과를 빚는다. 성자를 흉내내는 의식과 그것을 따를 수 없는 무의식 사이의 긴장과 갈등에서 개체는 지치고 각종 정신적·신체적 장애를 일으키게 된다. 이는 모든 종교의 수행자들이 흔히 겪을 수 있는 문제인데, 자신의 전체정신에 어울리는 '성자상'을 실현하지 않고 집단이 만든 규격화된 성자의 페르조나와 자신을 지나치게 동일시하는 데서 일어나는 것이다.

분석심리학적 견지에서 페르조나의 버림이란 본질적으로 불가능하다고 할 수 있다. 왜냐하면 그것은 인간의 성장과 더불어 인간에게서 생겨난 것이기 때문이다. 그것은 분명 가상이며 그 개체 고유의 것이 아니지만 또한 그 개체의 전체정신의 일부를 차지하고 있다. 떼어버린다고 아주 없어지는 것이 아니다. 어떤 사람이 세속을 버리고 승려가 되려고 머리를 깎고 그 길을 간다. 그 깎은 머리와 승려의 옷은 또 하나의 페르조나를 형성할 충분한 조건이 된다. 그를 사람들은 '스님'이라 한다. 이 순간 그에게는 스님의 페르조나가 생기는 것이다. 수행은 그때부터 세속으로부터의 해방뿐 아니라 '스님'의 페르조나를 어떻게 다룰 것인가를 두고 고민하는 작업이 되어야 한다.

자기실현을 위해서 페르조나를 버리라 하지는 않는다. 페르조나는 필요한 것이다. 그것은 무턱대고 버려야 하는 것이 아니고 구별해야 하는 것이다. 그것은 필요할 때 써도 좋은 감투와 같은 것이다. 다만 그것이 본질이 아니라는 점을 확실히 의식할 필요가 있다. 모든 것은 그 개체의 무의식에 있는 '자기'에게 달렸다. 전체정신의 중심에 입각해서 페르조나는 쓸 수도 있고 버릴 수도 있다. 전체정신의 중심에 확고히 발을 딛고 있는 사람은 사실 남이 씌워주는 감투를 썼을 때나, 벗었을 때나 변함없는 자유인으로 머물 것이다. 버리는 것은 페르조나에 대한 집착이지 페르조나 자체가 아닌 것이다.

마리 루이제 폰 프란츠가 나에게 들려준 이야기가 있다. 노령의 융이 어느 대학의 명예박사학위를 받는 식장에서 있었던 일이다. 유명한 사회인사들과 함께 융이 명예박사의 옷차림으로 앉아 있는 곳을 그녀가 두려움과 황송한 마음으로 지나칠 때였다. 융이 팔꿈치로 폰 프란츠의 팔을 툭 치고는 놀라 처다보는 그녀에게 싱긋 웃으며 말했다. "나 어때?"[129]

버림받음과 버림 ─ 버림받음 속에는 '버리라'는 자기의 전갈이 숨어 있을 수 있고 '버림'에는 '구함'과 '찾음'의 목적이 있을 수 있다. 버림받음은 수동적인 사건이지만 버리는 것은 적극적인 용기의 소산이다. 버림받음으로써 버릴 수밖에 없는 경우도 있다. 그러나 수동적 버림을 능동적 버림으로 전환할 필요가 있고 그러려면 그것의 의미가 확실해야 한다. 버림에 의미가 있어야 한다. 버림은 지금까지 아껴온 자신의 일부를 적극적으로 버리는 행위다. 버림으로써 찾을 수 있는 것이다. 어디서 무엇을 찾는단 말인가. 무의식에서 자기를 찾는 것이다. 내가 나의 페르조나, 즉 사회적 체면, 지위, 이권, 관계와 나를 동일시하면 자기를 볼 수 없다. 페르조나에 대한 집착을 버림으로써 자아와 다른 자기의 큰 존재에 눈을 뜨는 것이다.

가출소년은 부모를 버리고 집을 떠난다. 혹은 부모에게 쫓겨나서 거리를 방황할 수도 있다. 우리는 가출을 나쁜 짓이라 하고 그를 어떻게든 집으로 돌려보내는 것이 치료의 목적이라고 생각한다. 그는 기존 사회질서를 이탈한 사람이니까 다시 사회 속에 포함시켜야 한다고 생각한다. 당연히 그래야 할 것이다. 그러나 여기서 다시 생각해볼 필요가 있다. 그의 가출은 어떤 의미가 있는가. 그 행위 뒤에는 분명 어떤 무의식적 목적이 있다. 그는 쫓겨났는지 버림받았는지 모르지만 가출하고 가출됨으로써 어디론가 무엇을 찾아가고 있는 것이다. 가출은 출가(出家)의 뜻을 포함하고 있다. 그가 의식적·무의식적으로 찾고 있는 것은 무엇인가. 그것을 찾아주는 것이 치료자의 임무가 아니겠는가. 그가 단순히 본래 있던 환경으로 돌아오는 것만으로는 발전이 없다.

많은 민담 속에서 주인공 소년은 무턱대고 집을 나가서 숲속을 헤매다가 무언가를 만나고 사건을 겪은 뒤 우여곡절 끝에 큰일을 해낸다. 기존세계에서 나감으로써 찾음의 여정이 시작된다. 곧 자기실현의 시작이다. 정신적·사회적 문제를 어떤 시각에서 보느냐 하는 것은 그 문제를 다루어 성과를 얻는 데 매우 중요하다.

정신신체의학에서 공헌을 세운 조지 엥겔(George Engel)이 버림-포기 콤플렉스(giving up-given up complex)[130]에 대해 말한 일이 있다. 재해를 겪은 사람에게서 볼 수 있는 특수한 증후의 심리역동적 특성을 말한 것인데 정신분석에 특징적인 인과론적 설명법이다. 재해라는 원인으로 생긴 결과로서의 포기 심리라는 점에서 그러하다. 목적론적 입장에서는 여기서 한 걸음 더 나아갈 수 있다. 버림-포기 콤플렉스에는 '구함'과 '찾음'의 목적이 있다고 ── 무의식에 내적인 조절자가 존재한다고 보는 분석심리학의 자기 가설은 구함과 찾음의 목적이 어디에서 나오는지를 뒷받침해주고 있다.

인간과 무의식의 창조성을 인정하는 심리학만이 인간의 고통 속에서 희망과 의미를 발견할 수 있다. 엥겔에게는 버림과 포기가 정신병리적 문제이지만 동양인에게는 버림이 하나의 깨달음이기조차 하다. 체념(諦念)한다고 할 때 이것은 희망을 버리고 단념한다는 뜻이지만 동시에 도리를 깨닫는 마음이기도 하다. 불가(佛家)의 깨달음은 이로써 표현하고 있다.

신경증적 장애와 자기실현

이유 없이 불안하다. 우울하다. 원치 않은 생각과 행동을 되풀이하게 된다. 현실감각이 없이 멍하다. 대인관계에서 공연히 짜증이 나고 화를 내게 된다. 신경을 썼더니 소화도 안 되고 여기저기 아프다. 이런 증상이 있으면서 뇌나 신경계 신체기관에 이상이 없고 심리적·사회적 요인에 의해서 생긴 것으로 추정될 경우, 이것을 과거에는 정신병(Psychose)과 구분짓기 위해서 신경증(노이로제[Neurose])이라 불렀다.

요즈음은 그런 구별을 짓지 않고 신경증이라는 말도 별로 쓰지 않으며 불안장애, 우울장애, 강박장애, 전환장애 등으로 부른다. 최근의 연구로는 이와 같은 신경증적 장애의 일부에서도 유전적·체질적 요인이 발견되고 있지만 심리적·사회적 요인이 이것의 발병과 악화에 절대적으로 중요한 역할을 한다고 본다. 치료 또한 단순히 약물치료뿐 아니라 심리적 치료나 행동치료를 함께 하도록 되어 있다.

신경증적 장애가 생기는 심리적 요인은 학파에 따라 여러 가지로 설명되고 있으나 융의 신경증 가설의 핵심은 '자기로부터의 소외'이며 그로 인한 인격의 '해리'다. 자아가 전체정신인 자기로부터 멀리 떨어져 나가 관계를 상실했을 때 신경증이 생긴다는 것이다. 자기로부터의 소외는 왜 생기는가? 한마디로 자아를 집단정신의 한 단면인 페르조나와 지나치게 동일시한 때문이다. 페르조나는 외부세계에 적응하는 과정에서 생긴 외적 인격인데, 자아가 그것만이 그의 삶의 전부라고 착각하는 데서 비롯된다. 이렇게 되면 외부세계에 대한 적응에만 치우치고 내면세계, 즉 무의식과의 관계가 단절된다. 무의식은 항상 전체가 되고자 하는 자율적 조정기능을 가지고 있으므로 의식과 무의식의 단절을 극복하기 위해 의식을 자극한다. 이것을 무의식의 보상기능이라고 하는데 의식이 이것을 외면하면 보상기능이 과도하게 나타나 의식의 흐름을 여러 형태로 방해하게 된다. 신경증적 장애의 증상은 이렇게 인격이 해리되고 있다는 것을 암시하는 경계신호와도 같다.

융은「꿈의 분석의 실용성」이라는 논문에서 지도층 위치에 있는 한 남자환자를 소개하고 있다. 그는 불안, 초조, 정서적 불안정, 때로는 구역질과 어지럼증으로 괴로워했는데 그것은 마치 고산병(高山病)의 증세와 비슷한 것이었다. 이 환자의 첫 번째 꿈은 현재 높은 자리를 차지하고 있는 그가 사실은 비천한 출신인데 그 사실을 외면하려 한다는 내용이었다. 두 번째 꿈은 다음과 같다.

나는 무척 서두르고 있다. 여행을 떠나려 하기 때문이다. 짐을 꾸리려 하지만 아무것도 찾지 못한다. 시간은 가고 기차는 곧 떠날 것이다. 마침내 나는 내 일용품 일체를 얻을 수 있게 되어 길거리를 바삐 가는데 중요한 서류가 든 가방을 잊은 것을 알아차리고 단숨에 되돌아가 결국 가방을 찾아 기차역으로 달려간다. 그런데 아무리 뛰어도 앞으로 나가지 않는다. 드디어 마지막 힘까지 짜내 나는 역의 플랫폼으로 뛰어든다. 기차가 어떻게 플랫폼 밖으로 달려가는지 보기 위해서다. 그런데 기차는 이상하게도 S자 형태의 곡선으로 달리고 있고 아주 길다. 나는 생각했다. 만약 기관수가 직선 궤도에 도달하자마자 부주의하게 전증기압(全蒸氣壓)을 준다면 아직 곡선 궤도에 있는 기차의 뒤쪽 차량들은 속도 때문에 궤도에서 내동댕이

처질 것이라고 ─ 실제로 기관수가 전증기압을 넣었다. 나는 소리 지르고자 시도한다. 뒤쪽의 차량들이 무섭게 흔들리더니 정말 궤도에서 내던져졌다. 그것은 끔찍한 재해였다.[131]

이 꿈에 대해서 융은 환자의 고산병 증후는 '더 이상 계속 올라갈 수 없음'을 상징적으로 표현하고 환자에게 이를 깨닫도록 하는 목적을 나타내고 있다고 했다. 꿈은 분명 꿈을 꾼 사람이 최고 위치에 도달했는데도 명예욕이 그를 더욱 높은 곳으로 내몰고 있어 매우 위험하다는 것을 경고하고 있다.

이렇게 무의식은 신경증의 원인과 현재의 상황뿐 아니라 미래의 결과, 치료의 방향까지 보여줌으로써 그의 일방적인 페르조나와의 동일시가 가져다줄 재앙을 알려준다. 그것은 무의식이 가지고 있는 중요한 기능으로 꿈이 융의 말대로 조절자로서 자기원형의 의도를 나타낸다는 사실을 반증하는 것이다.

신경증적 고통 뒤에는 전체가 되고자 하는 무의식의 목적이 숨어 있다. 의식과 무의식의 단절과 그로 인한 의식의 해리상태를 회복하고 통합된 전체가 되고자 하는 무의식의 기능이 의식의 일방성을 과도하게 보상함으로써 여러 가지 증상을 일으키지만 궁극적으로 그것은 균형 있는 전체가 되고자 하는 내적인 치유기능의 표현인 것이다. 그러므로 융은 "신경증은 아직 그 의미를 발견하지 못한 마음의 고통"이라고 했다.[132] 그것은 의미 있는 고통이지만 그 의미를 환자는 아직 모르기 때문에 당장 고통만을 속히 제거해주기를 의사에게 호소하는 것이다. 그 의미는 어디에 있는가? 무의식에 있다. 앞의 꿈처럼 무의식은 꿈을 통해서 그의 정신적 상황과 앞으로의 치료방향과 과제를 보여준다.

신경증을 앓음으로써 그는 자신의 내면을 들여다보게 되며 단절된 내면의 세계와 다시금 관계를 맺고 전체가 될 기회를 얻게 된다. 이것이 이 고통 속에 들어 있는 의미이며 그런 점에서 신경증은 목적이 있는 의미(목적의미〔Zwecksinn〕)를 가지고 있다. 치료자는 바로 그 의미를 어떻게 실현할 것인가를 환자와 함께 찾아서 환자가 진정한 개성, 그 고유의 개별적 존재가 되는 길을 도와야 한다. 융이 정신요법의 목표는 결국 환자 그 사람 자신이 되게 하는 것, 즉 개성화라고 말한 이유가 여기에 있다.

그러므로 신경증환자가 인식해야 하는 것은 비단 개인적 무의식의 콤플렉스들만이 아니다. 그는 무엇보다도 집단적 무의식과의 관계를 회복해야 한다. 왜냐하면 우리 무의식의 원천인 신화적 토대와의 관계가 단절되면 정신생활에 심각한 손실을 가져오기 때문이다. 그러한 단절은 '종교적 태도'의 상실에서 온다. 다시 말해 사람들이 신성한 것에 대한 성실하고 주의 깊은 관조의 자세(즉 렐리기오〔religio〕의 자세)를 상실하기 때문이고 그것은 곧 현대사회의 보편적인 문제다.

나는 사람들이 인생의 물음에 대해 불충분한, 또는 그릇된 해답에 안주하고 있을 때 노이로제에 걸리는 것을 자주 보아왔다. 그들은 사회적 지위, 결혼, 명성, 그리고 외적인 명예와 돈을 추구한다. 그러면서도 불행하며 신경증적인데, 그들은 찾던 것을 얻었을 때도 여전히 그러하다. 그런 사람들은 대부분 엄청나게 협소한 정신적 시야에 사로잡혀 있다. 그들의 생은 충분한 내용을 지니고 있지 않으며 아무런 의미도 갖고 있지 않다. 그들이 보다 포괄적인 인격으로 발전할 수 있을 때, 대개 노이로제는 없어진다.[133]

융은 또한 오늘날의 이른바 노이로제 환자 가운데는 예전 같으면 자기 자신으로부터의 분열이 일어나지 않았을 법한 사람들도 적지 않다고 했다. 인간이 아직 신화를 통해서 조상의 세계와 연결되어 있던 그런 시대와 환경에서 그들이 살았더라면 자신과의 불일치는 일어나지 않은 채 있었을 것이라는 것이다. 이들은 신화의 상실을 참지 못하고 그저 외적이기만 한 세계, 즉 자연과학의 세계상(世界像)으로 향한 길을 찾을 수도 없고, 지혜와는 털끝만큼도 관계없는, 언어의 지적인 환상적 유희에 만족할 수도 없는 인간인 것이다. 우리 시대의 마음의 분열이 탄생시킨 이와 같은 희생자는 단지 '임의의 노이로제 환자'에 지나지 않으며 표면상 병적인 것은 자아와 무의식 사이에 입을 벌리고 있는 간극이 닫히는 순간 사라진다고 했다.[134]

현대사회에서는 전형적인 신경증적 장애라고 분류할 수는 없고 기껏해야 단일 증후군, 예컨대 불안 및 우울(anxiety and depression)이라든가 경증우울성 에피소드 등 그밖의 정신적·신체적 불쾌감에 시달리는 사람들이 많다. 이들의 일관된 호소는 삶의 권태다. 인생이 고달픈 사람들이다. 이들은 느닷없이 찾아드는 억제할 수 없는 불안이나 공포 때문에 괴로워하고 그것을 제거하는 것에 집착하기보다 삶에 대한 막연한 의문, "나의 삶이 이게 아닌데" 하는 깊은 회의 때문에 괴로워한다.

물론 정신과 임상에서는 우울증상의 하나로 불쾌한 기분을 나타내는 경우도 있다. 그럴 경우에 인생에 대한 회의와 허무감을 느끼는 환자들이 있다. 그러나 이들은 우울증환자라는 딱지를 붙이기에는 어울리지 않는 실존적 공허를 경험하는 사람들이고 내적인 공허감이 해결되지 않고는 어떤 정신적·신체적 증상도 소실되지 않는 경우다. 이들은 인생의 의미를, 그것도 자기 인생의 의미를 찾으면서 스스로 자신의 권태감, 신체적·정신적 피로, 무력감을 달래보려 하고 사람들 속에 뛰어들어 겉으론 유쾌하게 웃고 여러 가지 활동을 하지만 마음 한구석엔 항상 "이게 아닌데" 하며 끊임없이 삶에 대한 회의를 하고 있다.

알코올, 섹스, 스포츠도 일시적으로 의문을 없애줄 뿐 큰 효험이 없다. 그래서 여기저기서 실시하는 집단 상담 모임, 사이코드라마, 워크숍에도 참석해본다. 외향적인 사람이라면 그런 곳에서 어떤 해결책을 찾을지도 모른다. 혹은 찾았다고 느낄지 모른다. 그러나 그것은 미지수다. 왜냐하면 그 또는 그녀는 바로 지나친 외향성 때문에 괴로워 하는지도 모르기 때문이다. 그들에게 필요한 것은 차라리 침묵 가운데 자신 속으로 들어가는 참선이 맞을는지도 모른다.

하여튼 많은 현대인이 삶의 의미를 상실할지도 모를 위기 속에서 그 의미를 찾고 있다. 그리고 그만큼 많은 사람이 인생의 의미를 찾는 것을 도와주기 위해서 여러 각도로 노력을 하고 있다.

융은 여기서 말하기를 한 사람의 인생의 의미는 그 사람 안에 있다고 한다. 인생의 모든 열쇠를 그들은 자기 자신 속에 가지고 있다. 다만 그것이 무의식에 있기 때문에 당장 찾을 수 없을 뿐이다. 그것이 다름 아닌 그 또는 그녀의 본성(本性)이며 태어날 때 가지고 나온 그 사람 고유의 전체정신인 '자기'다. 이들의 고통은 자기가 전체로서 살지 못하고 부분적 삶에 안주해오고 있다는 의식 때문이다. 물론 그러한 의식이 잘못일 수도 있다.

인생의 의미를 찾아 헤매는 사람은 모두 파우스트적인 절망에 사로잡혀 있다. 그것은 지성의 종말, 갈 때까지 간 합리주의와 지성주의의 한계에서 느끼는 깊은 회의다. 파우스트가 죽음의 독배를 마시려 든 사실에는 지성의 죽음과 인격의 새로운 변환이라는 목적이 담겨 있다. 인간의 삶의 회의가 갖는 이러한 뜻을 알고 자신 속에 파묻혀 있는 인격의 많은 부분을 살려내면 그로써 그 사람은 어떤 충실감, 채워진 느낌, 보람을 갖게 될 것이다. 이것이 분석을 통해 목표로 하는 자기실현의 과정이다.

자기실현의 진행과정

자기실현의 구체적 방법은 분석을 통한 무의식의 의식화다. 그 작업은 주로 꿈의 의미를 깨닫고 꿈의 상징으로 제시된 무의식의 내용을 의식으로 동화함으로써 의식의 확대를 시도하는 일이다. 이렇게 해서 의식의 시야를 넓혀가면 좁은 의식의 중심이 점차 전체정신의 중심으로 가까이 가게 된다(그림 7, 8).

페르조나와의 무의식적 동일시

앞에서 페르조나와 나를 구별하는 작업을 언급했다. 그것을 구별하는 가장 빠르고 효과적인 방법은 앞에서도 말한 대로 자신이 가진 페르조나가 소용없는 환경에 자신을 옮겨보는 일이다. 자신을 키운 문화적 규범이 더 이상 통용되지 않는 서구사회에 가서 그곳 사람과 생활하는 것이 한 가지 방법일 것이다. 혹은 국내에서도 자기가 속한 사회집단과는 전혀 다른 사회의 사람들과 접촉해보는 일이다.

그렇지 않은 경우는 고통스럽지만 페르조나가 손상되는 크고 작은 경험이 도움을 줄 것이다. 그러나 어떤 경우든 자기자신을 성찰하고자 하는 태도를 갖추어야 하고 그런 태도를 갖춘다면 자기인식의 기회는 항상 열려 있고, 그런 태도가 없다면 어디에서 무엇을 겪어도 달라지는 것이 없을 것이다.

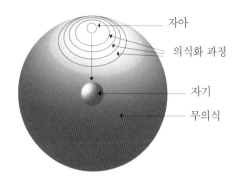

〈그림 7〉 의식화와 자기실현의 과정

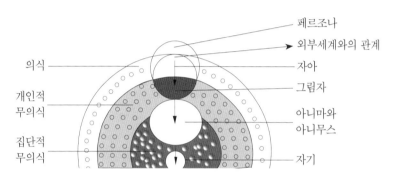

〈그림 8〉 마음의 내면과 자기실현의 과정

　나와 페르조나는 너무도 쉽게 동화되어버려서 구별하기 어렵지만 내가 남이 좋아할 만한 것을 말하거나 남의 비위에 맞게만 행동하려고 하는지, 반대로 내가 원하는 것이나 내가 하고 싶은 것을 주장하고 행동하고 있는지를 생각해보면 어렵지 않게 구별할 수 있다.

　미국사회에서 자주 듣는 말이 있다. "당신이 원하는 것이 무엇입니까?" "내가 무엇을 원하느냐고?" 예의바른 한국인은 생각한다. '그건 너무 외람되다. 그런 말을 묻다니!' 그래서 우물쭈물 대답한다. "뭐 아무 거나." "아니 정말 그렇게 하기를 원합니까?" 다그치는 물음에 할 수 없어서 하는 대답이 이렇다. "글쎄, 당신이 그것을 원한다면요." 우리의 기성세대는 이렇게 길들여져 있다.

한국의 기성세대는 '나'를 내세우는 것을 주저한다. 나보다 남을 먼저 배려하는 것을 미덕이라고 배웠다. 나를 내세우는 것은 자기과시, 이기주의, 자기중심적이며 성숙하지 못한 사람이나 하는 행동이다. 그래서 나를 조심스럽게 우리라는 대명사 뒤에 숨기고 섣불리 노출하지 않으려 한다. 여기에는 나를 내세웠다가는 건방지다고 불이익을 당하는 풍토 때문에 선뜻 자기주장을 못 하는 비굴한 사회적인 자기보호의 습성이 관계할 수도 있다.

그러나 서구의 현대인이나 아마도 한국의 젊은 세대도 나와 너는 분명한 대립관계이며 그 대립은 정상적인 것으로 나와 네가 서로 자기 의견을 주장한다고 해서 불이익을 주어서는 안 된다는 문화풍토 속에서 살고 있다. 더구나 상대방의 의사를 존중하려면 상대방이 무엇을 원하는지 묻는 것은 당연한 일이다.

그런데 왜 한국인은 그것을 어색해하고 당황하는가? 왜냐하면 우리는 문화적으로 예와 아니요의 이분법적 판단보다는 '글쎄요'의 경계개념에 안주하는 경향이 있기 때문이다. 나와 너의 대결을 통한 해결보다는 나와 너를 포함한 '우리'라는 상위가치에 따라 판단하려는 것이다. 그러니 무엇을 원하느냐보다 아무것도 원하는 것이 없을 수도 있다는 가능성을 그 미국인은 알았어야 했고 반대로 자기가 무엇을 원하는지도 말했어야 했을 것이다. 그랬다면 대답은 "당신이 원한다면 하겠습니다"가 될 것이다.

페르조나의 문제는 그 집단의 문화적 관습의 문제와 직결되고 자기실현 과정에서도 그것이 이롭게도 해롭게도 작용할 수 있다. 그러나 분명한 것은 자기실현 과정에서 자아는 항상 페르조나와 자기를 구별할 수 있는 중립적인 자리에 있어야 한다는 사실이다. 전통적 가치관에 대해서도 편견없이 그 공과(功過)를 심리학적 입장에서 살피는 공부가 필요한 것이다. 그럼으로써 전통정신 속에 포함된 원형적 상징과 규격화된 행동강령이 개인에게 주는 공과를 가늠할 수 있게 된다.[135]

페르조나의 인식은 물론 무의식의 관찰을 통해서도 이루어진다. 너무 완벽하게 체면을 지키는 사람의 꿈속에는 옷차림이 허술하다든가, 바지를 안 입었다든가, 화장실에 오물이 많다든가, 너무 큰 구두를 신도록 강요된다든가, 깡패와 창녀에게 시달린다든가 하는, 의식의 완벽성을 무너뜨리는 내용이 나타날 수 있다. 무의식이 의식의 완벽성을 보상하기 때문이다. 근대 서구사회의 외향적인 페르조나와 동일시하고 있는 우리나라 여성들에서는 곧잘 한옥에서 다소곳이 한복을 입고 일하는 모습이 긍정적으로 표현되기도 한다.

자기와 페르조나의 구별, 즉 페르조나를 자기의 전체인격처럼 착각하는 무의식성에서 벗어나는 작업은 결국 무의식의 내용을 인식해나가는 긴 자기실현 과정 전체를 통해서 이루어진다고 할 수 있을 것이다. 무의식을 의식화함 없이 그 사람의 전체정신이 어디로 가야 하며 무엇을 실현해야 할 것인지를 알 수 없다. '자기'는 때로 집단정신에 반하는 행동을 요구할 수도 있고 때로 페르조나라고 부르는 집단적·전통적 행동규범을 긍정적으로 수용하는 것이 전체에 이르는 길이라고 제시할 수도 있다.

있어야 할 페르조나가 발달되지 못하고 무의식에 있는 경우도 있다. 그럴 때는 무의식의 페르조나를 의식화해야 한다. 남성은 우선 남성다워야 하고 여성은 우선 여성다워야 한다. 성장과정의 어떤 결손으로 여성적인 남성, 남성적인 여성이 생길 수도 있을 것이다. 어떤 사람이 수도자의 길을 간다고 할 때 그것이 그 또는 그녀의 자기, 즉 전체정신에서 우러나온 결정인지 아닌지를 처음부터 알 수는 없다. 장기간의 꿈 분석을 통해서 우리는 비로소 그 길이 그들의 의식과 무의식 전체정신을 들어 헌신할 자기실현의 길과 일치함을 알 수 있다. 물론 이때 그 수행자가 교단의 규칙과 아무런 갈등 없이 수행을 진행할지는 알 수 없고 또한 중요하지도 않다. 그들은 밖에 만들어진 모범을 흉내 내기보다는 마음의 중심인 '자기'로서 성자의 '정신'을 실현할 것이다.

자기실현에서는 무의식의 의식화 작업이 필수적이다. 무의식의 의식화는 당연히 꿈의 탐구로 이루어진다. '자기'는 의식적 인격과는 다른 것으로 자신의 꿈을 탐구할 때라야만 파악될 수 있는 내적인 인도의 요소라고 폰 프란츠는 정의하고 있다.

꿈은 '자기'가 인격의 항구적 발전과 성숙을 가능케 하는 조절의 중심임을 보여준다.[136]

그림자의 인식

무의식의 의식화 과정의 첫 번째 단계는 무엇보다도 그림자의 인식이다. 실제로 꼭 그런 순서대로 의식화하는 것은 아니지만 대개 처음 부딪치는 문제는 그림자의 의식화이고 그 뒤에 아니마와 아니무스의 의식화가 진행되고 이를 통해 자기와의 대면이 이루어진다. 그림자와 아니마·아니무스의 개념과 인식에 관해서는 필자의 '분석심리학 3부작' 제1권 『그림자』와 제2권 『아니마와 아니무스』에서 구체적으로 설명했으므로 여기서는 요점만을 제시하게 될 것이다.

그림자는 무의식에 있는 열등한 인격이다. 그것은 '내가' 좋아하지 않는 것, 남들도 싫어하는 것, 그래서 의식에서 배제되어 무의식으로 들어가버린 자아의식의 여러 가지 성격측면으로 이루어진다. 해가 쨍쨍 비칠 때 나의 등뒤에 생겨서 항상 나를 따라다니는 현실의 그림자처럼 융의 심리학적 그림자도 자아와 그토록 밀착하고 있으나 내가 의식하지 못하는 나의 뒷면, 즉 자아의 무의식 측면에 있는 나의 짝, 나의 또 하나의 어두운 형제다.

내가 그것을 의식하지 못하므로 그림자는 보통 밖에 있는 대상에 투사되어 우리는 자신의 그림자를 밖에서 본다. 그래서 똥 묻은 개가 겨 묻은 개를 보고 나무라는 현상이 일어난다. 똥 묻은 개는 자기의 더러운 것을 겨 묻은 개에게 투사하므로 자기는 깨끗하고 상대방 개에게 묻어 있는 겨가 똥처럼 보이게 된다. 그리하여 남의 눈의 티는 보면서 제 눈의 들보는 못 보는 상태에 놓이게[137] 된다. 대상을 잘못 보는 것은 물론 자기자신에 관해서 아무것도 모르고 있는 것이다.

그림자의 투사는 다양한 인간관계에서 일어난다. 직장 동료 간 혹은 상사와의 관계에서 생기는 갈등의 상당부분은 그림자의 상호투사에 그 원인이 있다. 상대방에게서 무언가 좋지 못한 것들, 예를 들어 남을 억누르려 한다, 혼자 잘난 체한다, 꿍꿍잇속이 있다, 간사하다 하는 등 열등한 성향을 느끼고 그런 사람을 공연히 피하게 되고 껄끄러워할 때는 그림자의 투사가 일어나고 있을 가능성이 있다. 물론 실제로 그런 사람이 있다. 그러나 자신의 그림자가 그 대상에게 투사되면 그 사람이 가지고 있는 것 이상으로 그 사람을 나쁘게 보게 되고 그 사람과의 접촉을 피하지만 사실은 그 사람에게 무관심할 수 없고 감정적으로 매이게 된다. 어떤 특정한 사람을 계속 비난하고 그 사람 말만 하면 감정이 올라와서 한마디 안 할 수 없을 때 우리는 우리 속의 그림자가 그에게 투사되고 있지 않은지를 생각해야 한다.

직장에서의 인물평가란 그런 면에서 수많은 그림자의 투사로 얼룩지게 마련이다. 지적이고 이성적인 사람은 사람을 뽑을 때 자기와 비슷한 사람은 높이 평가하지만 이성적인 면에서는 좀 부족하지만 정서적으로 안정되고 인정이 많은 사람을 어떻게든 낮게 평가하려 한다. 반면 정서적인 안정을 좋아하는 사람은 머리 좋고 이성적인 사람을 이기적인 사람이라고 낮추어 보려 한다. 이성적인 사람(아마도 사고형)은 열등한 감정을 대변하는 그림자를 가지고 있어 그것이 투사되면 상대방의 전체를 보지 못하고 자기의 그림자로 덮어씌운 일부만을 보게 되는 것이다.

　직장에서의 따돌림은 집단적으로 공유하는 그림자가 한 사람에게 투사되는 경우에 생긴다. 지역감정, 이웃 나라와 갈등, 인종갈등, 종교적 갈등으로 서로 앙숙이 되어 반목하고 심지어 피비린내 나는 대립과 투쟁을 일삼는 경우, 그것은 모두 집단적으로 상호 간의 그림자를 투사하는 데서 시작된다. 한 집단이 비슷한 그림자를 함께 갖게 되는 것은 편협한 교육 때문일 수도 있다. 역사왜곡은 그림자의 투사결과이기도 하고 또한 그림자를 퍼뜨리는 계기가 되기도 한다. 집단을 안으로 결속하기 위해 공동의 그림자를 외부에 집단적으로 투사하도록 하는 수법은 지구상의 독재자들이 흔히 써온 수법이다. 집단적인 그림자 투사를 받는 소수집단도 '자기를 지키기 위해서' 똑같은 그림자를 집단적으로 상대집단에 투사한다.

　정치판은 가장 추악한 그림자의 상호투사의 터전이 된다. 남의 구린내를 밀으며 자기 그림자를 상대방에게 뒤집어씌우는 데 열중한 나머지 자기 속의 부패를 전혀 못 본다. 그러다가 스스로 추문의 주인공이 된다. 그것을 보고 혀를 차는 국민의 마음도 그렇게 순수한 것이 아니다. 우리는 추문에 혀를 차고 비난하면서도 우리 마음속의 똑같은 그림자를 안 보려 하는지 모른다. 여론몰이로 정의를 부르짖고 남의 부정을 규탄하는 사람들은 먼저 자기 자신의 마음을 살펴야 한다. "너희 중에 누구든지 죄없는 사람이 먼저 저 여자를 돌로 쳐라." 138) 간음한 여인을 돌로 쳐 죽이려 한 한 무리의 유대인에게 예수가 한 이 유명한 말은 그림자의 심리학에서 되풀이해서 새겨야 한다.

집단은 언제나 개인적인 성찰을 무디게 만드는 속성을 가지고 있다. 지각 있는 사람도 집단에서는 폭도 수준으로 내려간다. 여기에 선동과 모략으로 그림자를 부각하면 마침내 광신자 집단이 된다. '밖에 있는 적들'을 무찌르기 위해 죽음도 무릅쓰는 이상심리에 사로 잡힌다. 인류사회에 평화가 그토록 어려운 까닭이 여기에 있다.

그림자의 투사가 자주 일어나는 이유 가운데 하나는 투사함으로써 사람들의 마음이 일시적으로 편해진다는 데 있다. 왜냐하면 그 순간 자기는 깨끗한 사람이고 나쁜 것은 다른 사람이라고 믿기 때문이다. 정신분석에서 투사현상을 내부의 불안을 회피하기 위한 자기방어의 기제라고 한 데는 일리가 있다. 물론 융학파에서는 여기서 한 걸음 더 나아간다. 무의식적인 것은 모두 밖으로 투사되어 인지된다고 한다. 투사가 일어났으면 여기에는 목적이 있다. 그것은 투사됨으로써 무의식의 콤플렉스를 의식화할 기회가 주어진다. 투사는 의식화의 목적을 지난 정신현상이다. 왜냐하면 아직 투사조차 일어나지 않은 무의식의 내용이 있을 수 있기 때문이다. 그런데 개인과 인류의 발전을 위해서 그림자는 반드시 자신 속으로 거두어들여야 한다.

분석을 통해서 무의식의 그림자를 발견해낼 때 사람들이 실로 다양한 그림자상을 마음속에 가지고 있음을 알게 된다. 대체로 모두 열등하고 미숙하며 도덕적으로도 비난받을 만한 성격을 띠고 나타난다. 오직 지독한 열등의식에 사로잡힌 사람의 꿈에서만 그림자가 긍정적이고 우월한 성격으로 나타난다. 일반적으로 사람들은 모두 좋은 사람, 옳은 사람이 되고자 하기 때문에 그런 일방적인 발전방향에 어긋나서 의식에서 배제되어 무의식에 억압된 부분은 당연히 미숙하고 열등한 것일 수밖에 없다.

그림자는 대개 의식의 일방적인 성향에 대립되는 무의식의 대자(對者)다. 그러므로 특히 사회적인 선(善)을 행하고 또 행해야 한다고 자타가 공인하는 사람일수록 그의 무의식에는 폭력배, 주정뱅이, 사기꾼 같은 부도덕한 그림자상이 나타난다. 관대한 자선가는 인색한 구두쇠의 그림자를, 얌전한 알뜰주부의 꿈에는 사치와 허영을 일삼는 친구 X가 동네를 누비고 다닌다. 공산주의자가 자본주의자를 그림자로 가지는 경우도 있다. 모슬렘은 기독교 그림자를, 기독교 신도는 기묘하게도 모슬렘 그림자를 가지고 있을지 모른다. 그림자를 통해서 보이는 상대는 모두 까맣게만 보일 수밖에 없다. 기독교와 모슬렘은 모두 유일신교이며 뿌리가 같다.

그림자의 투사는 대개 같은 성, 같은 종류의 일에 종사하는 사람 사이에서 일어난다. 그리고 약간씩은 투사를 받는 대상에 투사하는 내용과 비슷한 것이 들어 있는 경우가 많다. 그러나 그것은 그림자의 투사로써 터무니없이 부풀려진다.

자신 속에 자신이 가장 싫어하는 열등한 부분이 존재한다는 사실을 받아들이기란 결코 쉬운 일이 아니다. 왜냐하면 그것은 내가 평생을 그렇게 되지 않으려고 노력해온 바로 그런 부도덕성, 무책임성, 나태함, 비굴함이기 때문이다. 꿈을 꾼 사람은 내 속에 그런 게 있다니 믿어지지 않는다고 반응한다. 그래서 분석 초기에 무난한 꿈이 나오다가 뒤에 그림자들이 꿈에 자주 나타나기 시작하면 자기 자신을 계속 보는 것이 괴로워지고 분석을 중단하고 싶어지고 꿈을 보지 않고 다른 이야기를 함으로써 자기를 들여다보는 작업을 회피하려 든다.

그러나 꿈에 나타나는 그림자가 부정적이면 부정적일수록 그 사람의 의식태도는 완벽하게 도덕적임을 반증하는 것이다. 아주 좋은 사람이 악몽에 시달린다! 그리고 성 오거스틴조차도 꿈에 대해서 도덕적인 책임을 지지 않아도 된다는 것은 얼마나 다행한 일이냐고 했다는 말을 기억할 필요가 있다. 꿈의 그림자는 단지 무의식이 의식의 너무나 완벽주의적인 도덕성을 보상하기 위해 그와 꼭같이 극단적인 적수를 내보냄으로써 의식의 일방성을 균형있게 조절하려는 것뿐이다.

어느 누구도 통일된 마음으로 살지 않고는 위선을 면할 수 없다. 도덕적 완벽주의가 그의 본성과 일치한다면 여기에는 그림자가 생길이유가 없다. 그림자가 있다는 것은 의식이 부단히 발전을 꾀하고 있다는 것을 증명한다. 발전이란 일방성일 수밖에 없으니 그 대극을 불러들이지 않을 수 없는 것이다. 그래서 분석심리학은 꿈에 나오는 그림자를 하나의 심리학적 사실로서 진지하게 성찰하여 자기의 전체정신의 일부로서 수용하기를 권한다. 그러한 무의식의 합성작업은 아무리 고통스럽다 하더라도 그만큼 보람있는 자기실현의 첫걸음인 것이다. 다른 사람에게 가 있는 자신의 그림자를 자기 것으로 되돌려오는 작업은 그 사람에게 관용과 여유를 안겨줄 것이다. 그럼으로써 그와 다른 사람의 관계도 좋아지고 오해가 풀리게 된다.

평생을 교단에 몸바친 어떤 고지식하고 성실한 교사가 사소한 이권문제로 옆집사람에게서 상식적으로 이해할 수 없는 모욕을 받았다. 그는 그 도덕적인 부당함을 강력하게 항의했으나 문제는 더욱 악화되었다. 이권문제에서는 자기에게도 약간의 책임이 있다는 생각이 들자 그는 괴로웠다. 부당한 처사에 대해 응징해야 한다는 생각과 용서하고 화해해야 한다는 생각 사이의 싸움이 자기 안에서 일어났다. 이

때 그는 다음과 같은 꿈을 꾸었다.

부드러운 인격의 소유자로 항상 존경해온 선배교사와 즐거운 시간을 보냈다. 그 뒤 갑자기 공중으로 부시 대통령이 펄쩍 뛰어오르는데 그는 공중에서 긴 막대를 아래쪽을 향해 휘두른다. 그 화나고 긴장한 표정이 독특하다. 세계를 향해 응징의 목소리를 높이던 그 얼굴이다. 그러자 왼쪽 아래에서 아까 그 선배교사가 대통령을 향해 갑자기 달려드는데 이 순간 그 선배교사 모습이 만화가 되어 화면에 고착된다. 날개가 달린 듯했다. 천사인가. 그러나 만화이니 힘을 쓸 수 없다.

이 꿈은 그 교사의 마음속에서 응징을 부르짖는 소리가 사실은 평소에 썩 동의하지 않았던, 다소 극단적이고 일방적인 도덕적 흑백 판단임을 가리키고 있다. 갈등의 평화적인 해결을 요구하는 부드러운 선배의 성향(평화의 천사)이 그러한 극단적인 흑백 판단을 조절하려 하지만 아직은 추상적이어서 도덕적 극단주의를 물리칠 힘이 부족하다는 사실을 꿈은 나타내고 있다. 자기가 상대의 부당성을 응징해야 한다고 생각하는 것이 그토록 단순한 흑백논리라면 그 논리를 좇아갈 필요가 없다는 생각이 들자 꿈꾼 사람은 마음이 다소 편안해지고 그러다보니 상대방과 타협할 기미가 보이기 시작했다. 그래도 상대방이 그들이 처사에 대해 충분한 사과를 하지 않은 것을 못마땅하게 생각하던 터에 그는 또 하나의 꿈을 꾸었다.

어떤 곳에서 그는 한 남자를 만난다. 텔레비전 드라마에서 이른바 유능한 경제학 교수지만 권모술수에 능하고 이권에 눈이 먼 위선자로 나오는 한 탤런트다. 그가 먼 데서 이쪽으로 오는데 보니까 베옷을 입었다. 일그러진 그의 표정은 말할 수 없이 비통해 보인다. 그는 절망에 빠지고 무언가 상실한 것을 애도하고 있었다. 꿈꾼 사람은 그가 불쌍한 생각이 들어 다가가 그를 안아주었다. 그의 큰 체격이 꿈꾼 사람의 피부에 직접 느껴졌다.

꿈에 나타난 그 탤런트는 드라마에서는 증권조작을 하다 들켜서 비참해지는 역할을 맡았는데 표정이 그때 실패했을 때의 그 표정이었다. 꿈의 해석을 통하여 그 교사는 자신이 그동안 억울해하고 노여워한 것이 무엇인지를 알게 되었다. 그것은 권모술수로 이권을 취하고자 했다가 실패한 사람의 애도반응에 비길 수 있는 것이었다! 그간의 고민이 그런 성질의 것이라면 이런 노여움을 계속 끼고 다닐 필요가 없다, 한 번의 위로로 족하다는 것을 깨달았다. 그는 비로소 내적인 갈등에서 해방되었고 잠시 그의 정신활동을 훼방했던 이 사건에서 해방될 수 있었으며 문제의 외부적 해결을 하나의 큰 교훈으로 받아들이게 되었다. 그는 이 기회에 자신과 인간에 대해 귀중한 것을 배웠다.

필자의 책 '분석심리학 3부작' 제1권 『그림자』에서는 그림자를 진정으로 의식화하려면 그림자를 살려야 한다고 했는데, 이 경우는 그림자의 존재를 알고 그냥 무시해버리도록 했으니 왜 그런가 하는 의문이 생길 수 있다. 첫 번째 꿈에 보이는 대통령처럼 실제로 응징을 해야 하는가, 두 번째 꿈에 등장한 탤런트적인 것의 절망과 애도반응을 심각하게 받아주어야 하는가 ── 그러나 모든 꿈은 꿈꾼 사람 개인의 연상과 감정반응에 따라 그 해석이 다르다. 특히 꿈속에서 겪는 꿈꾼 사람의 꿈-자아(Traum-Ich)의 느낌이 중요하다.

첫 번째 꿈에서 그의 꿈-자아의 느낌은 존경하는 선배의 공격이 실패로 돌아가는 것이 아쉬웠고, 두 번째 꿈의 탤런트에 대해서는 그의 좌절을 위로할망정 그의 권모술수를 회복해야 한다는 느낌이 전혀 없었다. 그러므로 꿈에 나오는 그림자를 현실에서 살려서 의식에 동화해야 하는 것인지 그 존재를 알고 조심해야 하는 것인지는 그때그때의 꿈마다 다를 수 있고, 이런 문제는 고도로 전문적인 분석작업으로서 전문수련을 받지 않은 사람이 판단하기는 어려운 것이다.

물론 그림자의 인식이 단지 내 안에도 그런 나쁜 속성이 있다는 사실을 인정하는 정도에 머무르는 것만으로 되는 것은 아니다. 그림자의 인식은 그림자가 의식에 동화될 때 살아 있는 효과, 즉 성격의 변화가 생긴다. 나도 그와 마찬가지로 부정을 저지를 수 있다는 사실을 아는 것만 해도 큰 성과다. 그러나 그것이 의식의 일부로 동화되기 위해서는 자기가 싫어하고 미워해온 열등한 형제를 우선은 살려서 실천에 옮겨야 한다. 그 존재를 알고도 그대로 내버려두면 그림자는 여전히 그림자로 남아 있다. 언제라도 외부로 투사되거나 자기도 모르게 자아가 무의식의 그림자에 동화되어버린다. 남의 비리를 극렬히 비난하는 사람이 자기 안의 비리의 씨앗을 못 보면 그것이 나도 모르게 자아에 영향을 주어서 자기가 비난하는 바로 그 사람과 같은 짓을 하게 되는 것은 심리학적인 보편적 진실이다. 그 자신은 깨끗하다 하더라도 한국사회에서 흔히 볼 수 있듯이 식구 가운데 누군가가 부정을 행하는 것을 묵인하는 결과를 빚는다.

그러면 그 열등한 인격을 어떻게 살린단 말인가? 모든 사람이 여기서 도덕적 갈등을 느낀다. 그림자를 살리는 일은 지금껏 생각해온 사회적 도덕관을 어기는 일이기 때문이다. 거짓말을 한다, 게으름을 피운다, 쾌락에 젖는다, 사치한다, 욕심을 부린다, 화를 낸다, 그밖의 많은 것이 도덕적 페르조나가 제시하는 사회적 금기를 깨뜨리는 것이 된다. 그러나 자기 자신의 전체에 이르기 위해서는 이러한 심리적 모험을 용기있게 감행해야 한다. 왜냐하면 오직 그림자를 살려서 체험함으로써 비로소 무의식의 열등한 인격이 분화되고 발전되어 의식에서 쓸 수 있는 기능으로 변하기 때문이다. 창고 안에 오래 내버려둔 연장은 녹슬어서 쓸모가 없다. 자주 꺼내서 써야 제구실을 할 수 있다.

그림자는 그것이 개인적 무의식의 내용인 한, 절대적으로 나쁜 것이 아니다. 무의식에 억압되어 햇빛을 보지 못하고 있기 때문에 나쁜 것처럼 보일 뿐이다. 의식화로써 그것은 발전된다. 그림자는 오히려 자기실현의 좋은 밑거름이고 원료라고 할 수 있다.

그런데 그림자가 무의식의 원형층과 연관되어 있을 때 문제는 좀 다르다. 개인적 무의식의 그림자가 오랫동안 무의식에 남아 있으면 그림자의 원형적 측면에 연계된다. 그리고 모든 원형은 그림자를 가지고 있다. 그러한 그림자 원형상들은 강력한 에너지와 합리적으로 설명할 수 없는 신비력, 누미노제를 가지고 있다. 원형상은 그 세력으로 의식을 동화해버릴 수 있기 때문에 원형적 그림자는 자아가 의도적으로 살려서 의식에 포함할 수 없는 것이다. 집단적 무의식 안에 있는 어두운 신의 상들, 귀신, 마귀, 괴물로 표현되는 원형적 그림자상은 자아가 그 존재와 작용을 알고 의식에서 떼어놓아야 할 요소들이다. 그것은 집단적 무의식에 속해야지 의식에 속할 수 없다. 어떤 의미로 그것들은 인간 안에 있는 비인간적이며 또는 초인간적 행위를 할 수 있는 조건들이다.

우리는 그런 것이 인간본성에 있음을 안다. 인간이 얼마나 위험하며 또한 파괴적 성향을 가질 수 있는 존재인지를 원형적 그림자는 우리에게 가르쳐준다. 우리는 그것을 알아야 한다. 그러나 자아를 그것과 동일시할 수는 없다. 다만 폰 프란츠도 말하고 있듯이 그러한 원형적 그림자상으로 보이는 것이 정신의 중심, 자기의 상인지 아닌지를 살펴보아야 한다.

어두운 상이 우리의 꿈에 나타나서 무엇인가를 원하는 듯 보일 때, 우리는 그것이 단지 우리 자신의 그늘진 부분을 인격화하고 있는지, 또는 자기인지, 아니면 동시에 양쪽을 다 인격화하고 있는지 확신할 수 없다.[139]

다시 말해서 그녀는 꿈에 나오는 어두운 동반자가 꿈꾼 사람이 극복해야 할 결점인지 삶의 의미있는 부분으로 받아들여야 할 것인지를 추정하는 것은 자기실현 과정에서 부딪치는 가장 어려운 문제라는 것이다. 이렇게 무의식에서 무엇을 시사하는지 불확실할 때 우리는 옳은 것처럼 보이는 것을 우선 용기있게 행하면서 무의식이 제시하는 방향을 주시할 필요가 있다고 그녀는 말한다. 폰 프란츠의 다음과 같은 말에서 나는 매우 깊은 공감을 느낀다.

자아가 이러한 결정을 내리는 데 필요한 힘과 내적인 명증성은 위대한 사람(the Great Man)으로부터 은밀히 나온다. 그는 분명 그 자신을 너무 또렷하게 드러내기를 원치 않는 것 같다. 자기는 자아가 자유로운 선택을 할 것을 원하는지도 모르고, 또는 자기는 인간의식과 그 결단에 의지하여 자기가 모습을 드러낼 수 있도록 도움을 받는지 모른다. 이와 같은 어려운 윤리적 문제가 대두될 때 아무도 진정 다른 사람들의 행위를 판단할 수 없다. 각자는 자기 자신의 문제에 눈을 돌리지 않으면 안 되고 그 자신에게 무엇이 옳은지를 결정하고자 하지 않으면 안 된다.[140]

아니마와 아니무스의 인식

앞에서 말했듯이 이미 '분석심리학 3부작' 제2부에서 아니마·아니무스에 관해 자세히 다루었지만 여기서도 자기실현과 관련하여 아니마·아니무스의 특성과 인식과정을 다시 한번 간략하게나마 서술하지 않을 수 없다. 융의 아니마·아니무스 학설의 핵심은 자아와 자기 사이를 매개하는 어떤 자율적 기능인 무의식의 내적 인격의 존재에 관한 학설이지만 실제적 측면에서는 남성과 여성은 자기실현에서 어떻게 다른 과제를 수행해야 하는가를 가르쳐주는 학설이다. 외적 인격, 페르조나에 대응하는 내적 인격, 자아를 자기에게 이끌어주는 인도자, 화학용어를 빌리자면 두 가지 물질의 화합을 매개하는 촉매(catalyzer)의 역할을 하는 것이다.

그림자, 아니마와 아니무스, 자기, 이 모든 것은 각자의 정신 안에서 일어나는 것이므로 오직 무의식의 심층에 대한 각자의 관찰과 체험을 통해서라야만 확인되는 것이다. 그러나 그것을 대인관계에서 아니마, 아니무스의 투사체험을 통해서 이해하는 것은 그리 어려운 일이 아니다.

아니마와 아니무스의 가장 핵심적인 특징은 자율성(Autonomie)이다. 이것은 우리 마음 안에 있는 혼과 같은 것이다. 혼이 무엇인가. 자아를 뛰어넘고 자율적으로 활동하고 있는 심리적 콤플렉스다.

우리는 우리 삶에서 한두 번은 그러한 자율적인 이미지(像)에 사로잡혀 인생의 중요한 전환점을 맞이한 경험이 있다. 자아가 어쩌지 못하는 그 자체의 힘에 이끌려 그 이미지를 생각하고 좇아가고 붙잡으려 하고 그러다가 실패하거나, 혹은 바라던 것이 이루어지는 등 우여곡절 끝에 어느새 훌쩍 커버린 자신을 발견하게 된 경험이 있다. 남녀의 사랑에서, 존경하는 스승, 우애 깊은 동지, 혹은 어머니, 아버지, 누이, 오빠, 그밖에 무엇이라 부르는 이성에게서 남성과 여성은 각기 그러한 누미노제를 지닌 이미지의 자율성에 이끌림을 당했던 경험에서 우리는 이미 아니마, 아니무스 원형의 투사상을 경험한 것이다.

이제 그것을 우리 마음 안에서 일어나는 심리적 역동으로 번안해보기만 하면 된다. 밖에서 '나'와 관계를 맺는 다른 이성과 경험한 것과 똑같은 것이 우리 안에서 일어나고 있다고 상상해보자. 남성과 여성의 자아를 유혹하는 것, 자아에게 감흥을 주는 것, 신비한 여인처럼, 총명한 소년처럼 지혜로운 생각을 전해주는 것, 그래서 자아를 인도하는 것, 마침내 더 깊은 통찰에 도달하게 하는 것, 혹은 반대로 엉뚱한 곳으로 데려가 길을 잃게 만드는 것, 희망을 주다가 잔인하게 버림으로써 절망 속에서 헤매게 만드는 것 —그러한 것이 우리 마음속에서 일어나고 있다고 상상해보자.

남성에게 그것은 마치 변덕스러운 여인처럼 여기저기서 부산히 먼지를 날리고 '기분'의 동요를 일으킨다. 여성에게 그것은 무자비한 남자처럼 포악하고 잔인하고 냉혹한 '생각'을 일으킨다. 그때 우리는 "그저 **기분**이 그렇다", "그런 **생각**이 괴롭다"고 한다. 자세히 보면 그 기분, 그 생각은 내가 만든 것이 아니고 마음속에서 일어나 나에게 전달된 것이다. 그렇기 때문에 사람들은 왜 그런지 모르게, 어쩐지, 공연히라는 막연한 수사를 쓴다. 그런 기분, 그런 생각과 의견을 내는 주체가 우리의 무의식에 있어서 마치 외적 인격인 페르조나에 대응하는 또 하나의 인격처럼 행동한다고 보는 것이다. 이것이 남성 속의 여성성, 아니마이며 여성 속의 남성성, 아니무스라 하는 것이다.

아니마의 인식

아니마의 인식은 남성의 자기실현에서 거쳐 지나가야 할 과제다. 자기실현은 한 사람, 한 사람의 전체가 되는 것이므로 '남성의 자기실현'이라든가 '여성의 자기실현'이라는 포괄적인 제목으로 남성과 여성 전체를 설명하기는 어렵다. 그러나 남성과 여성이 생물학적으로나 심리적으로 구별되는 이상 자기실현에서 남성과 여성이라는 성적 차이는 문제점의 성질과 그 해결에서 서로 다른 측면을 보일 수 있다.

오늘날 남성이 무엇이고 여성이 무엇인지, 그 사회적 역할의 구분은 점점 모호해지고 있다. 어린이의 전인교육을 보면 크게 남녀의 구분을 짓지 않고 있다. "남자는 부엌에 들어가는 게 아니다." "남자는 울지 않는다." "남자는 강하고 배짱이 있어야 한다." 이와 같이 사실은 그 자신이 여성인 어머니들의 세계에서 키워준 남성상은 표면상 많이 흔들리고 있다. 이제는 남자가 하는 일을 여성이 다할 수 있다. 사회활동을 하거나 학계에 진출하는 것은 물론, 축구도 하고 항공기 조종사도 되고 트럭 운전도 하고 영화감독뿐 아니라 토목공사장의 감독도 한다. 남성도 여성이 하는 일을 한다. 벌써 오래전부터 바느질하고 요리하고 설거지하고 유모차를 끌고 슈퍼마켓에서 찬거리바구니를 자연스럽게 들고 다닌다. 그러면서 직장에서는 상사의 눈치를 보며 열심히 일해서 월급을 받으면 아내에게 갖다준다.

아름다운 전통의상으로 감싸인 인도의 우아한 여성에게 무한한 찬사를 보낸 반면 거의 벗다시피한 야회복차림 서양여자의 몰취미함에 눈살을 찌푸렸던 융, 여성적 본성이 훼손된 여성운동가의 남성화를 비판했던 엠마 융이 아니마와 아니무스에 관해 말했던 1930년대에서

1950년대 사이의 유럽과 현대의 한국은 어느 면에서 비슷한 점을 가지고 있다. 남녀의 역할이 안정된 균형이 아닌 급격한 변화에 따르는 긴장관계 속에 있다는 점에서 그러하다.

그러나 1960년대만 해도 스위스에서 유치원의 여선생은 아이들에게 여성과 남성의 구분을 분명히 해주기 위해서 바지를 입어서는 안 되고 치마를 입어야 했던 것을 생각하면 오늘날 한국에서의 남녀 구별의식의 파괴는 한참 앞서(?)가고 있는지도 모른다.

남성의 페르조나, 즉 집단사회의 남성관, '남성적 태도'라고 집단이 기대하는 틀이 뚜렷하지 않은 한국의 현대에서 이에 대응하는 무의식의 내적 인격, 아니마의 특성을 뚜렷이 찾아보기는 어려울 것이다. 여성의 경우도 아니무스의 성격이 불분명할 것이라는 추정이 이론적으로 제기될 수 있지만 개별적인 분석과정을 통해서 본다면 그렇지도 않다. 비록 남성과 여성의 사회적 역할이 복잡하고 다양해지기는 했으나 남성은 남성으로서 의식하고, 여성은 여성으로서 의식하는 기본 토대 위에서 각기 남녀의 페르조나를 만들어가고 있다는 사실을 확인할 수 있다. 그리고 이것은 자연스러운 것이다. 자기가 태어난 성을 부인하는 것이 자기실현이랄 수는 없다. 그래서 융도 남성의 전체성(자기)은 꿈에서 남성상으로, 여성의 전체성(자기)은 여성상으로 나타나는 것이 상례이고, 이성의 상은 아니마이거나 아니무스상이라고 했는데 현대 한국사회에서도 충분히 적용될 수 있는 통찰이다.

남성이 남성의 페르조나에 일방적으로 헌신하면 무의식의 심혼, 즉 아니마와의 관계가 끊어질 위기에 처하게 된다. 신부를 집에 내버려두고 밖으로만 나도는 신랑처럼 아니마는 버려지고 버려진 아니마는 앓는다. 때로는 아주 사라진다. 남성은 아니마의 왜곡과 상실의 위험에 처하게 된다. 마치 「처용가」의 처용이 밤새도록 놀러다닐 때 아내가 역신(疫神)의 유혹을 받은 것처럼 아니마는 남몰래 병든다.

이런 현상을 우리는 근대화를 위해 밤낮으로 헌신한, 그리고 지금도 헌신하고 있는 기업인, 경영인, 과학기술자, 그밖의 전문인들의 세계에서 발견할 수 있다. 때로는 선거구민을 위해 동분서주하는 정치인들, 때로는 연구실에서 밤새도록 불을 밝히고 연구에 몰두하는 학자 가운데서도 발견할 수 있다. 증권가에서, 벤처기업에서, 국제수지 계산에 발빠르게 적응해야 하는 사람들 사이에서 아니마의 상실, 아니마의 왜곡현상을 목격할 수 있다.

아니마는 본래 남성에게 안으로부터 오는 어떤 영감, 창조적인 통찰을 갖도록 하는 예감, 개인적으로 배려된 섬세한 정감을 갖게 하는 무의식의 기능인데 이것으로부터 단절되면 남성은 융통성과 생동감, 창조적 아이디어를 잃어버리고 경직되고 완고해지며 일이나 말의 기계적인 반복을 일삼게 된다. 감정의 윤택을 잃은, 석회화되고 메마른 사람이 된다. 왜곡되고 미숙한 아니마에 사로잡히면 그 남성은 모든 일을 체념하고 허무감을 느끼고 늘 피로해하며, 책임감이 없어지고 주책스럽고 술에 손을 대게 된다. 이 같은 사람들은 좀처럼 자기가 아니마와 단절되어 있음을 모른다. 다만 삶이 좀 답답하고 피곤하다고 느낄 뿐이다.

병들고 왜곡된 아니마의 증후는 이 사람들 자신보다 먼저 가족 중에서, 무엇보다 아내들에게서 나타난다. 왜냐하면 남편들의 공(公)생활로 말미암아 상처입은 아니마의 가장 가까운 대변자는 그 남자의 아내이기 때문이다. 아내의 우울, 신경증, 심인성 신체장애 같은 심신의 장애는 남편의 발전지향적인 일방성이 일으킨 심각한 부작용이다. 그럴 때 남편들은 자기 무의식 속의 아니마를 살펴보아야 한다. 남편은 실지로 아내의 병을 돌볼 뿐 아니라 자신의 아니마를 돌봄으로써 아내의 고통을 줄일 수 있고, 또한 아내의 병은 거꾸로 남편의 일방적인 사회활동에 쐐기를 박고 그로 하여금 안으로 들어와 가족과 자기의 내면세계를 보도록 만든다. 분석은 이 경우에 남성이나 여성 각자가 자신의 무의식을 보아나감으로써 그동안 전혀 모르고 있던 자신 속의 또 하나의 중요한 인격, 아니마를 발견하고 그녀와의 관계를 회복하도록 돕게 된다.

보통 아니마는 기분(Laune, mood), 아니무스는 의견(Meinung, opinion)으로 나타난다고 하는데 아니마가 미숙하여 부정적인 작용을 할 때는 쉽게 짜증을 내고, 초조하게 신체건강에 신경을 쓰게 되는 등 이른바 '남자답지 못한' 소심증을 나타낸다. 미숙한 아니마는 또한 색정적(色情的)인 환상을 유발하여 자아를 유혹한다. 그것이 밖으로 투사되면 그 대상이 된 여성에게 강박적으로 집착하게 된다.

더욱 부정적인 아니마는 폰 프란츠가 살인적 아니마(killing anima)라고 부른 독부(毒婦)와 같아서 모든 가치를 깎아내리는 비관적인 느낌을 갖게 한다. "너는 아무것도 할 수 없다." "네가 하고 있는 일은 아무 소용도 없는 것이다." 이렇듯 그에게 속삭이는 내부의 소리로 나타난다. 이것은 남성의 용기와 배짱을 무력화하고 모든 희망을 포기하게 하는 등 매우 심각한 영향을 미친다.

남성사회의 가부장적 권위, 합리적 원칙주의, 도덕적 경건주의, 전통과 조직사회의 규범, 경쟁과 성취, 객관적·과학적·외향적 가치의 존중, 이성지상주의의 그늘 아래서 잃어버린 또는 푸대접받은 아니마는 마치 구박받고 버림받은 아이처럼 칭얼대며 짜증내고 화를 내며, 때로는 변덕스럽게 남성의 자아를 괴롭힌다. 그래서 자기 아내에게 소리치는 선량한 남편처럼 "내가 지금 할 일이 얼마나 많은데 이렇게 나를 붙잡고 있는 거야!"라고 부르짖는다. 그러나 어쩌겠는가. 잠시

걸음을 멈추고 내부를 살펴서 소홀했던 것을 채우고 재정비해서 다시 앞으로 나아갈 준비를 할 수밖에 ─ 인생은 결코 무상으로 지혜를 나누어주지 않는 법이다. 미숙한 아니마의 인식과 의식화는 그런 마음자세로 임해야 한다.

남성의 아니마의 의식화는 무엇보다도 이성에 눌려, 혹은 남자로서 무뚝뚝함을 페르조나로 삼는 데서 억압된 섬세한 정감을 되살리는 작업으로 시작되어야 한다. 남성은 자기 마음을 믿는다. 내가 얼마나 아내를 사랑하는지를 알고 있다. 그래서 아무 말도 않는다. 그것으로 족하다고 생각한다. 그러나 그런 상태에서는 섬세한 정감을 발달시킬수 없다. 그러므로 정감을 말과 행위로 표현하는 연습이 필요하다.

남성은 늘 공(公)을 중시한다. 사회적 평가에 의지한다. 그러다보니 개인적인 감정관계에 서투르다. 사사로운 감정의 표현은 뭔가 간사하거나 좀 유치한 행태라든가 점잖지 못한 것이라고 속단한다. 여성들이 의식에서 가지고 있는 그러한 개인적 관계형성의 능력은 남성에서는 대개 그들의 그늘, 즉 무의식에 있다. 이 부분을 의식화하는 데는 용기와 노력이 필요하다. "남성들이여, 여성은 작은 꽃과 같으니 자세히 주의 깊게 들여다보시오!" 이런 말을 진지하게 경청해야 할 것이다.

융은 아니마를 의식화하려면 아니마의 객관화를 시도할 것을 권하고 있다. 어떤 의미있는 목소리의 주인공, 어떤 불쾌한 기분을 나타내는 부인을 상상하고 그녀와 대화를 나누는 적극적 명상을 말한다. 이를 통해서 불명확한 그림자 같은 무의식의 아니마상이 좀더 뚜렷하게 그 모습을 드러내게 된다. 즉 의식세계로 떠오른다. 적극적 명상법은 융이 무의식의 의식화를 위해서 꿈의 해석과 함께 도입한 방법으로 전문가의 지도가 필요한 것이지만 아니마의 객관화는 "자기 기분을 기술하고 왜 그런 기분이 되는지를 객관적으로 생각해보는 것"만으로도 큰 성과를 얻을 수 있는 것이다. 기분의 묘사는 그림, 글, 춤 등 자기가 하고 싶은 방법을 쓰면 된다.

아니마에는 아니무스와 마찬가지로 네 가지 발달단계가 알려져 있다. 첫째, 본능적·성적 수준의 에로스(이브나 괴테의 『파우스트』의 그레트헨), 둘째, 낭만적인 사랑의 수준(헬레나), 셋째, 천상적인 종교적 사랑의 수준(마리아), 넷째, 영원한 여성상으로 지혜의 여신(소피아)이 그것이다. 남성의 아니마는 보통 이 네 가지 수준의 에로스를 다 가지고 있다. 물론 이보다 더 많은, 실로 다양한 측면의 아니마가 남성에게는 있다.

아니마의 의식화가 진행되면 당연히 본능적인, 오직 잉태와 출산이 중요한 생물학적 관계에서 지혜로운 영감과의 관계로 분화될 것을 기대할 수 있다. 그래서 폰 프란츠가 말한 것처럼 "아니마가 남자의 마음을 올바른 내적 가치와 합치되도록 하여 보다 깊은 마음에 이르는 길을 열어주게" 될 것이며 "내적 '라디오'가 어떤 주파수로 조정되어 관계없는 소리들은 배제하고 위대한 사람(great man)의 소리만 들리도록 하게 될 것"이다.[141] 그러나 실제로는 이것이 직선적으로 낮은 데서 높은 데로 발전되는 것이 아니고 오르락내리락하면서 마리아와 소피아의 단계에 다가가는 것 같다.

아니마의 인식에서 한 가지 빼놓을 수 없는 것은 아니마가 모성과 결합되어 있을 때 이것을 분리하는 작업이다. 어머니는 아들이 경험하는 최초의 이성이다. 아버지가 딸이 경험하는 최초의 이성이듯이—그래서 아니마, 아니무스는 곧장 아들과 딸의 어머니와 아버지와의 관계를 통해서 그 특징이 결정되는 경우가 있다. 그리고 처음에는 모성과 아니마, 부성과 아니무스는 구분되지 않은 하나의 상(像)

속에 포괄되어 있다. 뒤에 아이가 아버지 어머니로부터 실제로 분리되면서 어린이의 무의식의 모성상과 아니마상이 분리된다. 어린이의 이성에 대한 관계는 누이에게, 다음에는 가족 밖의 이성에게로 이동된다.

어른이 되어도 아니마가 모성과 습합되어 있거나 모성과의 유대관계가 아직 제대로 해결되지 않은 경우 결혼한 뒤에는 부인이 모성-아니마가 되어 모성의존의 퇴행적 관계를 유지하게 된다. 그러므로 남성에게는 모성과의 유대에서 독립하는 과제가 자기실현에서 매우 중요하다. 이것은 곧 모성 콤플렉스[142)]의 해소가 될 것이다.

아니무스의 인식

여성 속의 남성성을 아니무스라 한다. 여성의 외적 인격인 페르조나에 대응하는 무의식의 내적 인격이다. 아니마가 에로스이며 감성과 예감능력이라면 아니무스는 로고스, 사유와 판단능력이다. 그 최고 경지는 영적 진리로 이끄는 지혜로운 안내자(간디)이며 그 가장 아래 단계는 육체적인 힘을 가진 남성상(타잔), 둘째는 낭만적인 행동가(헤밍웨이), 셋째는 말씀의 사자(정치웅변가 로이드 조지)라고도 설명된다.

여성이 아니무스의 의식화를 게을리하면 아니무스는 미숙한 인격으로 남아 있게 되고 부정적 아니마처럼 모든 가치를 깎아내리는 허무적이며 비관적인 생각으로 자아에 위험한 영향을 미친다. 만사가 귀찮고 자신도 없고 딱 죽었으면 좋겠다는 생각이 들 때, 무의식의 살인적 아니무스가 작동하고 있을 가능성이 있다. 물론 한계점에 도달하는 느낌이 반드시 부정적 아니무스 때문만은 아니다.

부정적 아니무스는 또한 따지는 버릇으로 나타나 남성에게 별로 의미가 없는 논쟁을 걸거나 폭발적인 감정으로 표현되어 소심한 남편을 깜짝 놀라게 만든다. 부정적 아니무스의 의견(opinion)은 따지기 위한 따짐인 경우가 많고, 매우 경직되고 틀에 박힌 것이어서 합리적 대화로서 교정되기가 어렵다. 그것은 '우기는 것'으로 남성들로부터 "당신 말이 맞다"는 말을 듣기까지는 절대로 물러서지 않는다. 여성의 자기실현에서 이와 같은 부정적 아니무스를 분화·발달시키는 것은 매우 중요한 일이다. 아니무스상은 꿈에서 다수의 심판관, 연인, 일단의 괴한, 제복 입은 군인들, 때로는 거인 등 여러 가지 모습으로 등장한다.

부정적 아니무스의 의식화는 꿈의 분석작업을 통하여 성취될 수 있다. 부정적 아니무스상은 이에 해당되는 현실의 인물이나 모르는 사람의 모습으로 꿈에 나타난다. 꿈속에서 어떤 남자들이 경직되고 완고한 의견을 장황하게 늘어놓는 것을 꿈꾸는 사람이 왜들 저러나 하고 보고 있다면 한 번쯤 자기 마음속의 부정적 아니무스를 생각해볼 필요가 있다. 아니무스를 부정적 아니무스의 객관화를 통해서 의식화하는 것은 현명치 못하다. 아니마는 객관적으로 표현함으로써 분화하고 의식에 통합할 수 있지만 아니무스 의견을 적극 표현시키는 것은 그 의견의 완고함과 경직성을 오히려 고착하고 촉진하게 될 우려가 있다.

그러므로 그보다는 아니무스 의견이 일어날 때 먼저 스스로 그 내용을 비판적으로 검토하는 작업이 필요하다. 대개 아니무스 의견은 거의 거룩한 확신이라고 부를 정도로 여성에게는 틀림없는 것이다. "내 말이 틀린 말 없다." 잔소리로 온 동네에서 유명한 한 할머니가 한참 '의견'을 엮어내린 끝에 힘주어 한 이 말에서 아니무스 의견의 확고부동한 성격을 볼 수 있다. 폰 프란츠도 말한 대로 이러한 부정적 아니무스를 의식화하려면 여성은 먼저 사물을 객관적으로 보는 연습을 해서 자신의 확신이 옳은지를 살펴보아야 하고 꿈에 나타난 무의식의 권고가 자신의 확신에 어긋난다고 해서 그것을 배격해서는 안되고 받아들여야 한다고 했다.[143] 그럴 때 남에게 따지기만 하거나 자기 자신을 괴롭히고 열등감과 무력감을 갖게 하던 부정적 아니무스는 긍정적인 방향으로 변하여 일을 계획하는 정신, 용기, 진실성, 정신적 깊이와 내면화의 최고형태가 될 수 있는 것이라고 했다.

그런 점에서는 엠마 융도 같은 의견이다. 즉 만약 여성이 아니무스에 사로잡히지 않고 스스로 아니무스에 대항하는 자세를 유지하는 데 성공한다면 아니무스는 위협을 그치고 창조의 힘이 된다고 했다.[144] 아니무스에 사로잡힌다 함은 자기의 판단이 무의식의 부정적 의견으로 완전히 동화되어 있는 것을 그 여성이 전혀 모르는 상태에 있다는 말이다. 그녀는 남이 왜 자기 의견을 비판하고 반대하는지 도무지 이해하지 못하고 조금도 남의 말의 타당성을 생각해보려고 하지 않는 정신상태에 놓이게 되는 것이다. 이러한 무의식성을 고쳐서 자기의 내면세계와 의식된 관계를 유지하는 것이 자기실현의 과제이고 보면 아니무스에 의한 사로잡힘을 깨닫는 것은 여성의 자기실현에서 매우 중요한 것이다.

그런데 부정적 아니무스 의견에 대한 비판적 검토는 여성 자신의 자발적 성찰이어야 하며 동료나 남성선배와 토론을 거쳐 실행되어서는 성과를 거두기 어렵다. 그러한 신성한 확신은 합리적인 설득으로 수정되지 않고 오히려 남성의 아니마의 약한 구석을 자극하여 결국 의사소통상의 역효과를 가져올 수 있기 때문이다.

분석작업의 필요성이 여기서 제기되며 꿈은 때때로 유머로서 피분석자의 부정적 아니무스를 그려내서 스스로 깨닫게 하거나 혹은 융

이 겪은 것처럼 뜻밖의 동시성현상이 합리주의의 굳건한 성곽을 무너뜨린다.[145]

　여자도 언젠가는 직업을 가져야 한다며 약간 힘에 겨운 전문교육을 무리하게 받고 있는 한 여성이 꿈을 가져왔다. 걸핏하면 현학적 논란과 별로 핵심이 없는 타인에 관한 이야기로 일관된 그녀의 약간 산만한 의식과는 달리 꿈속에서는 아주 우아한 옷차림의 조용한 귀부인이 나타나 꿈꾼 사람에게 깊은 인상을 주고 있었다. 그 여인의 이미지는 이 여성의 자기상이라고 할 만한 것이었다. 그녀를 사로잡고 있는 아니무스는 주변의 여러 가지 상황 때문에 그리 쉽게 해소되지 않을 전망이었다. 그러나 이제 비로소 여성다운 안정된 부인상이 나타남으로써 아니무스의 영향력이 다소 누그러질 희망이 생기게 된 것이다.

　대학을 나오고 대학원을 나오고 또 무슨 공부를 하는 등 끊임없이 지적인 작업에 매달리고 있으나 어느 것 하나도 끝까지 성취하지 못한 채 그래도 계속, 마치 그것이 자기의 유일한 사명인 듯이 공부에 헌신하는 여인이 있다. 그런 여인은 로고스와 결혼한 사람이다. 남편과 아이는 이차적이다. 공부는 그녀가 숭배하고 사랑하는 영원한 애인이다. 그러므로 로고스와의 관계는 끝나서는 안 된다. 그러니 또한 끝내기를 두려워한다. 아버지와의 유대, 즉 부성(父性) 콤플렉스를 가진 여성에게서 나는 이런 경우를 자주 목격한다. 현실의 아버지는 이미 아무런 영향도 주고 있지 않으나 무의식에 있는 부성원형은 로고스의 신과 같이 그녀의 자아와 깊이 맺어져 아직 그녀는 거기서 독립할 수가 없는 것이다.

　현대여성은 취직하거나 대학에 남거나 하지 않으면 마치 남에게 뒤진 사람처럼 생각한다. 훌륭한 어머니, 훌륭한 아내, 좋은 며느리로 살아온 부인이 중년에 이르러 친구들이 사회로 진출하여 확고한 지위를 차지하고 활동하는 것을 보고 지금까지 헛살았다고 괴로워한다. 그녀에게 무엇을 말해줄 것인가? 그녀가 이제껏 사회에서 바라는 여성의 역할, 페르조나에 맞추어 살았을 뿐 자기 개인의 마음을 돌보지 않았다고 해서 그녀의 헛살았음에 맞장구를 칠 것인가? 아니면 이제부터 새 출발을 하라고 권할 것인가. 그러나 그런 판단은 그녀의 의식상황, 그녀의 괴로움의 동기뿐 아니라 삶에 대한 무의식의 반응을 포괄한 그녀의 전체정신을 총체적으로 살핀 뒤에나 할 수 있는 말이다.

다만 생각해야 할 것은 다음과 같은 점이다. 혹시 그녀는 시대변화에 따라 달라진 가치관, "여성은 독립해야 하며 따라서 취직하여 사회활동을 해야 한다"는 또 하나의 페르조나 앞에서 자기가 여성으로 이룩한 귀중한 성과를 송두리째 부인하려는 것은 아닌가 하는 점이다.

엠마 융이 "여성의 창조성은 생활의 영역에서 표현된다"고 한 말을 새삼 회상해볼 일이다.[146] 그녀는 어머니로서의, 교육자로서의, 반려자로서의 역할, 어느 역할에서든 생활 전반을 만들어가는 일이 여성의 창조적 힘의 진정한 장이라고 했던 것이다. 또한 엠마 융은 여성이 아니무스를 의식화하여 자기실현을 하려면 무의식의 의식화에 앞서 먼저 여성으로서의 자긍심을 높이는 것이 시급하다고 강조한 일이 있다. 남성이 먼저 남성이 되고 여성이 먼저 여성적 실존을 당당히 받아들일 때 아니마, 아니무스를 의식화할 수 있는 토대가 서는 것이다.

또한 폰 프란츠가 여성을 숨은 공주에 비유하고 여성이 공적인 영역의 삶에 덜 참여하는 점을 들어 그것이 아니무스로 하여금 개인적인 삶의 그늘 속에서 좋은 영향을 미치도록 한다고 말한 것을 우리 사회 여성들은 어떻게 받아들일까. 안과 밖의 세계에서 밖을 안보다 훨씬 높이 평가하는 외향적 시대조류 속에서 무의식 내면에서 올라오는 새로운 영감에 마음을 열 수 있는 여성 특유의 비합리적 예감능력과 개인적으로 관계를 맺는 감성기능은 매우 가치있는 여성의 속성인 것이다. 성급하게 그것을 다른 것과 바꿔치기를 하면 자연이 우리에게 준 귀중한 선물을 잃는 결과가 된다.

그렇다고 해서 여성이 공부도 취직도 하지 말고 옛날처럼 그저 살림만 잘하면 된다는 말은 아니다. 지적인 작업은 여성의 자기실현에서 요구되는 과제이며 이를 무시하면 아니무스는 의식과의 관계를 잃고 부정적인 것이 된다. 다른 한편 부정적 아니무스는 잘못된 지적 수행의 부산물일 수도 있다. 문제는 '지적인 작업'이 무엇이냐 하는 데 있다. 그것은 반드시 많은 지식을 갖는 것도 영어원서를 읽는 것도 아니다. 사회에서 평가하는 '지식인' 대열에 끼는 것도 아니다. 사회에서 남들이 평가를 하든 안 하든 스스로 생각하고 판단하는 힘을 기르는 것이 중요한 것이다. 아니무스의 최고 단계인 지혜로운 여신은 옛날 여인들이 밥솥에 쌀을 앉히고 물을 부은 다음 손을 담가서 물의 높이를 가늠하고 가마솥의 불길을 조절하는 데서, 혹은 된장을 떠서 담그는 과정의 사려 깊음과 솜씨에서 발휘되기도 하는 것이다.

남존여비의 뿌리 깊은 전통에서 아직 완전히 벗어나지 못한 우리나라의 경우 사회진출을 원하는 많은 여성에게는 더욱 균등한 기회가 주어져야 하고 여성이 사회활동과 가정생활에서 타고난 기능을 발휘할 수 있도록 제도적·사회적 장치가 마련되어야 함은 말할 것도 없다. 다만 여성의 일방적인 남성화, 아니무스 사로잡힘이 보편화될 때 생길 수 있는 또 하나의 인격 왜곡과 해리현상을 조심해야 할 것이다.

여성의 자기실현에서 아니무스의 의식화작업은 여성에게 선천적으로 구비된 좋은 점을 부정하고 다른 것으로 대치하는 작업이 아니고 여기에 여성의 무의식의 창조적 남성성, 즉 판단의 객관성과 명징성, 용기와 진취성, 열린 마음, 융통성 있는 실제적 추리능력을 보태는 작업이다.

원형으로서의 아니마, 아니무스 문제

아니마, 아니무스를 의식화해서 의식에 동화하면 여성과 남성의 의식의 시야가 넓어질 뿐 아니라 이성과의 관계도 원활해진다. 그런데 아니마, 아니무스는 그 개인의 생활에서 억압되어 생긴 개인적 무의식의 내용을 가지고 있을 뿐 아니라 태어날 때부터 가지고 나오는 원형적 조건에 뿌리를 박고 있다. 그것은 인류가 지구상에 생긴 이래로 남성이 여성에게, 여성이 남성에게 경험한 모든 것의 침전으로 남성이 여성에게, 여성이 남성에게 반응하게 되어 있는 여러 원초적인 행동유형이다. 신화와 민담, 세계의 위대한 소설과 시는 아니마, 아니무스 원형상을 여러 측면에서 묘사하고 있으며 남녀 사이의 숙명적 관계를 제시하고 있다.

앞에서도 말한 대로 집단적 무의식의 내용인 원형상은 의식에 동화할 수 없다. 아니마, 아니무스 원형도 마찬가지다. 아니마, 아니무스 원형상은 꿈에서 흔히 여신과 남신상으로 표현된다. 그것은 자아를 초월하는 강력한 누미노제(신성한 힘)를 내포하고 있다. 남성의 의식이 무의식의 여신상을 동화한다고 할 때는 의식이 그것을 통합하기보다는 그 여신상이 의식을 동화해버리고 자아가 아니마 원형상인 여신상과 동일시하는 결과가 생긴다.

동일시되는 여성신들에는 여러 가지가 있다. 무자비한 살인적 여신(칼리), 아름다운 사랑의 여신(아프로디테), 저승과 이승을 넘나드는 청초하나 차가운 소녀신(페르세포네), 질투의 여신(헤라) 등 아니마 원형의 무수히 다양한 측면에 의해서 자아가 사로잡히면 그 남성은 스스로 그 여신의 성격을 드러내고, 그런 모습들을 외부에 투사하면 밖에 있는 여성들에게 숙명적으로 얽매이게 된다. 여신의 특성은 의식을 초월하는 강력한 정동을 가지고 있다는 데 있다. 그러므로 이것들에 사로잡힌 남성의 자아는 전혀 자신의 충동을 통제할 수 없는 상태에 빠지고 자기가 의식하지 못하는 가운데 여신들처럼 초인적인 능력을 가졌다고 착각한다. 정신병리현상의 하나인 애정망상 등은 이런 상태를 말해주는 것이다. 여성이 무의식의 남신상들과 동일시하는 경우에도 마찬가지의 맹목성과 광신을 볼 수 있다.

우리의 무의식에는 자아가 조절하거나 소화할 수 없는 층이 있다. 원형으로 구성된 집단적 무의식의 층이 그것이다. 그것은 부단히 움직이고 있고 정신생활에 활력을 제공하는 에너지원이다. 그러나 그것은 너무나 뜨겁다. 자아는 그것을 통째로 삼킬 수 없다. 그 존재를 인식하고 그 작용을 직시하며 그것이 나오게 된 뜻을 새기고 관조하는 태도가 바람직하다. 그러나 아니마, 아니무스 원형은 그 성질상 많은 남녀를 숙명적인 관계 속에 빠지도록 만들거나 목숨을 건 사랑의 모험을 감행하게 만든다. 그것은 자아의식에 심각한 상처를 준다. 그러나 때로는 그 같은 상처에도 불구하고, 혹은 상처입음으로써 치유의 해결이 일어나고 그것을 평생 피해 다니던 사람보다 그 개체는 전체 정신에 더욱더 접근하게 된다.

자기인식과 자아팽창의 위험성

그림자를 인식하고 의식에 동화함으로써 훨씬 여유로워진 사람이 부정적 아니마, 아니무스의 영향에서 벗어나면 비로소 그 또는 그녀는 마음의 중심에서 오는 메시지를 직접 접할 수 있다. 여름날 시커먼 비구름이 폭우를 뿌리고 난 하늘 한편에 한 조각 파란 하늘이 열리고 그리로부터 태양이 비치듯이.

자기원형의 여러 가지 인격상 특히 남성에게는 노현자, 여성에게는 노현부인, 또는 그밖의 여러 가지 이미지로 우리 꿈에 나타나 어떤 지혜로운 해결을 직접 제시하기도 하지만 이 중심의 메시지는 사실 무의식의 의식화 과정에서 항상 접할 수 있는 것이다. 왜냐하면 꿈은 '자기'의 큰 계획을 중심으로 배정되는 내적 사건이기 때문에 꿈에 나타나는 아무리 적은 콤플렉스라 할지라도 그것을 의식화할 때, 그것은 곧 자기의 의도를 실현한 것이다.

개성화 과정, 또는 자기실현 과정이 여기서 설명한 대로 처음에 그림자의 인식을, 다음에 아니마, 아니무스의 인식의 순서대로 진행되는 것은 아니다. 그림자의 인식은 물론 아니마, 아니무스의 인식보다 먼저 일어난다. 자아의식에 가장 가까이 있는 것이기 때문이며 또한 그림자를 의식화함으로써 아니마, 아니무스상들이 분명히 드러나기 때문이다.

그러나 그림자의 문제나 아니마, 아니무스는 서로 교대로 되풀이해서 등장한다. 살아 있는 한 그림자가 아주 없어질 수는 없는 것이다. 아니마, 아니무스 역시 그러하다. 그러므로 자기실현 과정은 직선적인 발전보다는 지그재그의 우회로를 여러 번 반복하면서 중심을 향해 가는 것이다. 그러므로 자기실현 과정은 곧잘 미로의 상징으로 나타나기도 한다. 자기실현은 실로 긴 분석과정을 통해서 여러 가지 난관을 겪으며 이루어진다.

하루아침에 크게 깨달은 경우가 없는 것은 아니다. 다마스쿠스로 가는 도중 기독교를 박해하던 사울이 하늘에서 울리는 주님의 말씀을 받고 개심하여 그리스도의 사도 바울로 변신하는 일종의 심리적 에난티오드로미아(Enantiodromia) 현상도 일어날 수 있다. 그러나 이런 전환은 긴 수행의 뒷받침이 따르게 마련이다. 분석을 오래받는다고 해서 누구나 자기실현이 되는 것도 아니고 자격 있는 분석가라 해서 모든 문제를 극복하고 무의식의 의식화를 충분히 행한 사람도 아니다. 다만 문제를 확인하고 무의식의 중심인 자기의 소리에 귀를 기울이는 기본자세를 갖추고 정진하는 사람일 뿐이다. 그러나 그렇더라도 융의 자기실현, 또는 개성화 과정은 꿈의 관조를 통한 분석작업을 행할 때 효과적으로 성취될 수 있다고 융은 주장하고 있다.

종교적 수행도 심리학적 작업과 마찬가지로 자기실현의 목표를 같이하고 있다. 그러나 이 경우에는 집단적인 교의(敎義)와 의식, 수행방식이라는 틀이 있고 깨달음의 상태를 판단하는 데 큰스님의 주관적 판단이 결정적이다. 그러나 분석과정에서 다루는 꿈은 한 개인에게서 나온 가장 개인적이며 가장 자연스러운 객체정신의 표현이기 때문에 그것의 의식화 과정은 고도로 개인적이면서 보편적이고 객관적인 기준을 나타낸다는 점에서 자기실현, 또는 개성화에 가장 적합한 것이라고 할 수 있다. 폰 프란츠는 말한다.

인간이 순수하게 내적 세계로 향하고 그 자신을 알려고 노력할 때는 언제나 — 그의 주관적인 생각과 느낌을 곰곰이 생각하는 작업을 통해서가 아니라, 꿈이나 순수한 환상과 같은 자기자신의 객관적인 본성의 표현을 추구할 때 — 조만간 자기가 나타난다.[147]

그러나 나의 생각으로는 분석을 받지 않아도 자기실현을 할 수 있다고 본다. 왜냐하면 자기실현 과정은 모든 인간에 내재하는 원형적 과정이기 때문이다. 인간은 태어날 때부터 그런 잠재력을 가지고 태어났으므로 누구나 그 자신의 전체를 실현할 수 있다. 다만 자아의식이 내면세계의 이와 같은 창조적 메시지에 주의를 기울이고 자기 자신을 성찰하는 자세를 갖추어야 할 것이다. 선불교의 수행, 요가, 에크하르트 수사(Meister Eckhardt)나 성 이나시오 데 로욜라(San Ignacio de Loyola)의 영성훈련 등이 모두 융의 자기실현과 같은 목표를 가지고 있고 개체가 전체가 되도록 하는 방법을 사용하고 있다.

문제는 자기원형의 집단적인 틀에 자신을 맞추는가 자기 자신의 마음의 자연스러운 전체를 실현하는가 하는 점에서 논란의 여지가 있는 것이다. 융학파의 적극적 명상과 요가와 같은 종교적 명상과의 차이에서 그것을 볼 수 있다. 그러나 인생의 여러 가지 고난 속에서 자기 자신의 내면을 보는 사람은 어찌되었든 그 사람의 전체를 실현할 수 있는 기회를 갖고 있고 또한 성취하고 있다.

우리 사회에는 오늘날 실로 다양한 마음의 수련법이 있다. 전통적인 수련법을 답습하는 곳도 있고 거기에 현대심리학을 가미해서 실시하는 곳도 있다. 마음을 비우고 자기 마음의 중심의 소리를 듣는다, 자기 자신을 마주본다고 한다. 염려스러운 것은 그런 수련이 특히 현대적으로 각색한 심리적 수련법을 표방할 경우, 무의식에서 올라오는 원형상들을 얼마나 바르게 이해하고 있는가 하는 점이다. 원형상의 나쁜 해석은 그 해석을 내린 사람 자신을 해친다고 한다.[148]

'나쁜 해석'이란 다름 아닌 호기심 어린 태도로 원형상을 구체적이고 단순한 자신의 콤플렉스에 환원하는 해석을 말한다. 이들에게는 불확실한 것이 없다. 심한 경우에 텔레파시는 염파(念波)로 생기고, 영혼의 무게는 몇 그램이고, 꿈에 본 그 남자는 틀림없이 전생에 나와 살았던 사람인데 인연이 닿지 않아서 가버렸다는 식이다.

원형상은 우리가 모르는 것, 말로 다 설명할 수 없는 어떤 의미를 담고 있는 상징이다. 그것은 사람들이 그 그림들에 마음놓고 무엇이든지 자기 생각을 투사하도록 되어 있는 로르샤흐 검사판의 잉크자국으로 만들어진 그림이 아니다. 꿈의 상은 그 자체로 뜻을 지니고 나타난 상이므로 마음대로 자기의 콤플렉스를 투사해서 '이런 뜻이다', '저런 뜻이다', '이게 맞다', '정말 그렇다'고 말할 수 있는 것이 아니다. 전문적인 수련을 거치고도 매우 조심스럽게 다루어야 할 것들이다.

정규적인 분석과정에서도 무의식적 내용의 해석과 의식화 과정에는 항상 위험이 따른다. 그 가장 중요한 것이 집단적 무의식의 접촉과 함께 일어나는 현상으로 자아가 집단적 무의식의 원형상으로부터 영향을 받게 된다는 사실이다. 원형상은 창조적인 밝은 면과 파괴적인 어두운 양면을 가지고 있다. 자기원형도 물론 양면을 가지고 있는데 이것은 더욱 강한 힘을 발휘하고 있다. 무의식을 본다는 것은 바로 이 양면성을 이해하는 작업이기 때문에 더욱 어렵고 또한 자아가 그것이 가진 엄청난 에너지에 전염될 가능성이 있어 위험하다.

여기서 우리는 이른바 자아의 마나 인격(Mana-Persönlichkeit)과의 동일시, 자아의 자기에 의한 팽창(inflation)의 현상에 말려들게 된다. 이것은 어떤 형태로든 인간의 심층심리를 다루는 사람이 공통적으로 겪을 수 있는 위험성이다. 그것은 마치 전염병동에서 일하는 의사나 간호사들이 겪을 수 있는 위험과 같다. 무의식의 원형층은 강력한 자장(磁場)과도 같다. 혹은 뜨거운 분화구와도 같다. 경솔한 접근은 자아에 상처를 입힌다.

무의식의 의식화가 진행되어 무의식의 그림자와 아니마, 아니무스에 들어 있던 세력이 감소되어 의식으로 편입되면 자아의식은 힘을 얻게 되고 이제까지와는 달리 세상을 보게 된 것에 보람과 희열을 느낀다. 깨달음의 과정을 밟아가는 사람들이 겪는 정상적인 보람이다. 그러나 이때 주의해야 할 것은 성급하게 '이제 모든 수수께끼는 풀렸다', '이제는 내가 가엾은 사람들과 세상을 구제할 차례다'라고 자만하는 일이다. 이를테면 갓 태어난 하룻강아지가 눈을 떠서 처음으로 세상의 모습이 보이게 된 것이 신기한 나머지 범 무서운 줄 모르고 덤비는 격이다.

그들은 제대로 깨달은 것이 아니다. 그들은 무의식의 원형상을 충분히 이해하고 인식하여 그것이 주는 영향력을 완화했다고 생각한다. 그러나 자세히 보면 사실은 원형상에 들어 있던 에너지가 어느 틈엔가 자아의식으로 옮아가서 자아의 비대와 오만을 재촉한 사실을 모르고 있었던 것이다. 본래 집단적 무의식의 원형상으로 무의식에 있어야 할 마성(魔性) ── 인격이 어느새 자아를 사로잡고 자아는 자신에게 남을 구제할 마력이 부여된 듯이 착각하게 된다.[149] 이것은 무의식의 의미를 감정적 대결없이 지적으로만 해석한 경우에 일어난다.

많은 영웅신화에서 영웅이 경솔하게 만용을 부리다가 실패하고 나서 상처를 입는 고통을 겪어야 하는 것처럼 무의식을 다루든, 다루지 않든 정신치료자, 상담가, 그와 같은 일에 종사하는 교육자, 목회자 등이 상대방 문제가 환히 보이고 "당신의 문제는 바로 이것이다", "이 꿈의 뜻은 분명하다"고 단언하고 싶어질 때 그런 마음을 대단히 경계해야 할 것이다.

그리스 신화의 오이디푸스는 테베로 가는 길목을 막고 있던 스핑크스의 수수께끼를 풀고는 의기양양해져서 그 나라로 통과해 들어갔으나 결과적으로 살부혼모(殺父婚母)의 비극을 저지르게 되었다. 스핑크스는 지적인 물음을 던져서 인간의 본질을 지적으로만 파악하면 모든 문제가 해결된다고 믿게 만든 부정적 아니마에 비길 수 있다. 오이디푸스는 그 같은 함정에 빠졌고 파멸의 결과를 자초했다.[150] 지적인 해석은 지적인 정복을 일삼는다. 그로써 돌보지 않은 감정은 다른 곳에서 말썽을 부리게 마련이다.

자아의 팽창 역시 분석을 통해서 무의식의 여러 가지 내용을 의식화해나가는 과정에서 생기는 현상이다. 의식화로써 자신의 전체정신의 중심에 가까이 갈 때 자아가 무의식의 상들을 비판적으로 구별하지 못할 때 생긴다. 자아의 팽창은 글자 그대로 자아가 부풀어올라서 '붕 뜬 상태'에 있음을 말한다. 무한한 힘을 갖게 된 느낌, 내가 모든 것을 속속들이 볼 수 있게 된 느낌, 내가 신이나 초인이 된 느낌, 모든 것을 포용하고 용서할 수 있게 되었다는 느낌, 내가 나의 전체뿐 아니라 전 우주와 하나가 된 느낌 — 사실 그것은 본인에게는 무한히 팽대한 정감을 맛보게 하는 최고의 기분, 삼매경, 해탈감을 방불케 하는 것이다. 그러나 그것은 진정한 자각, 진정한 자기인식의 상태가 아니고 자아가 자기에 의해 동화됨으로써 생겨난 가상적인 해탈감이다.

분석심리학의 입장에서 볼 때 자기실현에서 중요한 것은 의식성(Bewußtheit)의 회복이다. 모든 무의식성(Unbewußtheit)은 자기실현에 반한다. '자기'가 자아를 동화하고 다른 원형들이 자아를 동화하면 자아는 자아와 다른 무의식의 상들을 의식할 수 없고 그것들과 의식적 관계를 맺을 수 없다. 자아는 맹목적인 상태가 되어 오직 또 하나의 착각의 세계를 진실이라고 믿게 된다.

자아의 팽창은 위험하다. 마음이 붕 뜬 상태에선 아주 사소한 일로 치명적인 사고를 일으킬 수 있다. 계단을 헛딛는다거나 돌멩이에 걸려 넘어져서 우연처럼 큰 부상을 입힐 수도 있다. 자기원형의 긍정적인 측면은 항상 부정적 측면을 수반하고 그것은 고도의 자율성을 가지고 돌아가기 때문에 붕 뜬 기분은 곧 마음을 가라앉게 만드는 여러 가지 증후를 일으킨다. 그래서 불쾌한 신체감각, 심인성 신체장애가 생기지만 본인은 전혀 이 관계를 모른다. 그들의 맹점은 점점 커지고 주변 사람들이 보이는 반응을 아예 보지 않으려 한다.

자아가 무의식의 상들을 인식하고 의식화하면서도 특히 집단적 무의식의 상과 비판적으로 구별짓도록 해야 하는 이유가 여기에 있다. 융은 말한다.

이러한 구별이 실제로 성과를 거두려면 그런 비판이 한편으로는 자아와 일반적·인간적 척도와의 이성적 경계가 세워지고, 다른 한편으로는 무의식의 형상들, 즉 자기, 아니마와 아니무스, 그리고 그림자에서 상대적인 자율성과 정신적 성질의 현실성을 인정하도록 하는 데 성공할 때라야 가능하다.[151]

이러한 무의식의 상들이 이제 별로 힘을 못 쓴다고 설명하는 식의 심리학적 풀이로는 어떤 문제도 해결되지 않고 오히려 자아의 팽창을 부추길 뿐이라고 그는 말한다. 자아가 무의식의 고태적·보편적 내용의 압도적인 힘에 휩쓸릴 위험이 있을 때는 자아가 의식세계에 튼튼히 발을 딛고 현실에 정확히 적응할 것을 융은 권하고 있다. 그러면서 무의식이 일으키는 징후를 명확히 살피고 객관적으로 자신의 비판적 성찰을 행하는 것이 크게 도움이 될 것이라는 것이다. 반면에 자아인격과 의식세계를 너무 강조한 나머지 무의식의 상들을 심리만능주의로 해석함으로써 결과적으로 자기가 자아를 동화해버린 경우에는 의식세계의 힘을 무의식을 위해서 낮출 필요가 있다.

앞의 경우는 온갖 미덕을 적용하는 것이 바람직하고 후자에서의 자아의 오만은 오직 도덕적 패배를 통해서 약화시킬 수 있다. 그래야만 중간 정도의 겸손에 도달할 수 있다. 이것은 도덕의 해이를 말하는 것이 아니고 다른 방향의 도덕적 노력이라고 융은 말하고 있다.[152]

인간이 모든 재앙과 질병을 남김없이 미리 알 수 있고 병들고 사고가 나지 않도록 완전히 예방할 수 있다고 주장한다면 그것은 인간의 오만일 것이다. 질병의 역사는 그것을 증명한다. 오늘날 많은 전염병을 예방할 수 있지만 뜻밖에도 언제나 새로운 병이 발생해서 의학자들의 도전을 유발하고 있다. 심리학의 경우도 마찬가지다. 집단적 무의식의 전염성을 충분히 알고 그것에 동화되지 않도록 미리 조심해도 크고 작은 자아의 팽창이나 마나 인격과의 동일시가 일어날 가능성이 완전히 없어지는 것은 아니다.

더구나 호랑이굴에 들어가야만 호랑이를 잡을 수 있듯이 현실적 안전, 완벽한 도덕군자의 페르조나에 안주하지 않고 위험한 귀령들과의 싸움터에 들어가기를 주저하지 않는 치료자나 피분석자는 때로는 집단적 무의식의 세력에 의해 상처 입고 일시적이나마 그 제물이 된다. '상처 입은 자가 치유한다'는 델피의 신탁은 치료자원형의 한 조건이 되고 있거니와 문제는 상처를 입느냐 안 입느냐가 아니고 상처를 입은 경우에 그 상처를 알고 그것을 치유하기 위해 기울이는 노력이 중요하다. 자기실현의 본질이 거기에 있는 것이다.

자기실현 과정의 상징사적 연구

융의 자기실현의 과정(개성화 과정)에 관한 가설은 앞에서도 여러 차례 말한 대로 경험을 통해서 이루어진 것이다. 수많은 환자와 건강인의 꿈을 중심으로 한 무의식의 분석과정에서 관찰하고 경험한 것을 토대로 세운 것이다. 그래서 그의 저작에는 언제나 꿈의 자료가 제시된다.

동시에 그는 그의 가설과 비슷한 것이 그 이전의 역사 속에서 발견되는지를 살폈다. 그는 '자기'의 발견이 전혀 새로운 유일한 것이라고 주장하고 싶어 한 많은 연구자의 얄팍한 공명심을 경계했다. 그리하여 '자기'의 학설에 선행하는 비슷한 개념과 진지하게 비교함으로써 그 특징을 분명히 하고자 했다.

자기실현에 관한 어떤 체계적인 이론이나 실천방법을 고안해내기 이전부터 인류사회는 자연발생적으로 '어른이 되는 과정'을 촉진해왔다. 원시사회의 성인화 과정(initiation), 특수한 치료자가 겪어야 하는 시련, 고통, 죽음, 재생의 이념과 수련 과정, 그리고 고등종교의 각종 수행 과정이 모두 융의 자기실현의 선행관념이고 선행방법이었다.

자기실현은 융의 모든 저작에서 언급되는 만큼 자기실현과 관계없는 연구가 따로 없다고 해도 지나친 말이 아니다. 왜냐하면 자기실현은 한 인격의 변환과정이며 변환은 무의식의 의식화로 이루어지는데, 무의식에 관한 모든 그의 연구는 직접·간접으로 자기실현과 관계하기 때문이다.

프로이트의 성욕중심설과는 다른 종교적 상징해석을 적용하여 한 환자의 환상세계의 뜻을 풀이한 『변환의 상징』,[153] 한 신학자의 꿈의 확충을 통해서 인간의 전체성을 자연스럽게 표현하는 상징은 3위가 아니고 4위인 듯하다는 사실을 제창한 「심리학과 종교」,[154] 가톨릭 미사와 연금술사 조시모스(Zosimos)의 환상을 비교하여 변환의 상징을 논한 「가톨릭 미사에서의 변환의 상징」,[155] 「삼위일체 도그마의 심리학적 해석시론」,[156] 『무의식의 형상들』[157]에 포함된 '만다라 상징'에 관한 일련의 경험적·이론적 연구인 「현자(賢者)의 나무」,[158] 그리고 물고기 상징 등에 관한 연구[159] 등에서 현대인의 꿈이나 환상에 나오는 상들이 갖는 상징적 의미를 융은 방대한 신화, 종교적 표상의 확충을 통해 탐구했다. 또한 신성한 어린이에 관한 신화학자 케레니와의 공동저작[160]도 빼놓을 수 없다.

한편 동양의 명상에 관한 융의 관심은 매우 진지했고 그 수준이 매우 높았다. 서양사람의 무의식에 나타난 만다라상의 문화적 배경을 이해하는 가운데 융은 중국학자 빌헬름(Richard Wilhelm)이 번역한 중국 도교의 명상서 『태을금화종지』를 접하게 되었고 그 속에서 자기실현과 그 목표에 대한 동양의 사례를 발견한다. 그밖에도 요가의 명상법을 비롯해서 선불교의 화두선에 관한 논평, 티베트 불교의 대해탈에 관한 심리학적 논평 등을 통해서 서양적 사유와 동양적 사유의 차이를 말하면서 서양인이 동양의 지혜를 어떻게 이해할 수 있는지 그 길을 제시했다.[161] 그 가운데서 티베트 사서(死書)로 알려진, 죽은 자의 머리맡에서 독경하던 기도서의 내용은 죽은 자의 새로운 입사 과정과 살아 있는 자의 자기실현 과정에 버금가는 지혜를 나타내고 있다고 보았다.[162]

많은 저서에서 융은 『노자 도덕경』을 인용하여 대극합일의 사상이 궁극적으로 인간이 전체가 되는 중요한 인류의 이념이었음을 지적함으로써 그런 전체적 태도를 잃어버린 서구 현대의 위기를 강조했다. 또한 동양문헌에 관한 깊은 탐구 끝에 '도'(道)와 '진여'(眞如)는 결국 그러한 전체에 이르는 목표임을 분명히 했다.[163]

그러나 무엇보다도 융이 심혈을 기울여 평생을 탐구한 것은 서양의 연금술이었다. 그것은 서양인으로서 서양의 전통 속에 연면히 내려오는 정신적 유산의 발굴이 그에게 가장 중요했기 때문이다. 여기서 그는 자기와 자기실현에 관한 풍부한 상징을 발견했다.

서양 연금술에서 본 자기실현의 상징

연금술은 멀리는 고대 이집트에서 시작하여 고대 그리스, 아랍 세계를 거쳐 중세와 르네상스기까지 유럽 대륙에 전파되어온 독특한 마술적·원시과학적·종교적 비학(秘學)이었다. 중국에서는 양생술(養生術)의 이름으로 혹은 불사약(不死藥)의 제조술로 그와 같은 전통이 내려오고 있다.

사람들은 연금술서가 단지 화학이 발달하기 전의 사이비 과학서라고 생각했고 그 내용이 황당무계하여 관심을 두지 않았는데 융이 이것을 발굴해서 그 상징적 의미를 밝히자 갑자기 많은 연구자의 관심 대상이 되었다.[164)

융은 겉보기에 매우 이해하기 힘든 연금술의 자료들을 살피는 가운데 연금술사들은 한편으로는 실험실에서 실제적인 화학작업을 했으나 다른 한편으로는 부분적으로 의식적인, 그리고 부분적으로 무의식적인 심리학적 과정을 투사하여 그것을 물질의 변환과정에서 보았다는 사실을 발견했다.[165)

연금술사들이 지향하는 최고의 물질, 즉 메르쿠리우스(Mercurius)는 표면상 글자 그대로 수은(水銀, mercury)을 말하지만 내적으로는 물질 속에 숨겨진 또는 붙잡혀 있는 세계 창조의 혼(Geist)이다. 그 숨은 혼이 무엇인지에 대해서는 수많은 이름으로 불리지만 여기에 연금술사 자신의 무의식의 가장 핵심적인 것이 의식, 무의식 간에 투영되고 있다는 것이다. 그것은 아마도 분석심리학에서 말하는 대극합일의 전체정신, 즉 '자기'일 것이다.

연금술 작업(opus)은 이 최고의 것을 그 원료인 '기본물질'(prima materia), 혹은 알 수 없는 '혼란스러운 덩어리'(massa confusa)에 갇혀 있고 숨어 있는 혼을 여러 가지 방법으로 제련하여 추출해내는 과정이다. 그런데 표면상 물질의 변화과정으로 설명되는 작업은 상징적으로 무의식의 어둠 속에 숨어 있는 자기를 의식으로 드러내는 자기실현 과정을 그대로 표현하고 있었던 것이다. 실제로 연금술사들은 그 최고의 물질이 가진 성질을 물리적 측면뿐 아니라 철학적·심리적 관점에서도 설명했고 연금술사 자신의 정신이 물질변화에 미치는 영향력을 말하기도 했다.

알 수 없는 물질의 혼합물에서 어떤 귀중한 것을 추출하려던 연금술사의 '탐구방법'은 한마디로 '확충의 방법'이었다고 융은 말한다. 숨어 있는 의미를 알기 위해 하나의 상을 중심으로 생각할 수 있는 한도 내에서 인간의 연상을 수집하는 것이다. 이 방법은 융이 꿈의 상징을 이해하기 위해 사용한 방법이기도 했다. 그래서 연금술서에는 물질뿐 아니라 각종 상징적 표현이 언급되었는데, 최고 물질인 메르쿠리우스에 대해서도 마찬가지였다.

메르쿠리우스는 '현자의 돌'(Lapis Philosophorum)이며, 그 가장 오래된 형상은 용, 특히 자기의 꼬리를 무는 우로보로스로 표시되었다. 그것은 날개 달린 헤르메스 신으로 영혼의 인도자이고, 양성자(兩性者, Hermaphroditus), 남매의 짝, 금속이면서 액체, 물질이면서 정신, 차면서도 뜨겁고, 독이면서도 동시에 치유의 약수라고 불렸다. 이 모두는 융의 말대로 바로 대극을 융합하는 상징들인 것이다.[166]

융에 따르면 날개 달린 용은 대지적인 뱀과 공중에서 나는 새가 결합한 것이다. 자기의 꼬리를 무는 용은 앞에서 이미 설명했듯이 연금술의 작업적 특성인 '하나인 것에서 나와 하나로 돌아가는' 순환의 원리를 표현한다. 메르쿠리우스는 연금술 작업의 마지막일 뿐 아니라 그 시작이기도 하다. 시작과 마지막은 둘이 아니고 하나다. 그러므로 그것은 연금술의 기본물질과 같다. 또한 그 기본물질에서 시작되는 작업의 첫 번째 단계인 '검게 됨'(nigredo, Schwärzung)의 과정이라고도 한다.

심리학적으로 우리가 '자기'가 무엇이냐 할 때 그것은 시작이자 마지막이라 한다면 이해가 될 것인가? 처음에 사람들은 좀 놀라겠지만 '시작이 반이다'라는 속담의 뜻을 아는 사람은 "아니, 시작이 전부다"라는 말을 이해할 수 있게 될 것이다.

융이 어린이상을 상징적으로 자기의 상징이라고 본 것은 그것이 아직 분열되지 않은 전체를 포괄하는 하나의 상이기 때문이다. 기본물질은 카오스(chaos, 혼돈)라고도 부르는데 혼돈은 '자기'의 다른 얼굴이기도 하다. 다만 자기는 아직 의식되지 못했다. 그래서 의식화 작업이 필요하다. 이것이 연금술의 작업이고 그 첫 번째 단계가 '니그레도'(검게 됨)인 것이다.

자기가 정적(靜的)인 형상이 아니라 역동적인 변환의 과정 그 자체라면 작업의 모든 과정에 자기가 있는 것이다. 그러니 메르쿠리우스가 기본물질이고 니그레도이기도 하다는 말은 모순이 아니다. 그리하여 자기의 꼬리를 무는 용은 자신을 삼켜 용으로서 죽고 라피스(Lapis, 현자의 돌)로서 부활하며, 남매의 짝은 서로 떨어졌다가 융합(coniunctio)으로 다시 하나가 되어 결국 '새로운 빛'(lumen novum)의 빛나는 모습, 라피스로 다시 나타난다는 것이다.[167]

기본물질은 또한 도르네우스(Dorneus G.)가 말하는 아담과 소우주인 인간, 밀리우스(Mylius)가 말하는 원초적 요소(elementum primordiale)인데 『장미원』(*Rosarium*)이라는 연금술서에 '그 자체의 뿌리'라 하여 어디에도 종속되지 않는 자율성을 나타내고 있는 것은 흥미로운 일이다. 또한 파라켈수스(Paracelsus)는 이것을 '모든 피조물의 어머니'로서 '만들어지지 않은 것의 신비'라 했는데 그 자율성과 영원성은 신격(神格)과 같은 것으로 여겨지고 있다고 융은 지적한다.

그런데도 기본물질이 어디에나 존재하는 질료이며 심지어 그것이 더러운 오물일 수도 있다는 생각은 어디에나 있는 신, 외관에 상관없이 언제나 가까이에 있는 자기원형의 작용을 생각하면 연금술사의 그러한 표현 속에 무의식의 자율적 내용이 반영되어 있다는 융의 의견을 충분히 이해할 수 있다.[168] 그러나 기본물질은 상징적으로는 최후의 물질과 같다고 해도 구체적으로는 신의 은혜와 기술로 두 번째로 나타나게 될 돌(Lapis)의 시초의 상태다. 그러므로 니그레도의 과정을 거쳐야 하는 것이다.[169]

연금술의 변환과정은 대개 니그레도(검게 됨〔Schwärzung〕), 알베도(albedo, 희게 됨〔Weißung〕), 루베도(rubedo, 붉게 됨〔Rötung〕)의 세 과정에 치트리니타스(citrinitas, 노랗게 됨〔Gelbung〕)가 추가되어 네 단계로 알려졌으나 15, 16세기에 치트리니타스는 탈락되었다고 한다.

니그레도는 처음부터 시작의 물질, 카오스 또는 혼란스러운 뭉치의 성질로 존재하거나 여러 요소가 용해, 분리, 분할, 부패하여 생기는데 이 경우에는 남성적인 것과 여성적인 것의 대극의 융합이 생기고 융합된 것의 죽음이 생겨 검게 됨의 상태가 된다. 남성적인 것과 여성적인 것은 흔히 해와 달, 왕과 왕비의 상으로 표현된다. 니그레도의 상태에서 세척(ablutio, baptisma)의 작업을 통하여 알베도로 직행하거나 죽음에서 빠져나온 혼(아니마)이 죽은 신체와 다시 융합하여 생기를 불어넣거나, 모든 색깔을 그것이 포함된 흰색으로 이행시킴으로써 알베도가 이루어진다.

그것은 은색 또는 달의 상태라고 하는데 해가 뜨기 전의 새벽에 해당되지만 니그레도에서 알베도에 이르는 과정은 매우 어렵기 때문에 여기까지만 되어도 거의 목표에 온 것처럼 여긴다고 한다. 여기서 노랗게 됨을 거치거나 직접 루베도의 단계로 가는데 이때는 불을 높은 온도로 올림으로써 이루어진다. 이 단계에서 왕비를 대변하는 흰 것과 왕을 대변하는 붉은 것의 화학적 결혼이 이루어질 수 있다. 아니마와 융합하는 과정이다.[170]

폰 프란츠는 니그레도에서 알베도에 이르는 과정을 분석과정에서 외계로 투사된 피분석자 마음의 끊임없는 성찰에 비유하고 있다. 니그레도는 엄청난 우울상태인 동시에 해리상태로서 사랑의 문제든 공격성의 문제든 투사된 상태에서 겪는 고통스러운 상태인데 투사된 것을 되돌려와서 자신 속에서 보도록 하는 끊임없는 노력이다. 연금술에서는 그것이 기본물질을 씻고 증류하고 정화하여 무거운 물질을 버려나가는 과정으로 표현된다. 이런 과정은 우선 밀폐된 연금술의 용기(vas hermeticum) 안에서 이루어진다. 그것은 물질에 갇혀 있는 메르크리우스의 상황과 같다.

안에 있는 귀중한 것이 증기가 되어 도망가지 않도록 그릇을 밀폐하고 불을 가해서 지지고 끓이는 것은 한편으로는 관심의 대상을 밖으로 향하지 않게 하고 안으로 돌리는 철저한 내향화의 태도를 표현하며 다른 한편으로는 무의식의 온갖 갈등을 자신 속에서 해결하기 위해 고통을 감수함을 말한다. 투사가 중단되면 처음에는 답답한 질식상태가 되어 납으로 만든 관 속에 밀폐되어 죽은 고대 이집트 신화의 오시리스와 같은 상태가 된다.[171]

그러나 투사하는 마음이 완전히 정화되면, 즉 투사대상에서 완전히 떼어내서 자신에게 되돌려오는 데 성공하면 감정적 갈등이 완화되어 마음이 평화로워진다. 폰 프란츠는 그런 점에서 알베도의 상태는 조용해지는 첫 번째 단계로서 객체적 현실에서 철학적으로 거리를 둘 수 있는 고요한 상태가 되어 이제 사람은 합성작업을 할 수 있는 단계에 도달한다고 보았다. 세척은 마치 분석작업과 같고 의식의 태도가 충분히 분석되면 이제부터는 불을 지피면 된다. 그러나 연금술의 니그레도에서는 그러한 세척이 여러 차례 반복되어야 한다고 주장한다. 분석과정에서도 이 단계는 한 번에 끝나는 것이 아니다.[172] 언제고 우리는 시초의 투사상태, 그림자의 투사, 아니마·아니무스의 투사 때문에 공연한 기대와 실망과 배신감을 겪는다. 이는 자기실현 과정에서 자주 경험하는 일이다.

연금술사들은 연금술 작업 중 취해야 할 술사의 마음자세를 무엇보다 중요시했다. 『장미원』의 저자는 연금술의 기술과 지혜를 도입하고자 하는 사람은 결코 거만해서는 안 되고, 성실하고 진지하며 깊은 이해력을 가지고 있어야 하고 또한 친절하며 명랑하고 쾌활한 표정을 지녀야 한다고 한다.[173]

연금술사들은 또한 메디타치오(meditatio), 이마기나치오(imaginatio)라는 말을 자주 사용했는데 메디타치오(명상)는 '내적인 대화'로서 신을 부르거나 자기 자신, 혹은 좋은 천사와 대화를 나누는 것이다. 이런 내적인 대화는 무의식과 대면하는 심리학적 기법과 같은 것이다. 우리 안에 있는 타자(他者)와의 창조적 대화에서 무의식에 잠재하는 내용이 의식면으로 떠올라 인식되는 것이다.[174]

이마기나치오(상상)는 연금술 작업의 비밀의 문을 열 수 있는 열쇠인데 중요한 것은 신을 대표하는 아니마를 창조적으로, 경험세계에는 없는 것으로 상상하는 '보다 위대한 것'을 현실화하고 형상화하는 것이라고 융은 이해했다. 이것을 현대적으로 설명하여 경험세계에 주어져 있지 않은 무의식의 내용, 즉 선험적인 원형적 성질을 실현하는 것이라고 그는 말한다. "그 실현을 매개하는 것, 또는 실현되는 곳은 물질도 정신도 아닌 미묘한 현실의 중간지대이며 그 현실은 오직 상징에 의해서만 충분히 표현될 수 있는 것"이라고 그는 말한다.[175]

> 상징은 추상적인 것도 구체적인 것도 아니고 합리적인 것도 비합리적인 것도 아니며 실재하는 것도 실재하지 않는 것도 아니다. 언제나 그것은 둘 모두이다. 그것은 '심상치 않다'(non vulgi).[176]

연금술 작업은 수많은 상징을 자연스럽게 산출해냈다. 그것은 모르는 것을 찾거나 모르는 것을 다룰 때, 다시 말해 의식이 한계에 도달했을 때 일어나는 무의식의 활성화로, 이럴 때 원형층이 무의식에 강하게 배열되는 것과 무관하지 않다. 연금술사들은 이러한 원형층의 투사뿐 아니라 자신이 직접 체험한 것을 종교적 전통의 검증을 거치지 않은 채 자연스러운 형태로 남겨놓았다. 그래서 그것은 신화, 민담과 함께 매우 중요한 상징의 보고(寶庫)가 되었다.

융이 연금술을 전혀 모르는 한 자연과학자의 일련의 꿈에서 연금술의 상징을 풍부하게 발견하게 된 것[177]은 우연한 일이 아니었고 융의 연금술에 관한 관심은 실제적인 필요에서 나온 것이었다. 폰 프란츠가 스위스 취리히의 융연구소에서 연금술 강의를 하면서 소개한 에피소드가 있다.[178] 융이 그녀에게 들려준 바에 따르면 그는 환자들이 꾸는 꿈의 주제 중 어떤 것을 이해할 수 없었는데 연금술서를 보니까 거기에서 연관성을 찾을 수 있었다고 한다.

예컨대 어떤 부인환자가 꾼 꿈에서 독수리가 처음에는 하늘로 올라가더니 갑자기 고개를 돌려 자신의 날개를 뜯어 그것을 지상으로 떨구는 것이었다. 물론 그 꿈은 높이 날아오르는 심혼 혹은 사고하는 새였고, 꿈은 정신상황의 반전(enantiodromia)을 뜻하는 것임을 그는 알고 있었다. 그러나 이러한 원형적인 꿈은 보편적인 것이므로 그 유래를 역사 속에서 찾을 수 있어야 했다. 그러다가 융이 연금술사 리플리의 두루마리를 발견했는데 거기에는 연금술 과정을 설명한 일련의 그림이 그려져 있었다. 왕의 얼굴을 한 독수리가 고개를 돌려서 자기 날개를 뜯는 그림이 있었던 것이다.

이것이 그가 연금술서를 깊이 공부하게 된 동기였다. 그리하여 그는 그가 발견한 무의식의 자기실현의 상징을 연금술사들의 물질변화 과정 속에서 똑같이 발견하게 된 것이다.

제 2 부

한국인 피분석자의 꿈에 나타난 자기와 자기실현의 상징

지금까지 우리는 자기와 자기실현에 관한 융의 개념과 연구를 주로 융의 사례를 중심으로 개관했다. 이 장에서는 그것이 한국인의 무의식에서 어떻게 나타나고 있는지를 살펴보고자 한다.

엄밀히 말해서 순수하게 자연발생적으로 꿈에 나타나는 원형적 상징을 살펴보려면 융이 시도한 것처럼 신화와 종교적 표상에 관한 지식이 전혀 없는 사람들의 꿈을 대상으로 해야 할 것이며 꿈꾼 사람의 의식과 무의식에 분석심리학의 상징해석으로 영향을 가하지 않은 자료를 가지고 보아야 할 것이다. 그 대상은 대개 어린이의 꿈, 일반 사람들의 꿈, 역사적 문헌에 나타난 꿈이 될 것이다. 그러한 꿈에 대한 분석심리학적 연구가 있기는 하지만 여기서 논의하려면 좀더 많은 자료를 보충해야 할 듯하여 뒷날로 미루고 여기서는 융학파의 분석을 받는 사례로 대상을 국한했다.[1]

그러므로 여기에 제시된 꿈은 자기인식의 목적으로 실시하는 분석과정에서 나타난 자기실현의 상징들이라는 특징을 가지고 있다. 그것이 분석을 받지 않는 사람들의 꿈에 나타난 자기실현의 상징과 근본적으로 다르다고 생각되지는 않는다. 다만 자기실현 과정은 분석을 통해서 더욱 촉진되고 무의식의 원형상을 활발히 나타나게 하기 때문에 일반인의 경우보다 자기실현의 상징이 더욱 신속하고 풍부하게 나타날 가능성이 있다는 것이 다를 뿐이다.

물론 그렇다 하더라도 꿈에 나타난 상의 상징적 의미를 파악하려면 꿈을 꾼 사람의 꿈의 상에 대한 개인적인 연상, 꿈꾸기 전날 또는 그 무렵의 경험, 의식상황, 그들의 교육배경, 꿈의 상에 대한 감정반응 등을 세심하게 살펴보면서 접근해야 한다. 여기 제시된 꿈은 모두 그런 과정을 거치고 꿈꾼 사람이 현실적 사건이나 알고 있는 지식으로는 전혀 생각지 못한 의미를 지닌 것들이다.

길, 좁은 통로

자기실현은 '길'이다. 무엇을 찾아가는 길 ── 원시종족의 성인과정에서 볼 수 있는 숨은 보물찾기, 잃어버린 넋을 찾아나서기와 같은 주제[2]는 곧 전체정신인 '자기'를 찾는 길과 같은 뜻을 가지고 있다. 지극히 평범한 꿈의 내용 속에 사실은 그런 깊은 뜻이 숨어 있다.

30대의 한 여성이 자신의 경험을 넓히기 위해 새로운 모험을 계획하고 있던 중 다음과 같은 꿈을 꾼다.

어스름한 장소, 사람 하나 겨우 다닐 수 있는 길이 나 있었다. 그 주변은 낮은 풀이 자라고 그 풀 옆에는 나무들이 우거져 있었다. 나는 편안한 옷차림으로 그 길을 차분하게 걸어가고 있었다.

피분석자는 그 길이 '혼자 가는 길'이라 했다. 피분석자는 새로운 시도에 약간 긴장하고 있었다. 여기에 대해서 무의식은 말해주고 있다. '편안한 옷차림'으로, 그러나 혼자 가야 한다고. 옷차림은 대사회적인 태도, 즉 페르조나를 말한다. 너무 격식을 차린 완벽하고 경직된 태도가 아닌 편안한 대사회적 태도로 그 길을 가야 한다고 말하고 있는 셈이다. 많은 사람과 함께 가는 것이 아니라 혼자서만 가는 길 ── 집단적 생활방식을 좇지 않고 자기 개인의 길을 가는 개성화 또는 자기실현의 상징적 표현이라고 할 수 있다.

다음으로, 역시 분석 당시 30대였던 전문직 여성으로 미래의 진로에 대해서 많이 생각하던 분석 초기의 꿈에 길을 떠나는 주제가 발견되었다.

눈이 쌓인 거리를 걷고 있었다. 길 안쪽이 높은 담벽으로 막혀 있는 거리였다. 모르는 몇 사람이 나와 함께 걷고 있었다. 한참 걷다가 길가에 있는 집으로 들어갔다. 무척 높은 곳에 세워진, 시멘트로 된 새 집이었다. 안으로 들어가보니 어두컴컴했다. 벽에는 아무 장식도 없었는데 단지 구석에 낡고 깨진 거울이 걸려 있었다. 나는 집 안의 여기저기를 둘러보고 답답하다고 느끼며 잠에서 깨어났다. (다시 잠들다) 장면이 바뀌어 길에서 잘 아는 동창을 만났다. 이 친구가 내가 가려고 하는 곳의 지름길을 알려주었다. 길을 가는 도중 통과해야 할 곳이 있었는데 꼭 개구멍처럼 좁은 틈으로 된 담벽이 있었다. 그 틈을 빠져나가려고 몹시 애를 쓰고 있는데 친구가 요령을 가르쳐주어 쉽게 통과했다. 친구와 함께 즐겁게 이야기하며 계속 걸어갔다.

연상: 동창—무척 부드럽고 욕심 없고 진실되다.

거리는 눈에 덮이고 춥다. 시멘트로 된 새 집은 삭막하고 답답하다. 감정이 얼어붙은 답답한 인공적인 분위기에서 빠져나가는 길은 좁다. 그러나 좁은 길을 통과해야 그 탈출이 용이하다. 전형적인 샤머니즘의 통과의례의 주제가 여기에 있고 그 통과를 돕는 성인식(成人式)의 보조자는 그녀의 동창이다. 꿈을 꾼 사람이 좀더 자연스럽게 자신이 되는 과정에서 도움이 되는 것은 무의식에 있는 부드럽고 욕심 없으며 진실된 태도임을 알 수 있다. 그 뒤에 그녀는 길과 관련된 다음 꿈을 가져왔다.

나는 어디론가 길을 떠나고 있었다. 동행이 있었는데(남자 하나, 여자 하나), 나와 평소 잘 알고 지내던 사람이었던 것 같다. 낯선 건물에 이르러 그들과 길이 나뉘었다. 혼자서 이곳저곳을 헤매다가 처음 들어갔던 입구와 다른 통로를 통하여 밖으로 나왔는데 그들 둘은 보이지 않았다. 나는 그다음에 가기로 작정했던 곳으로 그냥 가려다가 날이 어두워지는 것 같아 왠지 꺼려졌다. 그리고 그곳으로 가는 도중에 무척 통과하기 힘든 곳이 있다는 것을 생각하고 포기하기로 했다 ——장면이 바뀌어, 가려다가 포기한 곳을 내가 다시 가고 있었다. 이상하게도 그곳은 사막같이 텅빈 황량한 곳이었으며, 멀리 반대쪽(왼쪽)으로 보니 몇 사람이 따로따로 걸어오고 있었는데, 그곳은 다른 곳보다 밝게 빛나고 있었다.

연상: 특별한 것이 없다.

꿈의 자아(dream-ego, 꿈속에서 꿈꾼 사람)가 처음 길을 떠날 때는 아는 남자, 여자와 함께 간다. 남녀의 짝은 하나 됨의 상징, 대극 간의 조화의 상징이고 그런 점에서 마음의 통일 가능성이라 할 수 있다. 그러나 꿈의 자아는 그러한 측면의 도움 없이 혼자 건물 안으로 들어가야 한다. 건물은 공공건물이며 특별한 연상이 없다. 개인적인 영역이라기보다 어떤 현대적 집단사회의 체제, 기구를 상징한다고 볼 수 있다. 무의식은 자기의 길을 가려면 먼저 사회적 기구에 적응하는 법을 배우고 이를 거쳐 지나가야 함을 시사한다. 그것은 융의 용어로는 페르조나, 외적 적응을 거쳐 지나감을 말한다.

그 뒤에 그녀는 자기가 혼자임을 인식하고 혼자 가는 길의 위험성을 직감해 그런 노력을 일단 포기하지만, 곧 그 길을 계속 가게 된다. 위험성이란 날이 어두워지는 것, 즉 자아의식이 무의식의 어둠에 휩싸여 방향을 잃는 것이다. 무척 통과하기 힘든 곳이 있다는 것도 포기하게 된 이유 중 하나인데, 이것은 바로 신화와 원시심성에서 흔히 보듯 통과의례의 어려움을 단적으로 표현하고 있다.

유아기에서 성년으로의 이행은 시련을 거쳐야만 하는 어려운 과정이다. 이승과 저승을 잇는 통로가 좁다는 이야기도 이와 같은 뜻을 지니고 있다. 샤머니즘 연구에서 엘리아데는 이것을 단절된 이승과 저승을 잇는 통로를 새로이 마련하는, 성인의식의 의미를 내포하는 관념이라고 보았다.[3] 그밖에도 그 같은 실례는 민속자료 가운데 많이 발견된다.

꿈의 자아는 사막같이 텅빈 광야에 서 있는 자기를 발견한다. '사막처럼 텅빈 황량한 곳'은 절망과 죽음과 공허를 나타내지만 이런 황량한 곳은 또한 재생과 창조의 장이기도 하다. 종교세계에서 황야에서의 기도는 세속에서 벗어나 절대자, 심리학적 용어로 '자기'와 직접 만나는 곳이다. 다시 말해 개성화의 중요한 단계인 페르조나와의 결속을 버리는 곳이다. 모든 집단과 연계되는 욕심을 버리고 새로운 나로 탄생되는 곳이다. 사막은 죽음과 부활의 장이다. 나바호족의 소녀는 성인식이 끝날 무렵, 황야로 나와 기도한다.[4] 무의식이 꿈을 꾼 사람에게 황야로 가서 완전한 고독 속에서 자기자신을 찾으라고 권하는 것일까?

꿈의 끝은 이 점에서 약간의 양가성을 보이고 있다. 꿈의 자아는 반대편(왼쪽)에서 밝게 빛나고 있고 몇 사람이 따로따로 걸어오고 있음을 본다. 무의식은 마치 그곳이 우선 피분석자가 갈 곳이라고 보여주는 것 같기도 하다. 왼쪽이라는 방향은 우리에게 알려져 있지 않은 것으로서 대개 무의식적 방향을 암시한다. "사람들이 따로따로 걸어온다"는 말도 개성적인 길을 가는 개성화의 뜻을 상당히 풍기고 있다.

개성화는 단숨에 이루어지는 것이 아니고 커다란 건물 속에서의 방황, 즉 현대인이 부딪친 페르조나 문제와의 대면을 우선 거치지 않으면 안 된다. 그리고 집단과의 분리에서 오는 고독의 고통을 겪어야 하는데 꿈은 우선 절대적 고독보다는 다른 인간과 더불어 살면서, 즉 다소의 동일시나 투사를 허용하면서 개별적인 길을 가도록 요구하는 듯하다. 이 꿈은 마치 그 뒤에 일어날 피분석자의 개성화 과정을 미리 제시해주는 것 같다.

길을 가는 방법은 하나가 아니다. 무의식은 어떤 때는 그 일부의 과정을, 다음에는 새로운 어려움을 제시한다. 자기실현 과정은 하나의 모색이다. 자기실현이 곧은 길이 아니고 구불구불한 길이라고 하는 말은 이 때문이다. 「연금술의 종교심리학적 문제 서론」에서 융은 말하고 있다.

전체성을 향한 올바른 길은 ─ 유감스럽게도 ─ 운명적인 우회로와 오류로 이루어지고 있다. 그것은 하나의 가장 긴 길(longissima via)로서 곧은 길이 아니라 대극을 이어주는 구불구불한 길이다. 그것은 미로처럼 너무 혼란스럽게 얽혀 있어 경악할 수밖에 없는 오솔길로서 길을 안내해주는 카두케우스(Caduceus, 사자[使者]의 깃대, 메르쿠리우스 신의 지팡이)가 생각날 정도다. 흔히 '다가가기 힘든 것'으로 이야기되곤 하는 체험이 그 길을 통해서야 이루어지는 것이다.[5]

계단, 오르고 내림, 위와 아래의 세계

『심리학과 연금술』에서 융은 계단이 나오는 꿈의 논평을 설명하면서 그 꿈에서 계단은 상승과 하강을 암시하며 그런 과정은 성인의식에서 볼 수 있다고 지적했다. 그는 또한 아풀레이우스(Apuleius)의

글에 나오는 일곱 단계로 된 성좌의 계단과 이를 관계지으면서 그리스 고전시대 이후의 종합주의에서 성인의식은 연금술의 영향을 강하게 받아 상승, 즉 승화 문제를 꾸준히 생각해왔다고 지적한다. 상승은 사다리로 묘사되어 이집트에서는 작은 사다리를 죽은 사람의 부장품에 포함시켰고, 일곱 성좌를 통한 상승의 관념은 영혼이 그 근원인 태양으로 되돌아감을 의미한다고 했다.[6)]

하늘로 향한 계단은 야곱의 꿈에도 나타났으며 마호메트는 사다리를 보고 이를 타고 올라가 신에게 갈 수 있었다. 계단, 혹은 사다리는 범세계적으로 퍼져 있는 종교적 상징으로서 서로 다른 종적 수준 사이의 교통, 단계지음과 상승의 관념을 지니고 있다.[7)]

신화적 사다리는 세계의 중심을 재확인하는 범세계적 상징임을 엘리아데는 지적하고 있다.[8)] 게르만족의 속신에 따르면 아이가 태어나면 계단을 먼저 올라갔다가 내려와야 뒤에 잘 자라고 성공할 수 있다고 믿었다. 또한 상승과 하강은 인생의 주기에 비유되기도 하고 상승은 행운, 하강은 불행이라는 속신, 혹은 사다리 아래로는 다니지 않는 풍습이 동남아 민족에게 퍼져 있었다.[9)]

한국의 문화전통에서도 계단은 속계(俗界)에서 성역으로 향하는 단계로 표현되고 있다. 그 대표적인 경우가 불국사의 돌계단이다. 그것은 위와 아래의 세계를 이어주는 청운교(靑雲橋)와 백운교(白雲橋)의 총 33계단이다. 이 계단은 아래의 중생의 세계에서 위의 자하문(紫霞門)을 통해 대웅전이 있는 다보여래(多寶如來)의 불국토(佛國土)에 이르는 수행의 길이다. 33계단은 33천(天)을 묘사한다. 또한 칠보(七寶), 연화(蓮華)의 쌍다리는 극락전으로 향하는데, 아미타여래의 불국세계로 통하는 안양문에 연결된다.[10)] 조선조의 왕이 집정했던 근정전에 이르는 돌층계나 일반 사찰의 대웅전으로 올라가는 돌층계 역시 그러한 상징적 의미가 있을 것이고 그 층계수도 상징적인 뜻을 가지고 있으리라 짐작된다.

그런데 40대 초반인 어느 부인의 다음 꿈에 나타난 계단은 좀 특이하다.

좁은 계단을 올라간다. 계단도 벽도 하늘색 타일이다. 아주 차고 서늘하다. 밝은 데서 올라갔는데 한 층 오를 때마다 어두워진다. 올라갈수록 점점 더 어두워지더니 개는 아니고 개 비슷하게 생긴 이상한 짐승이 한 마리 나온다. 노란색 털에 갈색, 붉은색도 섞이고 머리에는 하얀 동그라미 무늬가 있다. 또 한 층을 오르니까 이 짐승이 두 마리가 된다. 또 한 층을 오르니까 더 어두운 가운데 대여섯 마리가 내 옷자락을 물고 내 곁에 와서 비벼댄다. 징그러워서 어쩔 줄을 모르는데 갑자기 남편이 나타났다. "이제부터 내 성격이 바뀌었어." 그러더니 미라 같은 얼굴을 하고 나를 안아올리더니 벽 쪽으로 걸어간다. 창밖으로 던지려는가? 나는 공포에 떨었다.

연상 :
남편의 성격이 바뀐다 ─ 공격적이 되었다는 뜻이다. 미라 같다.
동물 ─ 잘 모르겠고 귀신처럼 괴기를 뿜어 스산하다고 느낀다.

피분석자가 꾼 꿈을 보면, 차고 서늘한 하늘색 계단을 올라가는데, 점점 어두워지고 이상한 동물의 수도 늘어나고 마지막에는 미라 같은 모습의 '남편'을 만나 섬뜩한 느낌을 받게 되는 등 서양 중세 연금술의 태양화(solificatio)나 승화(sublimatio), 그밖의 많은 유례에서 보듯 '높은 곳', '하늘' 같은 긍정적 의미를 찾기 어렵다. 그러한 동물이나 전체적인 분위기는 오히려 계단을 내려올 때 나올 것 같은데 그렇지 않은 것은 흥미있는 일이다. 상과 하의 상징세계가 이 꿈에서는 역(逆)의 관계를 이루고 있는 것이 아닌가. 이것은 융학파의 회화 분석 기준 가운데 하나로 생각하는 필적학(graphologie)의 해석, 즉 위-심혼, 정신적인 것, 아래-충동의 공식에 맞지 않는다. 피분석자의 다음 꿈은 이런 일반적 상징에 대한 역의 관계를 더욱 분명히 보여주고 있다. 다음 꿈은 먼저 꿈을 꾼 다음 날 꾼 것이다.

밑으로 내려가는 길을 어떤 남자(①)가 가로막고 서 있다. 나는 내려가려고 몇 번 시도하다가 못 가고 있다가 사람들이 내려갈 때 같이 따라 내려갔다. 철난간(②)을 잡고 계단을 한참 내려갔다. 넓은 공장 같은 곳이 나온다. 바닥에는 종이 부스러기도 있고 쓰레기 처리용 손수레가 빈 차로 몇 대 서 있다. 한쪽에서 남자들이 무언가 하고 있다. 가까이 가보니까 연탄재를 가지고 탄을 찍어내고 있다(③). 또 한쪽에서는 봉제공장(④)처럼 직공 같은 여자(⑤)들이 재봉틀로 박음질을 하고 있다. 한쪽 팔로 열심히 재봉질을 하고 있다.

연상 :

① 남자—모르는 사람. ② 철난간—지하실로 내려가는 듯. ③ 재를 가지고 하니 쓸데없는 일이 아닌가. 전날 시어머니가 오셨는데 쓸데없는 일을 한다고 생각했다. ④ 봉제공장—가본 일 없다. ⑤ 가없은 아이들, 측은했다. 요즈음 자식들 일로 정신적으로 혹사당하고 있다는 느낌을 가졌다.

이 두 가지 꿈은 흥미롭게도 같은 주제를 이어가고 있다. 지하계는 대개 무의식의 심층으로서 보다 고태적이며 보다 오랜 역사시대의 원시적 내용이 잠재해 있는 것으로 알려져 있다. 융은 이것을 그 자신의 꿈에서 해석하고 있다.[11] 그곳에는 동물들, 알 수 없는 괴물들이 살고 있을 것이므로 꿈의 지하계도 그러한 상징들이 나타나리라 기대할 수 있겠는데 이 꿈은 오히려 공장을 보여주고 있다.

공장은 현대적인 산물이며 고태성과는 거리가 멀다. 피분석자는 이 꿈에 대하여 부정적인 연상을 하고 있으나 여러 가지 점에서 그것은 연상이라기보다 자가류의 해석이 더 많이 가미되고 있었다. 왜냐하면 꿈속에서는 사람들이 모두 열심히 일하고 있기 때문이다. 그러나 피분석자가 혹사당하고 있다고 느낀 점은 참고로 할 만하다. 어쨌든 꿈을 꾼 사람은 자기의 무의식 속에서 불구이면서도 열심히 옷을 만드는 여인과 현실에서는 소용없다고 생각되는 일을 착실히 해나가고 있는 남자들을 만난다. 그 작업의 가치를 반드시 부정적으로 볼 것은 아닌 듯하다.

그런데 첫 번째 꿈과 두 번째 꿈을 비교해보면 첫 번째 꿈에서는 높은 곳으로 올라가면서 개 비슷한 동물을 만나고 이들이 징그럽게 비벼대고 하는데 그러한 접촉을 통해서 남편이 갑자기 기운을 되찾아 성격이 달라지고 꿈의 자아를 들어올릴 정도로 적극적인 힘을 발휘한다.

분석심리학의 용어를 적용한다면 정신세계로의 상승은 피분석자의 아니무스(남편)가 극적인 변화를 일으키고 있는데 그 계기가 바로 본능과의 접촉과 관계 있는 것 같아 보인다. 개는 저승사자이기도 하지만 미래를 예측할 수 있는 영물, 귀신을 쫓는 동물, 뱀과 함께 의신(醫神) 아스클레피오스(Asklepios)를 수행하는 동물이기도 하다. 중국 신화나 북미 인디언족의 옛이야기에는 동물남편의 주제로서 등장한다.[12] 그러나 공격적인 힘으로 바뀐 무의식의 아니무스는 자아의식을 지배할 만큼 강해졌으므로 의식이 이에 휩쓸릴 위험이 있다.

이에 비해서 두 번째 꿈은 하강 뒤에 펼쳐지는 풍경이 매우 인상적이다. 노동과 생산의 세계가 거기에 있다. 전자가 본능적 충동과의 개인적인 관계라면 후자는 사회생활의 집단행동이며 남녀 두 무리가 있는 것으로 미루어 그것이 전체의 상을 암시하고 있음을 짐작할 수 있다. 전자가 결과적으로 위험할 정도의 마력의 소유와 변화가능성, 충동에 휩쓸릴 가능성을 보여준다면 후자는 합리적·사회적 규범활동을 위해 희생적으로 헌신하는 삶의 모습을 보여주고 있다.

이 두 가지 꿈이 보여주는 위와 아래의 세계는 피분석자의 마음속에 자리하는 대극의 표현이다. 위의 세계에서는 너무 높이 올라갈 때 점점 증가하는 원형적 에너지에 오염될 위험성을 줄일 필요가 있고 아래의 세계에서는 작업조건을 개선하고 좀더 여유와 활력을 주는 노력이 필요하다. 위의 세계는 현실에서 너무 낮춰 보아왔기 때문에 높아진 것이며 아래의 세계는 평소 너무 높여왔기 때문에 무의식에서는 낮은 데 있는 것으로 보상된 것이라고 설명할 수도 있을 것이다. 어쨌든 이 두 개의 합일이 바로 자기실현이고 보면 그다음에 가져온 꿈의 상승과 하강의 주제는 매우 의미가 깊다.

많은 사람이 돌계단을 올라가고 있다. 나도 휴지를 집어서 휴지통에 넣으면서 올라간다. 마침내 사람들은 다 없어지고 나 혼자 올라가는데 돌계단이 부서지고 시원치 않아서 꼭 미끄러질 것 같다. 점점 뒤로 자빠질 것처럼 위험하더니 몸이 붕 떠서 맨 꼭대기 바위 위에 앉았다. 정신을 차리고 보니 눈 앞에는 아주 풍요롭고 평화스러워 보이는 동네가 있다. 크나큰 붉은 벽돌집이 몇 채 있고 전등불이 별처럼 반짝이는데 어떤 남자의 노랫소리가 들린다. 아, 내가 살 곳은 저기인데.

연상 :

붉은 벽돌집─큰 저택. 외국영화에 나오는, 노랫소리가 하도 귀에 쟁쟁하여 테이프에 있는 가사를 적어보았다(그것은 고향을 그리는 노래다).

돌계단을 통한 상승은 이 꿈에 따르면 처음에는 여러 사람과 함께 이루어지지만 뒤에는 혼자 남게 되고 올라가는 길이 험하고 점점 힘들어진다. 이것은 그 길이 집단을 떠난 자기만의 길임을 암시하고 있다. 꼭대기에서 바라보는 평화롭고 풍요로운 마을풍경은 하나의 마음의 고향, 즉 '자기'와 일치된 마음 상태, 혹은 그런 상태를 성취하기 위한 꿈이며 하나의 미래상이다.

피분석자의 꿈에서 가끔 이상향을 발견하는 경우가 있는데 그것은 바로 이들 마음의 가장 높고 가장 행복한 경지로, '남태평양의 섬', '알프스의 영봉', '호수' 등의 정경으로 묘사되고 있다. 이것들은 아직은 도달하지 못한 미래의 가능성으로 투영된 낙원상이다.

높은 인격, 산, 시냇물과 동물들

분석 당시 28세 된 남성의 꿈 :

꿈 ①

어느 높은 산중턱에 조그마한 주막 같은 집 한 채가 있고 나는 그 집에 머물고 있었다. 앞을 내다보니까 무척 험한 산들이 바라보이는데 제우스 신이 하늘에서 지상을 내려다보듯이 내 시야에 그 모든 것이 들어왔다——그곳에서부터 히말라야산맥의 원류가 시작되는구나 생각했다. 그러면서 험한 준령들이 눈앞에 보이는데 바로 앞의 것이 장한령이고 훨씬 그 뒤가 에베레스트라고 생각했다. 어느 단층집에서 나오는데 사람들이 굉장히 붐벼 가까스로 빠져나오던 중 누군가 쫓아오더니 붙잡으면서 아무개 아니냐고 물었다. 모르는 학생이었고 그 사람도 잘못 본 듯 싶었다. 우리 학교 학생도 아닌데 녀석이 반말로 지껄여 몹시 언짢게 생각하다가 쫓아가서 때려주었다. 그것을 본 50세가량의 남자(승려는 아니지만 속인도 아닌 듯싶은)가 나를 불러 뒤뜰로 데리고 갔다. 나를 질책하는데 그 사람 손에는 링거병 같은 것이 들려 있고 그 속에 수은 같은 물질이 들어 있었다. 즉각 위협을 느껴 피하려고 했더니 그 사람 손에 들려 있던 병 속에서 그 수은 덩어리가 빛을 발하면서 나를 향하여 달려들었다. 몇 번을 피했으나 결국 한 대 얻어맞았다.

자기원형상은 무의식의 상위적 인격으로 꿈에 자주 나타난다고 융은 지적한 바 있다. 꿈꾼 사람은 이 꿈에 나타난 50대 남자가 평범한 사람이 아니고 도인(道人) 같은 존재로 현실의 어떤 인물과도 닮지 않았다고 했다. 꿈의 전반부에 나타난 장면은 이 남성의 꿈에 곧잘 나타나는 웅대한 희망과 야망, 고도의 정신세계에 도달하여 삶의 전체를 조감하려는 청년기의 의욕이 발현한 것임을 보여준다. 꿈의 자아는 히말라야산의 근원을 찾고 있고 수많은 준령을 발 아래로 내려다보고 있다. 산악은 하늘에 가까운 것, 하늘의 신이나 선녀들이 하강하는 곳, 그러므로 지상의 인간들이 신성한 곳으로 숭배하며 산 자체가 신격의 표현으로 여겨지고 있다.

산은 상승, 특히 신령이 사는 천계(天啓)의 장, 높은 곳으로의 신비적인, 영적인 상승을 의미한다.[13]

융은 이렇게 말하고 있다. 산은 또한 꿈에 나타나는 수많은 다른 상과 함께 자기의 상징이기도 하다.[14]

자기실현과의 관계에서 산은 한국인 피분석자의 꿈에 곧잘 나타나는 주제다. 그중 하나를 소개하면 다음과 같다. 이 꿈은 30대 초반의 한 여성의 꿈인데 자기인식에 도달하려는 높은 의욕과 성급함이 표현되어 있다.

눈 덮인 산봉우리를 멀리 바라보면서 간다. 가도가도 끝이 없다. 산에 덮인 눈은 만년설인 모양으로 햇빛이 쨍쨍한데도 까딱 않고 웅장한 모습으로 버티고 있다. 그곳으로 빨리 가야 하는데 가지질 않는다. 얼른 다다르지 못하면 땅이 갈라져서 빠질지도 모른다. 초조해진다. 빨리 안 가면 쫓아오는 사람에게 잡힐 수도 있다. 한참을 걷다보니 산이 정면으로 보이지 않는다. 가슴이 덜컥해서 보니 산이 왼쪽 측면으로 약간 비껴 있는데 아까 그 웅장한 산이 아니고 그냥 산이다. 돌산에 가깝다. 왼쪽 측면에 있는 산은 잘 알 수 없지만 아까보다는 날 덜 초조하게 한다.

무의식을 의식화하다보면 빨리 목표에 도달하고 싶은 욕심이 생긴다. 그런 욕심은 오히려 자연스러운 삶의 리듬을 해칠 위험이 있다. 꿈에서 땅바닥에 틈이 벌어지는 까닭이 거기에 있다. 하고자 하는 것과 할 수 있는 것 사이의 틈이다. 조급하게 서두르는 것은 목표의 웅장함과 번득이는 흰 눈의 고귀함, 근접할 수 없는 신성성이 주는 매력 때문이기도 하다. 그러나 무의식은 가르쳐준다. 그 목표는 평범한 돌 산이기도 하다는 사실을―자기실현도 그런 것이다. 그것은 성인(聖 人)이 되는 길이 아니다. 평범한 자기 자신이 되는 것이기도 하다.

이제 다시 꿈 ①로 돌아가서 그 뜻을 생각해보자. 주인공인 젊은 남 성은 꿈속에서 "제우스 신이 하늘에서 지상을 내려다보듯" 하계를 내 려다보고 있는데 '자기'를 찾는 과정에 감격한 나머지 약간의 자기도 취, 즉 자아팽창(inflation)의 가능성을 보이고 있다. 그러므로 꿈의 다음 장면이 이를 보상하여 지상(현실)에서 먼저 해결해야 할 자신의 미숙한 학생 그림자와 직면하게 한다.

꿈의 자아는 이러한 그림자를 무조건 누르려고 하지만 50대 남자 가 그러한 태도를 호되게 나무라고 결국 한 대 맞게 되는 것이 뒷부 분의 내용이다. 50대 남자의 징벌과 제재가 좀 지나치지 않나 하는 느낌이 들지만 50대 남자는 꿈의 자아가 피할 수 없는 권위를 가지고 있고 손에 든 수은 덩어리가 빛을 발하면서 꿈의 자아를 향하는 등 범속한 사람이 아닌 점으로 미루어 분석자의 무의식 속의 자기원형 상을 나타내지 않는가 짐작된다.

연금술에서 지향하는 최고의 물질, 메르쿠리우스는 연금술에서 단 순한 수은이라는 물질을 넘어서 최고의 성질을 가진 것으로 간주되 며 융합과 전일(全一)의 상징임은 융의 여러 저서에 자주 언급되고 있다. 그것은 놀랄 만한 작용을 하는 성스러운 물질로서 음양합도(陰 陽合道)의 개념처럼 양극성을 함께 지닌 본체다. 연금술은 고구려에 서도 매우 발달했던 것으로 알려져 있는데 불로장생(不老長生)의 비 약(秘藥)을 추구하는 연단법(鍊丹法)에서 수은은 그 기본이 되는 물질 이었다. 적색 산화수은은 주사(朱砂)라고도 불러 사(邪)를 물리치는 부적은 주사로 그린다.[15]

50대 남성은 분명 자기원형상으로 피분석자의 그림자와의 갈등해결 방법에 경고를 줄 뿐 아니라 그릇된 자세를 치유하는 기능을 전일의 상징으로서 행사하고 있다. 같은 사람의 다음 꿈에서도 역시 50대 남자가 등장하는데 자기실현의 경향과 이에 대한 자아의 저항이 묘사되고 있는 것 같다.

꿈 ②

나는 시냇가에 서서 흐르는 시냇물을 바라보고 있었다. 시냇물 위로 오리 한 마리가 떠내려오고 있고 검은색의 털북숭이 개가 뒤이어 떠내려왔다. 그때 생각에 개가 오리를 보호(감시)하는 것 같았다. 나는 개를 뚫어지게 쳐다보았는데 그 개도 나를 무섭게 쳐다보았다. 눈싸움에 지면 개가 달려들 것 같아 지지 않으려고 또렷이 쳐다보았더니 개는 그냥 흘러가버렸다. 조금 있더니 오리가 서너 마리 내려오고 개들도 내려왔는데 그들이 떠내려간 후엔 오리 수십 마리와 개 몇 마리가 한데 어울려 내려오고 있었다. 맨뒤로는 50세가량 된 남자가 그들을 조절하면서 내려왔다. 물가로는 뱀도 스쳐 지나갔다. 나는 그 남자가 기인(奇人)이라고 생각되었고 그렇게 여러 종류의 짐승을 기르는 것에 감탄했다. 그들이 지나간 후 한참 있다가 그들 전부가 하나의 네거티브 요소로 나에게 대항하는 것 같은 느낌이 들었는데 나는 그것을 물리쳐버렸다.

꿈은 주로 다수의 오리와 개의 상과 이를 조절하는 50대 기인의 상을 부각하고 있다. 꿈의 자아는 개에 대해서는 눈싸움을 하는 등 약간 적대적인 관계를 가지고 있다. 그러나 뒤에는 "그들 전체가 하나의 네거티브 요소로 나에게 대항하는 것 같은 느낌이 들어" 그것을 물리쳐

버리는 결과가 된다.

처음에는 동물들이 흐르는 시냇물에 떠내려오는 것으로 묘사되고 있다. 어느 면으로 보면 동물들의 위기라고 할 수 있다. 동물들은 자율적인 조절능력을 상실하고 있는 것이다. 동물은 모두 본능의 상징이다. 오리는 무척 고태적인 상징이다. 물과 땅과 하늘을 마음대로 다니는 새로서 무의식을 마음대로 드나들 수 있는 매개자의 뜻을 지니고 있다. 이승과 저승의 연결, 의식과 무의식의 단절을 이을 수 있는 존재이며 우리나라 샤머니즘에서 수살대의 예처럼 치유의 기능을 지니고 있기도 하고 시베리아의 창세신화에서처럼 세계창조의 도구이기도 하다.[16] 개는 이미 설명한 바와 같이 의신(醫神), 아스클레피오스를 수행하는 동물이며 저승의 사자로서 많은 신화에 등장한다. 동물 중에서는 다루기 쉽다는 점에서 의식의 통제가 비교적 가능한 본능에 속한다.[17]

꿈의 자아는 개의 공격성을 두려워하며 이와 맞서 싸우고자 한다. 청년기 심리에서 볼 수 있는 본능적 충동과 대결하려는 의도임이 분명하다. 그것은 본능적 충동에 휩쓸릴까 두려워 이를 의식적으로 지배하려는 태도다. 그러나 50대 남자는 탁월한 능력을 발휘해 이 많은 동물을 조정하며 기르고 있다.

본능의 평화로운 조절이 자기실현의 또 하나의 과제이고 보면 그 50대 남자의 상(像)은 그런 것을 가능하게 하는 피분석자의 마음속에 있는 '자기'의 상임이 틀림없다. 그러나 피분석자의 의식은 아직 그러한 전체상에 부담을 느끼고 전체를 지향하는 내적인 요청을 하나의 압력으로 여기고 있다는 것이 꿈이 제시한 마음의 상황이다.

자기실현을 촉구하는 무의식의 미지의 인격은 반드시 자비로운 존재로서 나타나는 것은 아니다. 이미 폰 프란츠가 언급한 대로 자기는 때로 그림자의 모습 뒤에 가려져 그것이 자기의 상인지 그림자의 상인지 모르는 경우가 있다.

노인, 여인들, 상처

흐트러진 백발을 한 몹시 무섭게 생긴 노인(저승사자 같은 모습, 옷차림은 마치 무사 같음)이 꿈속에서 나를 공격하여 칼로 심장을 찔렀으나 죽지 않고 살아났다. 필사적으로 달아나는데 그 노인이 쫓아온다. 그런데 갑자기 두 여인(소복차림)이 나타나 나를 따뜻한 방으로 인도하여 정성스레 간호를 해준다. 그 노인이 나를 찾아내려고 애를 쓰나 두 여인이 나를 이리저리 숨기고 보호해준다. 그러나 노인은 결국 나를 찾아내어 이번에는 예리한 칼로 다시 손등을 찌른다. 손등에 삼각형의 핏자국이 선명하게 생긴다. 그 아우트라인이 이지러진 부분이 있다. 몹시 괴로워하면서 잠에서 깼다.

30대 여성이 꾼 이 꿈은 매우 충격적인데 전혀 현실과 관련짓기 어려운 꿈이다. 피분석자의 무의식 속에 자신을 공격하는 요소가 있어 주관적으로 강한 자학과 자책이 있다는 의미일까. 그렇게 생각하기에는 칼로 찌르는 장소와 칼에 의하여 생긴 상흔의 모양 등이 너무나 의례적(儀禮的)이고 상징적이다. 한국 무속의 무가(巫歌)에 따르면 저승차사는 미혼 청년의 혼령이지만 실제 굿에서는 무사의 모습을 하며 생명을 압류해가는 무자비한 존재로 묘사되고 있다.

이 꿈의 노인은 피분석자의 무의식(저승)에서 의식의 자아와 표면상 매우 공격적인 관계를 맺고 있는 인격상으로 상당히 고태적인 색채를 띠고 있는 상이다. 소복 입은 여인들은 죽음을 애도하는 피분석자 자신의 슬픔을 표현하고 있지만 그 역시 저승의 색채를 짙게 지니고 있는 상들이다. 그것은 마치 꿈에서는 노인에 대항하는 대극처럼 보이지만 실상은 노인과 함께 저승세계에 봉사하고 있는 짝이라 할 수 있다. 즉 노인의 두 시녀와 같은 관계를 생각해볼 수 있다.

그러므로 꿈속 등장인물은 노인과 두 여인, 그리고 '꿈의 자아'라는 구성을 지니고 있어 4의 수로 배열이 가능함을 보여준다. 혹은 3(노인과 두 여인)과 1의 대응으로도 생각된다. 두 여인은 노현자원형상, 혹은 자기원형상으로서의 노인의 일방적인 로고스성을 보충하고 있는 무의식의 여성적 측면이 아닐까 생각된다.

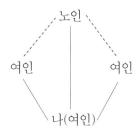

심장을 칼로 찌르는 주제는 무엇일까? 피분석자는 이에 대해서 아무런 연상도 할 수 없었다. 심장은 동서를 막론하고 예부터 마음의 중심으로 여겨져왔다. 그리스·로마 신화의 에로스(Eros, Cupid)는 르네상스 회화에 곧잘 화살을 지닌 아이로 묘사되며 그의 화살이 심장을 관통하면 사랑에 빠지는 것으로 믿었다. 세 개의 바늘에 찔리고 가시관으로 둘러싸인 심장은 기독교의 성스러운 심장(聖心)으로서 17세기에 널리 경배되었다. 심장상은 르네상스 시대에는 천상적·지상적 사랑, 최고의 덕을 의미했다. 성인의 속성 가운데는 아빌라의 성 테레사의 화살로 관통된 심장, 헝가리의 게르하르트 성자의 칼로 찔

린 심장이 있다. 마리아의 심장을 찌른 일곱 개 칼은 일곱 가지 고통을 묘사한다.[18]

융의 저서에 나오는, 롱기누스(Longinus)의 창에 찔린 그리스도의 심장을 그린 그림은 앞에 나온 꿈의 장면과 매우 부합된다.[19] 게다가 이 그림에는 십자가에 달린 심장 위아래의 사방에 못자국이 난 손과 발이 그려져 있다. 꿈의 자아가 찔린 손등의 상처가 삼각형을 이루고 있었다는 것도 기독교적 삼위일체의 상징과 관계되지 않을까 추측해볼 수 있다. 그렇다면 이 피분석자는 그리스도의 고통을 꿈에서 재체험하며 그녀의 자기는 바로 그녀에게 그러한 고통과 사랑을 체험시키고 있는 것은 아닌가. 이 노인상이 자기의 상이라면 그가 주는 고통의 의미를 생각해보는 것이 중요하다.

그런데 꿈에서 찌른다는 행위는 관심을 환기하며 '가리킨다', '지적한다'는 뜻이 있다. 피분석자가 소홀히 한 사랑의 문제를—그것이 세속적인 에로스이든 보다 신성한 사랑이든—지적하고 있다고도 볼 수 있고 손등의 삼각형은 전체를 향한 남성성, 역동성을 의미하기도 한다. 이 여성은 독실한 기독교인이었다. 그러나 앞에서 기술한 심장에 관한 기독교적 상징을 전혀 모르고 있었다. 같은 사람의 다음과 같은 꿈에 귀신 같은 존재가 지키고 있는 커다란 알이 등장한다.

거인이 지키는 커다란 알

어느 집 방문 앞에 구두 한 짝(오른쪽)이 놓여 있었다. 검은색 남자구두였고 앞쪽이 둥글고 매우 큰 것이었다. 그 방문 앞에 서서 어떤 남자(중년)가 방을 향해 소리를 지르는데 그때 나는 옆에 서 있었다. "네가 귀신이냐, 사람이냐? 밖으로 나와라!" 그 말이 끝나자문이 열리고 안에서 어떤 사람과 함께 어른 키만큼이나 되는 커다란 알이 튀어나왔다. 그 남자는 나에게 그 알을 넘겨주면서 어서 갖고 도망가라고 한 후 그 자리에 남아 방에서 나온 남자를 막고 서있었다. 그때 내 동생이 갑자기 나타나 커다란 알을 같이 굴리며 그 자리를 떠났다. 남동생은 키가 작은 난쟁이처럼 나왔다.

이 꿈은 이미 '분석심리학 3부작' 제2부 『아니마와 아니무스』에 소개되었는데, 거기서 나는 꿈에 등장한 남성을 아니무스 원형상으로 보았다. 또 알을 지키는 큰 신발의 주인은 귀중한 것을 얻으려면 꿈속의 남자처럼 "소리를 지를 필요가 있다"고 말했다. 많은 민담을 보면 값진 보배는 도달하기 어려운 곳에 숨겨져 있다. 그리고 그곳에는 그것을 지키는 자가 있게 마련이고, 그 지키는 자는 무섭고 위험한 동물들, 즉 사자, 뱀, 악룡 같은 것이다.[20]

알의 상징

이 꿈에 나온 커다란 알이란 무엇의 상징인가. 알은 수많은 민족에게 신화, 전설에서 생명의 원천으로 간주되어왔다. 그것은 우주의 근원이며 신들의 출생처로서 우리나라를 포함한 민족영웅들의 출생과 관계된다.[21]

중국 신화에서는 천지개벽의 신인 반고(盤古)가 알에서 나온 것으로 기술되고 있다. 아직 천지가 나뉘지 않았던 태곳적에 천지는 한 덩어리로서 계란과 같았는데 그 속에서 병아리가 나오듯이 반고가 나왔고 반고가 커감에 따라 천지가 나뉘게 되었다고 했다.[22] 인도 신화에서도 알은 우주와 온갖 창조물을 포괄한 것으로서 중요한 역할을 한다.[23] 재생의 의미는 부활절의 달걀에 계승되었다. 고대 이집트의 상형문자에 따르면 계란의 궁극적인 뜻은 잠재력, 신생의 씨앗, 삶의 신비다. 또한 우주가 알로 표현되기도 했다.[24]

연금술에서 알은 세계혼을 내포하고 있는 혼돈, 기본물질이다. 그것은 둥근 냄비로 상징되고 있는데 여기서 해방된 넋으로서 독수리가 나오며, 이 해방된 넋은 또한 원초적 인간, 육체에 사로잡혀 있는 안트로포스(Anthropos)였다고 융은 말하고 있다.[25] 바위가 알로 변한 환자의 환상을 해석하는 과정에서 융은 다음과 같이 말했다.

알은 고도의 상징적 의미를 내포하고 있는 생명의 싹이다. 그것은 창조론적 상징일 뿐 아니라 철학적 상징이다. 전자는 오르페우스 비의(秘儀)의 알, 즉 태초이며 후자는 중세 자연철학의 현자의 알, 즉 안트로포스, 영적이며 원만한 내적 인간, 중국 연금술의 진인(眞人)과 같은 것이다.[26]

알은 설명할 수 없는 신비를 내포하고 있는 것으로 아직 자세한 것이 밖으로 나타나 있지는 않으나 모든 것을 포함하고 있는, 미리 정해진 전체성을 표현하는 원형이라고 폰 프란츠는 말한다.[27]

우리는 알이 자기의 이미지를 가지고 있음을 알 수 있다. 그러나 아직 그 형태가 인식되지 않은 자기라 할 수 있다. 그것은 말하자면 아직 종자일 뿐, 어떤 잠재하는 인식의 가능성, 그러나 그 자체는 아니다.[28]

흥미있는 것은 꿈에 알이 나왔을 때는 그것이 자기성찰을 위한 주의 집중이 시작되었음을 알리는 순간이라고 폰 프란츠가 말한 점이다. 알은 곧 알을 따뜻하게 덥히는, 알을 품는 것, 타파스(Tapas)와 지성의 탄생과 관계되기 때문이라고 한다.[29]

피분석자가 동생과 함께 도망가면서 굴리는, 사람의 키만 한 커다란 알이란 이상의 여러 가지 상징적 의미를 포함하고 있는 것임이 틀림없으나 현재로서는 타파스가 필요한 단계가 아니라 알의 다른 면, 창조와 재생의 뒷면, 즉 무의식적인 탐욕과 지배욕에 사로잡혀 있지 않도록 그곳에서 해방시키는 일이 시급한 듯하다. 그런 점에서 알을 굴리며 도망간다는 주제는 전체성의 의식화를 위한 의식의 적극적인 개입을 상징적으로 표현하고 있다. 자기의 그림자가 가진 지배력에서 해방되려면 둥근 알, 전체성을 존중하는 자세를 적극적으로 견지해 나가야 한다는 뜻이 될 것이다. 게르만 민족에게서 수없이 나오는 알의 생명력과 치유력[30] 또한 이 꿈에서 생각해야 할 의미일 것이다.

인도자로서의 호랑이

결혼을 후회하고 남편에 대해 늘 불만을 품고 있던 30세 된 부인의 꿈이다.

아저씨 집에 있었다. 집이라기보다 산이었다. 산의 한 부분에 철조망을 치고 개인소유로 하고 있었다. 산꼭대기의 입구(대문)에서 밖으로 나오려는데 바람이 몹시 불었다. 날씨도 흐렸다. 나무와 돌 등이 바람에 날려서 움직일 수가 없었다. 아저씨는 아무 말도 안 하지만 나는 다시 안으로 들어갔다. 그 안엔 사람들이 많았다. 갑자기 호랑이가 나타났다. 사람들이 피해서 골짜기로 내려서면 호랑이가 다시 나타나고 또 내려서면 다시 나타나곤 했다. 아래로 내려가니 여러 사람 속에 이모가 자리를 잡고 있었고 더 내려가니 할머니가 계셨다. X할머니도 함께 계시다가 할머니의 누울 자리(산소)를 잡으러 간다고 나가셨다. 자리는 우리가 있는 곳에서 약간 떨어진 곳에 있었고 그곳에서 죽음의 자리를 찾는다는 것이다. 할머니의 기분이 착잡하실 것 같았다. 산길을 걸어가는데 남자들 몇 명이 못되게 굴었다. 나는 둥둥 떠다니기도 했으나 낮게 뜰 때는 한 남자의 손이 닿았다. 나는 기를 쓰고 높이 날려고 했으나 잘 날아오르지 않았다. 흐린 날씨도 맑아지고 바람도 불지 않아서 나오려는데 다시 호랑이가 나타났다. 누군가가 소리쳤다. S가 모양을 잔뜩 내고 큰소리치며 나갔는데 아무래도 호랑이에게 먹히고 있는 모양이다. 지금 똑똑 소리가 나는데 호랑이가 S의 뼈를 부러뜨리는 소리 같다. 그래서 산 아래를 내려다보니 나뭇가지에 가려서 잘 보이지는 않지만 S의 옷이 힐끗힐끗 보이는 것이 호랑이에게 먹히는 것 같았다. 나는 남자들을 피할 겸 산 아래(까마득히 먼 곳)를 향해서 공중에 떠 있는 반짝이는 길로 날아서 내려갔다. 무서워서 깼다.

연상 :

아저씨—정확한 판단을 하고 자상하며 일을 척척 처리한다. 무서울 때도 있다. 존경과 사랑의 대상, 가족의 정신적 지주라 할 수 있다.

S—나의 후배로 비슷한 환경에서 사는 독신여성이다. 외향적이며 멋을 부리고 남자를 피하는 듯 보이는 노처녀.

X할머니—굉장히 미신적이며 좀 무식하다.

남자들—모르는 청년들이다.

반짝이는 길—별 같은 것이 공중에서 아래로 뿌려져 있었다.

꿈에 나온 아저씨는 그녀에게는 어느 모로 보나 이상적인 남성이었고 그녀뿐 아니라 온 가족의 정신적 지주라고 할 만한 성격의 소유자였다. 꿈은 마치 피분석자가 그러한 아저씨의 영토로부터 떠나야 한다는 것을 암시하는 것 같다. 언덕 위의 영역, 그리고 피분석자는 그 꼭대기에 있는데 그것은 피분석자가 지향하고 동경하는 완벽한 남성의 세계, 높은 정신적인 세계, 격리된 보호권이다. 주관단계로 보면 그녀는 아저씨의 상을 빌린 부성적(父性的) 아니무스의 영웅적인 세계에 의지하고 있다. 그러나 이제 그녀는 그 세계를 떠나 독립할 때가 온 것 같다. 집 안에 사람들이 많다는 것은 정신상황이 집단적인 경향을 띠고 있음을 암시한다. 바람이 몹시 불고 나무나 돌이 날고 날씨가 흐렸다는 것은 변화의 징조를 예고하는 것이다. 그것은 피분석자의 마음속에 부는 바람이다. 세찬 마음의 동요일 수도 있다. 마음을 흔들어놓는 어떤 것, 즉 바람은 융에 따르면 심혼(Geist)의 입김이다. 그런 뜻에서 여성의 마음에 어떤 확고한 확신, 용기, 모험심을 심어주는 아니무스의 상징적 의미를 가지고 있다.[31]

피분석자는 이런 강한 충동에 놀라 다시 부성의 보호권으로 피하고자 한다. 그러나 갑자기 호랑이가 나타나자 그녀는 사람들과 함께, 또는 따로 산 아래 골짜기로 계속 내려서게 된다. 심혼으로서 바람은 이제 동물의 상으로 나타나고 있다.

여러 가지 점에서 호랑이의 어떤 측면은 아니무스의 특징을 지니고 있다. 우리나라 이야기의 경우 그것은 산신(山神)으로 볼 수 있으며, 이승과 저승을 잇는 매개자, 이른바 영혼의 인도자(Psychopompos)다. 중국 설화와 우리나라 설화에서 다 같이 볼 수 있는 옛이야기 가운데 호랑이에게 쫓긴, 과거 보러 가는 선비들의 이야기가 있다.

과거를 보러 가던 선비들이 호랑이와 맞닥뜨리자 모두 굴로 피신한다. 그러나 호랑이는 계속 굴 앞에서 으르렁거리므로 선비들은 그중 한 사람을 뽑아 호랑이밥이 되기로 의논했다. 그래서 쓰고 있던 갓을 던져 호랑이가 발로 집은 갓의 임자가 호랑이에게 희생당하기로 했다. 그리하여 한 사나이의 갓이 호랑이 발에 밟히자 그는 과감하게 뛰쳐나가 호랑이와 맞서 싸우고자 했다. 그러나 그 순간 굴이 무너져 다른 사람은 다 죽고 호랑이는 온데간데없이 사라졌다는 이야기다. 호랑이는 누미노제(Numinose, 신성성)를 지닌 동물상으로 그 상징성은 여러 가지로 음미해볼 수 있다.[32)]

그러나 이 꿈에서는 매우 중요한 인도자, 혹은 조절자의 역할을 위엄에 찬 권위로서, 혹은 위협적인 자세로서 수행하고 있다. 그리고 그 의도는 사람들로 하여금 높은 곳이 아니고 아래로, 집단이 아닌 개별적인 길을 향하도록 하는 데 있는 것 같다. 그런 의미에서 호랑이는 이 꿈에서 자기원형의 큰 의미를 나타내기조차 한다.

그러므로 골짜기로 내려간다는 것은 의미가 깊다. 피분석자는 지금까지 높은 꼭대기에 있었다. 그러나 이제 그녀는 아래로 내려오고 골짜기로 내려서야 한다. 호랑이에 대한 공포에도 불구하고, 아니 바로 그 공포 때문에 ─산의 꼭대기나 표면, 즉 남에게 보이는 외향적 세계, 정신적인 세계, 고답적인 자세에서 낮은 곳으로, 즉 감정과 본능과 이른바 세속의 평범한 현실세계로, 겸손한 마음의 자세로 돌아와야 한다는 것이다.

골짜기는『노자 도덕경』에 따르면 도(道)와도 같은 것이다. 도란 높은 곳이나 누구에게나 보이는 표면에 있는 것이 아니고 낮은 곳, 은밀한 곳에 있다. 골짜기로 내려섬은 노자가 말하는 곡신(谷神, 골짜기의 신)의 영역에 들어선다는 뜻이라 할 수 있다. 집단의식의 꼭대기에서 개인적인, 평범한, 세상에서 알아주지 않으나 삶의 보람을 주는 생명의 원천인 골짜기, 즉 자기의 세계로 가야 한다. 그리하여 그곳에서 할머니의 세계는 이제 청산할 준비를 하게 된다. 피분석자는 아저씨나 할머니나 이모의 세계로부터 떠나야 한다. 할머니의 죽음이란 바로 그녀 자신 속에 있던 할머니의 미신적인 정신세계의 극복을 의미한다.

이렇게 가족과의 유대에서 벗어나자 그녀는 모르는 남자들을 만나고 괴롭힘을 당한다. 이것은 하나의 발전이다. 이제야 그녀는 새로운, 그러나 아직 잘 모르는 자기 안의 남성적 요소, 아니무스를 만나게 된다. 그러나 그것은 갈등을 자극하므로 그녀는 이 문제를 외면하고 높이 올라감으로써 피하고자 하지만 그럴 수 없다. 무의식은 그러한 도피를 지지하지 않는 것 같다.

다음에 등장한 S, 모양을 잔뜩 내고 큰소리치던 여인은 피분석자 자신의 문제를 매우 잘 표현하고 있다. 호랑이가 사람뼈를 부러뜨리는 소리는 우리나라 해와 달의 민담에도 나온다. 그러나 피분석자는 호랑이의 설화에 대하여 그리 많은 지식을 갖고 있지는 않았다. 꿈의 이 장면은 오만과 허세가 결국 이렇게 응징된다는 것을 말해주고 있다.

S는 남성 앞에서는 당당하나 사실은 남성과 가까워지는 것에 대한 불안감을 지니고 있는 사람으로 연상되었다. 그러한 불안을 진지하게 살려야 함에도 불구하고 그것이 없는 양, 오만하게 자기를 과시하는 측면의 인격은 결국 다시금 무의식의 맹목적인 힘에 삼켜버리게 되어 의식화될 기회를 잃게 된다. 여기서 꿈은 피분석자의 자아의 태도에 대한 하나의 경고이며 바른 태도가 무엇인가를 암시하는 것 같다.

마지막으로 꿈의 자아는 공중에 떠 있는 반짝이는 길로 내려간다. 내려간다는 것이 매우 중요한 사실로 제시되고 있다. 높은 곳에서 낮은 곳으로 간다는 것, 오만에서 겸손한 마음으로, 특수하고 귀족적인 데서 평범한 세계로 내려간다는 것이다. 꿈의 자아는 그 하강의 과정을 공중에 떠 있는 반짝이는 길을 통해서 가고 있다. 그 길은 마치 작은 별을 뿌려놓은 것 같았다고 그녀는 회상하고 있다. 이것으로 미루어 이 하강의 과정은 자아의 의식적인 노력을 통해서라기보다 어떤 초월적인 것, 누미노제를 지닌 천상적인 것, 다시 말해서 종교적인 직관으로 수행될 것임을 시사하는 것이다. 별처럼 빛나는 것들은 어둠 속에서 가야 할 길을 가리키고 있다.

그러나 여기에서 아직 해결되지 않은 문제는 이러한 하강이 과연 적극적인 자기실현(개성화)의 길이냐, 아니면 남자들을 피하기 위한 하나의 도피냐 하는 점이다. 그러나 가족, 친구, 남자들을 떠나 피분석자는 마지막에 홀로 남아서 산 아래로, 한편으로는 보다 크고 무서운 어떤 힘에 의해서(여기서는 호랑이의 모습을 한) 다른 한편으로는 자신의 의지에 의해서 날아 내려가는 것으로 보아서 피분석자는 우선 그녀를 괴롭히는 온갖 남성에 대한 환상과 미련과 집착에서 벗어나 먼저 자기 마음의 심층으로 용기있게 뛰어내려가야 함을 제시하고 있는 것으로 보인다.

동굴, 약수, 네모난 상자, 반지
다음은 분석 당시 46세의 한 여성 피분석자가 가져온 꿈이다. 홍수를 피해 탑 같은 꼭대기에 올라갔다가 저 밑의 돌로 된 굴 속에서 불빛이 새어나오는 것을 보고 그리로 들어가 유리로 된 회전문 세 개를 열고 나오니 경치가 좋은 넓은 들판이 나온다. 어떤 여자가 자기의 손을 잡아 끌고 가는데 어찌된 일인지 왼발 하나로 껑충껑충 뛰어간다. 눈 앞에 사각형으로 된 돌상자 속에 약수물이 가득 들어 있어 한 바가지 떠서 실컷 마신다. 그리고 나서 계단을 왼발로 날아서 오르는데 처음에는 작은 아기 꽃신을 신고 가다가 어느덧 하얀 운동화로 바뀐다. 그러다 서양남자를 만나 그와 함께 가는데 자세히 보니 동양사람이다. 부처와 같이 생겼고 그와 열렬한 사랑을 한다. 병이 낫는 이야기와 머리를 감는 이야기로 꿈이 끝난다.

이 꿈이야기에는 동굴을 통한 통과의례와 성인화의 주제, 전일(全一)의 상징의 치유력, 또한 대극합일의 상징, 자기정화(머리를 감는 것)에 이르는 모든 과정이 다 들어 있다.

같은 사람의 다음 꿈을 보면 사각형의 동굴 안에서 귀중한 상자를 파내보니 뜻밖에도 그 속에서 피부약과 안약이 나온다. 동전지갑 속에는 세상에서 보지 못한 종류의 보석알들이 질서정연하게 들어 있고 반지도 여러 개 있어 손가락에 끼어본다. 피부는 몸의 표면, 즉 주체가 바깥세계와 접촉하는 면으로 외계와의 관계가 이루어지는 곳, 어떤 면에서는 페르조나에 비유된다. 눈은 인식하는 기관이다. 그러므로 피부약과 안약은 페르조나와 내적인 통찰 모두에 필요한 것이라 할 수 있다. 네모난 상자, 네모난 동굴에서 볼 수 있는 4위의 구성은 융에 의해서 원과 함께 전체성의 상징, 만다라 상징의 하나로 제창되었다. 우리나라 정신과 환자의 그림 가운데 그런 상징이 가끔 출현한다는 사실이 제시된 지도 오래되었는데 건강한 피분석자의 꿈에도 여러 모습의 만다라 상징이 나타나고 있다.[33]

심장 모양의 욕조와 가슴뼈

30대 초반의 한 전문직 여성의 다음 꿈에는 매우 특이한 상징이 나타나는데, 이는 자기원형을 상징하지 않나 짐작된다.

낯선 건물의 복도를 지나 어느 방문 앞에 선다. 방문 앞에는 양쪽에 두 남자가 지키고 서 있었다. 나는 모르는 어떤 남자의 인도를 받고 있었다. 방문이 열리는데 세 겹으로 되어 있어 하나씩 차례로 열린다(미닫이문). 방 안에 들어갔는데 벽과 바닥이 모두 하늘색 타일로 장식되어 있어 마치 목욕탕 같았다. 방 중앙에 하트 모양을 한 욕조가 있고 그 옆에 또 원형의 욕조가 있었는데 그 안에 많은 물이 고여 있었다. 바닥이 들여다보이는 욕조에는 사람의 가슴뼈가 서너 개 가라앉아 있었는데, 마치 흰색의 상아로 만든 조각품 같았다. 그중 2개는 어린아이의 뼈같이 작고 가늘었다. 나는 그것을 보면서 의아하게 여겼는데 말문을 열 수 없을 정도로 신비롭고 경이한 느낌을 받았다. 나는 그를 따라 방 안을 한 바퀴 돈 뒤 밖으로 나왔다. 전경이 바뀌어 건물 여기저기를 헤매다 그 방을 다시 찾아가보았더니 그 자리에는 그냥 황막한 빈 방이 자리잡고 있을 뿐 아무것도 발견할 수 없었다.

연상: 특별한 것이 없다.

원형의 욕조와 하트형의 욕조는 매우 흥미로운 결합인데 원형의 전일성에 에로스의 상징이 추가되어 있다. 문지기가 있고 세 겹의 문을 통과하는 등의 내용으로 미루어 보통 욕조가 아님이 짐작된다. 더욱이 맑은 물이 담긴 욕조 안에 상아와 같은 하얀 가슴뼈가 여러 개 있고 꿈을 꾼 사람이 말할 수 없는 감동을 느낀 점 등으로 보아 이 욕조의 상이 특별히 신성한 속성을 지닌 상징임을 알 수 있다.

시베리아와 중앙아시아의 샤머니즘 입무(入巫)과정에서는 낡은 살을 떼어내고 뼈로 환원하는 매우 전형적인 주제가 있다. 뼈는 최후에 남은 생명의 궁극적인 실체로서 가장 순수한 영혼이 깃든 곳으로 여겨졌다. 뼈로 환원된 뒤 새로운 피와 살이 덧붙여져서 샤먼 후보자는 새로운 몸으로 재생하는 것으로 알려져 있다.[34]

수욕(水浴)은 정화의 뜻과 함께 원초적인 물의 힘에 의한 재생의 뜻을 지니고 있다. 고대 그리스 아스클레피우스 신전이나 엘레우시스(Eleusis) 비의(秘儀), 혹은 유대인 사이에서 수욕은 죄악과 병을 정화하는 행위로서 종교의식의 중요한 절차였다. 기독교의 세례는 정화와 함께 거듭남의 뜻이 있다.[35] 한국 민간의료에서 치유의 물(약수)의 역할은 중요하며 동양의 종교에서는 어디서나 목욕재계의 정신이 오랜 전통으로 내려오고 있다.

욕조는 연금술에서 최고의 물질을 만드는 데 핵심적인 역할을 한다. 욕조에서 해와 달이 합쳐지는 재생, 해와 달의 영향 아래서 기적을 낳는 샘의 욕조, 오누이 짝이 생명의 욕조에 있는 상징화, 토성(土星) 또는 메르쿠리우스 세넥스(Mercurius senex)를 욕조에서 끓여 거기서 흰 비둘기로 상징되는 혼으로 승화시키는 그림, '현자의 욕조' 등의 상징화에서 제시되듯 욕조는 인격의 변환과 재생, 즉 자기실현의 장이다.[36] 그러니까 그 욕조의 뼈들은 새로운 몸으로 다시 태어나기 위해 그곳에 놓여 있는 것은 아닐까?

그런데 욕조 안에 있는 것이 왜 가슴뼈인가에 대한 수수께끼가 아직 풀리지 않고 있다. 가슴뼈는 인체의 골격 중에서 특히 잘 조화를 이룬 것이라는 것이 꿈을 꾼 사람의 연상인데 조화의 미가 표현되어 있다고는 해도 가슴이 지닌 상징성과 함께 좀더 생각해보아야 할 과제일 듯하다. 가슴뼈는 인체의 중심, 즉 폐와 심장을 에워싸고 있는 골격이다. 에로스와 프네우마(Pneuma)와 관계되는지도 모른다. 심장 모양과 원은 전일성의 에로스적 측면을 강조한 것이 아닐까. 가슴뼈는 또한 에로스적인 것과 정신적인 것을 함께 포괄하는 용기로서 전일에 대한 상징성을 이미 보여주고 있는 것은 아닐까 생각해본다.

어쨌든 이 욕조의 이미지는 분명 정신 전체를 표현하는 자기의 상임이 틀림없다. 피분석자는 자신의 무의식 깊은 곳에 숨어 있는 전일의 상징을 발견하고 크게 감동한다. 그러나 그 욕조에 뛰어들거나 어떤 행위를 하는 것은 아니다. 그녀는 다만 그것을 발견하고 감동되었을 따름이다. 꿈의 자아가 다시 그 욕조가 있었던 공간을 찾았을 때 그곳에는 아무것도 없었다는 꿈의 후미는 여러 가지를 생각하게 한다. "전체정신의 중심인 자기는 자신의 모습을 여러 번 드러내지 않는다"는 뜻이 담긴 이야기가 아닐까 생각해본다. 기회는 한 번뿐이다. 그냥 스치고 지나가면 다음 기회가 올 때까지 오랜 방황과 암중모색이 필요하다. 자기는 또한 그것을 보고 감탄하는 것만으로는 실현할 수 없다. 그것은 미래의 과제, 생의 목표로서 필요에 따라 제시되지만, 다음부터는 구체적인 과제를 주어 해결하도록 촉구한다고 할 수 있다.

할머니, 아이, 신비로운 여인

한국인 여성 피분석자의 꿈에서 자기실현의 목표, 또는 인도자로서 자주 등장하는 상 가운데 전통적인 할머니, 아이, 또는 신비스러운 여인들이 있다. 때로 이들은 꿈에서 위기에 처한 여성을 도와주는 모르는 여인으로 나타난다. 때로는 넘볼 수 없는 깊은 인상을 꿈꾼 사람에게 남긴다.

설악산에 오른다. 보통 때와는 다른 대칭되는 코스로 해서 네 명이 둘씩 짝을 이루어 오른다. 산속에 이미 만들어놓은 길이 계단에 이어진다. 도중에 야외제단 같은 곳에서 성모상과 같은 성상과 제구를 본다. 예전에 보던 것을 반대방향에서 보고 있다. 다른 각도에서 보면 전혀 새롭게 보인다는 것을 깨닫는다. 그곳을 지나 산장과 같은 곳에 가니 누군가로부터 초대장이 와 있다. 초대한 사람은 노파, 우리나라의 전통적인 무당, 전설 속의 삼신할머니처럼 보이는 사람이다. 당황했으나 편안하다. 그녀를 이곳에서 만난 것은 운명과도 같이 당연한 귀결로 생각되었다.

40대 초반의 성실한 가톨릭 수도자의 꿈이다. 산과 산 위의 성모를 위한 제단과 그 전체를 통괄하는 삼신할머니, 또는 산의 여신, 산신할머니와의 접촉은 시각(視角)의 변화가 세계를 전체로서 보는 데 결정적인 역할을 한다는 사실을 가르쳐주고 있다. 자기실현은 사실, 지금까지 한 각도에서 보던 세상을 반대 각도에서도 볼 수 있게 되는 과정이기도 하다. 삼신할머니는 한국 여인의 자기상으로서 알맞는 상징일 것이다. 야외제단의 성모상과 삼신할머니의 숙명적인 초대는 한국인의 종교적 심성의 전체성과 통합의 가능성을 제시하고 있다는 점에서 매우 인상적이다. 다음과 같은 30세 된 부인의 꿈에서 할머니는 처음에는 버려진 상태로 발견된다.

포장마차 여주인에게 무슨 일인가 일어났다는 말을 듣고 여인이 놀라서 택시를 타고 간다. 차에서 내려서 보니 다 허물어져 가는 흉가 같은 한옥, 그곳에 버려진 할머니가 누워 있다. 그녀의 과거 ─ 중류의 단란한 가정에다 목소리도 낭랑했던 여자 ─ 가 잠깐 비치고 다시 노파의 집, 그 방에는 벽 쪽에 또 하나의 문이 있고 노파가 그 문으로 잠시 사라졌다가 다시 돌아오는데 이번에는 정정하고 옷차림도 제대로 갖추어져 있다. 얼굴에도 생기가 있다. 그 문 너머의 세계는 이곳과는 사뭇 다른 화려하고 부유한 곳이다. 노파는 어떤 이유에서인지 위장을 하고 있었던 것이다.

이 꿈에 대해 개인적인 연상이 전혀 없다. 이 꿈이나 앞의 꿈의 할머니는 보통 할머니가 아니다. 앞의 꿈의 할머니는 토속적·한국적·전통적 모성성, 아이의 건강과 안녕을 보살피는 인자한 산신(産神)이며 부정(不淨)을 내쫓고 신명을 불러들이는 치유와 보살핌의 할머니다. 뒤의 꿈의 할머니도 버림받음과 고독과 몰락, 죽음의 어두운 상황과 풍요로운 세계의 양극단을 넘나들며 변할 수 있는 할머니로서 심상치 않은 메시지를 꿈을 꾼 사람에게 전달하고 있는 듯하다. 할머니의 세계는 조상의 세계이며 전승문화의 모체다.

할아버지가 사회적 규범과 정신적 전통의 계승자라면 할머니는 음식과 옷과 살림에서 시작하여 사람이 겪는 고통과 질병과 죽음에서 자식들을 지키는 오랜 관습의 수호자다. 할머니는 기층문화를 유지하고 다루는 존재다. 이 꿈은 꿈을 꾼 여성에게 '할머니의 유기'를 경고하려는 것이 아닐까. 현대를 사는 독립된 여성으로서 비판의식과 서구식 개인주의에 투철한 나머지 혹시나 한국 전래의 할머니가 지닌 지혜와 무제한의 아량과 사랑, 그녀가 지켜온 전통유산을 버리고 전혀 돌보지 않는 것은 아닌가 하고 묻고 있는 것이다. 이런 종류의 '시험'은 곧잘 불교전설에 나오는 거지모습을 한 문주보살과 관계되는 이야기에서 찾아볼 수 있다.

45세의 전문직 여성의 꿈에는 직업활동과는 거리가 먼 조선옷을 깨끗이 입은 우아한 여인이 자주 등장했다. 그 여인상은 이 피분석자의 마음속에 품어온 또 하나의 이상상이었다. 그러나 현실에서는 실현할 수 없었던, 거의 잃어버린 인격의 한 측면이었다. 꿈속에서 이 정갈하게 옷을 입은 여인이 하는 일은 식사를 준비하는 허드렛일이다. 꿈꾼 사람은 '저렇게 기품 있는 여인이 부엌일을 완벽하게 해내는 것'을 놀라움으로 바라본다. 그런데 피분석자는 꿈속에서 그 여인의 전체를 볼 수 없다. 꿈의 자아보다 크기 때문이다.

그 여인을 자꾸만 쳐다봐도 한눈에 다 보이질 않는다. 부분만을 볼 수 있었다. 그러나 그 여인이 식탁 앞까지 멀리 갔을 때, 뒷모습은 전체를 볼 수 있었다. 곱게 빗어 쪽진 머리에, 한복이 맵시있게 어울리는 뒷모습이었다. 앞모습은 도저히 눈에 다 들어오지 않았다. 애써 쳐다보니 발끝부터 턱밑까지만 보이고 그 위는 안 보였다. 실제로 키는 내가 더 컸지만 그 여인의 앞모습을 보려고 하면 내 키가 작아서 위쪽은 더 이상 안 보이는 것과 똑같았다. 너무 궁금했다. 도대체 누구일까? 그리고 얼굴은 어떻게 생겼을까? 단아한 조선 여인일 것 같았다.

꿈속의 이 여인은 분명 남성화되어가는 현대 한국여성의 무의식에서 의식에 동화되기를 기다리고 있는 본연의 여성성이라고 할 만하다. 그런 의미에서 피분석자의 자기상이다. 자기는 항상 자아보다도 크다. 자아의 눈으로는 자기의 전모를 다 볼 수 없고 부분적으로만 보거나 한 면만을 볼 수 있다. 그것은 무의식이기 때문이고 무의식은 의식화를 하더라도 항상 무의식적인 면을 가지고 있기 때문이다. 그러나 꿈의 자아는 전체를 보고 싶어 한다. 그리하여 무의식은 가끔 자기의 전모를 드러낸다. 같은 여성의 다음 꿈에서 '신비스러운 여인'의 모습으로.

어떤 지위 높은 사람의 지시에 의해서 중요한 화물이 실린 두 대의 버스가 온다. 그것을 두 사람의 유능한 전투요원으로 하여금 호위시켰는데 그것이 어떤 모르는 두 명의 청년(북한의 특수부대 요원)에 의해 탈취되고 호위하던 병사 둘이 다리에서 떨어져 죽는다. 그중 하나는 특수훈련을 받은 요원이다. 이때 신비스러운 여인이 안개 속에서 날아와 그 남자를 살리기 위해 작은 통에서 투명한 벌레(거머리?)를 꺼내 그 남자의 가슴에 붙인다. 잠시 후 그는 깨어났고 꿈꾼 사람은 이제는 그 화물차를 되찾을 수 있겠다고 안심한다. 여인은 머리에 터번을 두르고 얼굴을 베일로 가렸으며 옷은 온통 하얀색의 반투명 망사로 된 아라비아 마법사풍이었다. 작은 체구, 가무잡잡한 피부, 반짝이는 검은 눈, 윤기나는 얼굴, 날렵한 몸놀림. 그녀는 의선(醫仙) 같은 무술인이다. 그 여인은 벌레를 남자의 가슴 젖꼭지 위까지 두 줄로 각각 네 개씩 여덟 개를 붙이고 가슴 한복판에 한 마리를 더 붙였다. 꿈속에서 꿈꾼 사람은 그 뒤에 갑자기 신파극 같은 생각이 들었다. 그녀는 북에서 온 인격이 높은 여인으로 남쪽의 그 남자를 사모하다가 위급한 상황이 되자 남모르게 찾아와 그를 구하고 사라지는 여인일 것이라고 생각한다.

이 꿈에 대한 그밖의 자세한 연상이 없다. 버스 안의 화물이 무엇인지도 전혀 알지 못했다. 어쨌든 중요한 것, 아마도 어떤 대단히 중요한 것, 값진 것, 또는 위력을 발휘할 수 있는 것이 들어 있고 그것을 쟁탈하는 과정이 묘사되어 있다. 이 경우 '북'은 무의식이며 '남'은 낯익은 의식의 측면이다. 화물이 북한요원에 의해 탈취된다는 것은 그것이 의식의 통제 밖으로, 즉 무의식 속으로 들어가버림을 말하고 남이 탈환하는 것은 의식에 머물도록 한다는 의미에서 그 '알 수 없는 중요한 것'의 의식화와 관계된다. 그런 의미에서 신비로운 여인이 남쪽의 유능한 전투요원을 살려서 그 물건을 되찾을 수 있도록 만든 것은 심리적으로 긍정적인 역할이라 할 수 있다.

이 경우, 전투요원은 무의식의 남성적·전투적 의욕을 대변한다. 이 꿈은 현실적인 남북의 정치적·군사적 갈등과는 관계가 없고 다만 그러한 현실적 갈등, 또는 갈등의 잠재성이 이 사람 마음의 갈등과 그해결을 표현하는 상으로서 적합했기에 사용되었을 뿐이다.

여인이 벌레를 가슴에 붙이는 치유법은 무엇인가? 꿈꾼 사람은 그여인이 중국의 명의, 화타(華陀)와 같다고 했다. 동양의학에 보면, 가슴에 대칭적으로 침구점인 경혈이 있는 것은 사실이고 거머리 같은 벌레를 치료법으로 쓰던 민간의료도 있다. 그러나 여기서 배치된 네 개씩 대칭적으로 배열된 숫자와 가슴 한복판의 점을 합친 수의 배열은 가히 융이 말하는 4위의 복합과 1과의 결합인 전체성의 상징을 짐작하게 한다. 피분석자는 동양의학의 침구술에 관해 별로 알고 있는 것이 없었다. 그러나 분석심리학에 관해 알고 있었으므로 이런 배열이 전혀 우연히 생긴 것이라고 단언할 수는 없다. 의식과 무의식의 합작이라 할 수도 있을 것이다.

이 꿈의 여인은 앞의 꿈처럼 우아하고 정갈한 조선 여인이 아니라 민첩하고 뛰어난 의술을 가졌으며, 아라비아의 마법사 같은 차림을 하고 있다. 그것은 치유의 여신상이다. 또한 이 꿈은 조금도 신파조가 아니다. 신파조라 해도 진실의 왜곡이 아니고 그러기에 진실에 더욱 가까운 것이다. 여인이 남자를 남몰래 사랑해서 살려준다는 이야기는 결국 사랑은 권력을 넘어선다는 뜻을 담고 있는 것이 아닐까 생각해 볼 수 있다.

같은 여성의 꿈에는 재생의 주제가 자주 나타났다.[37] "안방의 무덤에서 살아나 밖으로 나간", "눈이 동그랗고 쌍꺼풀진 아담한 체구의 여자", "곱고 티없는 단발머리 소녀의 얼굴", "마치 성충에서 탈피한 새로운 차원의 존재 같은, 늙었으나 나이를 알 수 없는 할머니 할아버지의 탈피과정", "화상(火傷)에서 재생된 갸름한 얼굴에 긴 머리를 구불구불하게 파마해 늘어뜨리고 있는 아름다운 여인" 등 이들은 모두 변환과정을 통해 나타난 신비로운 여인으로 꿈꾼 사람에게 커다란 인상을 준 심상(心像)들이었다. 이것은 모두 피분석자가 인식해야 할 자기의 상들이었다.

또한 그녀의 무의식의 변환과정은 거미로 표현된 태모(太母)원형상에서 개구리로의 변신을 거쳐 "토종 한국 사내아이"로의 변환을 일으켜 '신성한 소년'의 의식화를 촉구한다. 그런가 하면 "헬멧을 쓴 반라의 아름답고 황금빛으로 빛나는 빛의 아들"——토종 한국 사내아이와는 대조적인 광명의 영웅상을 내보낸다. 이것을 여기서 일일이 심리학적 용어로서 반복하여 해석할 생각은 없다. 무의식에는 자기원형상이 있고 자기로 인도하는 자기의 사자(使者)가 있다. 이 모든 것이 어우러져서 전체의 상을 이루는 것이다.

원초적 근원에서 한국의 전통상, 한국의 토속성, 여기에 청년영웅상에 나타난 원초적 투명성과 통찰의 의식성, 과거와 현재와 미래의 남성성과 여성성, 늙고 젊고 어린 인간상이 함께 포괄된 전체로서 이해되어야 할 것이다.

융에 의해 자기의 상징으로서 중요시된 어린이원형상도 한국인 피분석자의 꿈에 잘 나타나는 주제다. 우리는 이미 앞의 꿈에서 신성한 소년의 상을 본 일이 있다. 그밖에도 신성한 소녀, 10대의 초록빛 소녀, 아기의 탄생, 아기를 품고 길러야 하는 내용으로 나타난다. 대개 신비스러운 분위기에서 신비스럽게 태어나지만, 2, 3개월 된 듯 많이 자란, 꿈꾼 사람이 맡아서 길러야 할 아기로 나타난다. 때로는 아기가 문둥병에 걸려 있거나, 버려져 있거나, 누구의 아기인지 모른다고 하는 경우가 있다. 이것 역시 신성한 아기들이 신화에서 자주 겪는 주제로서 그 같은 고독과 고통 속에서 아기를 보살피고 키워야 할 의무가 자아에 부과되어 있다는 뜻이다.

아기의 탄생은 새로운 삶의 가능성이 열렸음을 말한다. 아기를 보살핀다는 것은 그 가능성을 조심스럽게 키우고 발전시킴을 말한다. 그 창조적 가능성이 구체적으로 무엇인지는 꿈꾼 사람의 꿈꿀 당시의 상황과 아기에 대한 연상에 따라 다를 수 있다. 거창한, 밖으로 드러나는 창조를 말하기보다 마음의 변화, 새로운 눈으로 세상을 볼 가능성이 생길 경우 같은 것을 짐작할 수 있다.

아기를 보살피고 키운다는 것은 또한 자신의 어린이다운 면을 유아적이라고 해서 멸시하고 억압하는 것이 아니라 그것을 받아들이고 자신에게 허용하는 것을 말한다. 모든 성인에게는 어린이다운 면이 있게 마련이다. 그것이 없어야 성숙한 어른이 되는 것은 아니다. 어린이다움이 반드시 유치함을 말하지 않는다. 유치한 것을 포함해서 순진무구한 단순함이 있다. 그것을 억압한다면 사람은 결코 전체가 될 수 없다. 인간의 심성에는 모든 것이 들어 있고 모든 것이 의식화되어야 자기실현이 되는 것이다. 어른이란 유치한 것이 하나도 없는 상태가 아니고 유치할 줄도 알지만, 그것에 맹목적으로 따르는 것이 아니고 의식적으로 살릴 줄 아는 사람이다.

도마뱀과 치유의 과정

분석 당시 51세의 부인으로 구토, 식욕감퇴, 불안, 불면, 소화장애, 현기증을 호소했다. 피분석자의 상태가 많이 좋아졌으나 아직 증세가 조금 남아 있고 꿈의 가치에 대해서 비로소 인정하게 된 시점인 제11회 면담 시에 다음과 같은 인상적인 꿈을 가져왔다.[38]

시내에서는 축제가 벌어지고, "서양미녀가 나오는 옛날 명화가 상영된다"고 선전을 하고 있다——통제된 길을 벗어나 누군가를 만나려고 변두리길을 걸어가는데 어느새 나는 말을 타고 있다. 그리고 누군가로부터 도마뱀 같은 것을 빼앗았다. 어떤 여인을 만나 그 도마뱀 같은 벌레를 돌로 쳐서 독 있는 부분을 떼어버리고 살만 추렸는데 그 작업이 꼭 새우의 살을 다듬는 것 같았다. 그 도마뱀의 독이었던 떼낸 부분이 어느 틈에 조그만 항아리 같은 모습으로 바뀌었는데 그 여인이 옆에 있던 돌이나 바가지 같은 것으로 뚜껑을 만들어주며 이제 새지 않는 훌륭한 항아리가 되었다고 말해주었다. 나는 서너 개의 그 항아리와 또 평평한 돌을 보면서 가난하지만 이만해도 훨씬 쓸 만하겠다고 만족해했다. 그러면서도 또 누군가를 만나야 하고 5시 뉴스도 들어야 하는데 하며 그쪽에 마음을 쓰다가 잠이 깼다. (다시 꿈)

나는 강아지를 싫어하지만 강아지가 호소해서 가엾게 여겨 살려주고 제법 귀여워했는데 알고 보니 이것이 겉과 속이 다른 요물이었다. 사람의 넋을 뺏는 나쁜 요물임을 알아차리고 처치하려고 한다. 그러나 동강나면 다시 각각 요물로 불어나서 점점 더 그 수가 늘어나 한편으로 아름다운 여자가 되어 또 사람을 홀리곤 했다. 궁리 끝에 십자가를 요물에게 바싹 들이대니 통쾌하게 잘려서 피를 마구 흘리며 죽어버렸고 다음 요물들도 그렇게 퇴치할 수 있었다. 나는 겁도 없이 차례로 그 요물들을 그렇듯 통쾌하게 다 처치해버렸다. 도중에 남편이 잠깐 나오고 요물들이 유혹하려는 대상이 된 듯싶으나 분명치는 않으며 물리치는 데 방해가 되지는 않았다.

　연상 :
　축제—고3 아이의 원서를 가지고 왔다갔다하던 것이 생각난다.
　서양미녀—뭔지 모르겠다.
　말을 타는 것—보면 부럽다. 얼마나 멋있을까, 아래를 내려다 보니.
　도마뱀—별로 나쁘다고 생각하지 않는다. 나는 뱀은 별로 징그럽지 않다. 그러나 서울에서 살다보니 한 번도 본 일이 없다.
　여인—모르는 인물, 남자 같으면 곱겠지.
　5시 뉴스—뭔지 잘 모르겠다.
　십자가—요물을 물리치는 영화에서 본 듯하다.

　좀더 개인적인 연상이 있을 듯한데 유감스럽게도 더 이상 연상되는 것이 없다. 특히 서양미녀가 나오는 영화가 피분석자에게 무슨 뜻이 있는지 알 수 없다. 꿈꾸기 전날 피분석자는 딸을 어디로 지원시킬지 무척 생각이 많았고 선생님과 의논하려고 5시에 약속한 일이 있다. 아마 뉴스는 원서접수 상황을 알고자 했던 기다리던 현실과 관련이 있으리라 본다. 딸의 학력고사 성적이 나쁘지 않아 피분석자는 기분이 좋은 편이었는데 그런 기분이 서양미녀가 나오는 영화라든가, 말을 탄다든가, 도마뱀을 뺏는다든가 하는 씩씩한 모습과 관련될 수도 있겠다.
　피분석자의 자아는 말탄 여장부가 되어 누군가로부터 도마뱀 같은 것을 빼앗았다. 마치 많은 신화 속의 말탄 영웅들이 나쁜 용을 퇴치하듯 — 미지의 인물로부터 빼앗았다는 점에서 도마뱀은 지금껏 무의식적인 어떤 미지의 내용 속에 숨어 있다가 자아의식에 의하여 인식되고 자아가 조절할 수 있는 것이 된 것이라 볼 수 있다. 그 무렵 이 피분석자의 꿈에 연달아 나타나서 길을 가르쳐주기도 하고 자아를 위험으로부터 보호해주기도 하며 도와주는 모르는 여인이 이때 등장한다.

이 여인상은 무엇인가? 나는 이것을 신화나 민담에서 어려움에 처한 주인공을 돕는 산속의 여인, 지하국의 여인[39]과 같이 우리의 무의식에 존재하며 자율적으로 정신의 질서를 조절하는 상징, 때로는 여성들에게서 자기의 상징이라고 본다. 그것은 이미 그 자체로서 기능을 발휘하는 이른바 정신세계에 있는 객체정신(Objektpsyche)[40]이다. 이 여인은 피분석자의 마음속에 있는 여인으로서 의식을 좀더 깊은 곳으로 인도하는 또 하나의 여성적 인격, 피분석자가 이제껏 모르고 있던 자신의 내부에 있는 여성의 예지와 같은 것이다.

꿈의 자아는 이 여인과 함께 도마뱀의 독 있는 부분을 떼어버리고 살만 추리는 작업을 한다. 그런데 바로 그 독 있는 부분이 조그만 항아리로 바뀌고 평평한 돌로 뚜껑을 덮은 서너 개의 항아리가 된다. 여기서 우리는 도마뱀의 상징적 의미를 살펴볼 필요가 있다.

도마뱀의 상징

도마뱀은 우리나라에서도 적지 않게 발견되는 작은 파충류인데 민담이나 민속에서는 좀처럼 그 이름이 나오지 않는다. 독일 미신사전[41]에 따르면 도마뱀은 뱀과 달리 해를 좋아하는 동물로 간주되어 태양신과 관계를 맺고 있다. 신플라톤학파에게 도마뱀은 태양신으로 간주되었으며 시리아-헬레니즘 상징으로는 지나치게 해로운 열(熱)이었다.[42] 로마 신화에서는 죽음의 잠과 미래의 깨어남의 속성을 지닌 것으로, 죽음과 재생의 상징이다. 꼬리를 잘라도 다시 생겨나고 목을 치면 머리가 자꾸 생긴다는 속신도 있어 도마뱀이 신생기능을 상징함을 암시하고 있다.

영혼이 도마뱀의 모습으로 나타난다는 이야기는 독일계 여러 지방에서, 또한 원시민족에게서도 볼 수 있다. 뱀처럼 도마뱀도 좋고 나쁜 귀령으로 양면성을 지니고 있다. 또한 도마뱀은 고대로부터 독이 있는 것으로 믿었다. 아직도 그 살을 사랑의 주술에 쓰는 지방이 있다. 여름에 채색 도마뱀의 꼬리를 잘라서 거기서 나오는 즙을 손수건에 적셔 심지를 만들어 불을 켜면 램프가 비치는 것은 모두 은빛으로 나타난다고 한다. 그밖에도 여러 가지 주약, 주술의 수단으로 이용되었다. 도마뱀은 또한 저주를 막는 방어수단이기도 했다.

도마뱀은 많은 종족에게 신의 사자이거나 부족을 보호하는 신이다. 사모아족에게 도마뱀은 최고 신이며 무지개 신의 아들로 그는 기후신에게 비가 오도록 빈다. 그리하여 집, 아궁이, 물의 수호신, 나라의 위험을 막는 신이 되었다. 민간의약으로서도 도마뱀은 중요한 자리를 차지한다. 프레이저(Frazer)도 도마뱀이 영혼의 모습으로 인체를 떠나서 신체 안으로 못 들어오면 사람이 죽고, 들어오자 살아났다는 이야기를 소개하고 있다. 또한 악귀를 물리칠 때 주물로 쓰임을 제시하고 있다.[43]

이렇게 볼 때 도마뱀은 생명현상의 변환이며 신생을 조절하는 무의식의 정신적 에너지의 상징이다. 또 음의 원리라기보다 양의 원리, 즉 무의식 속에 존재하는 의식성, 의식화의 내재적 근원이며 잠재력[44]이다. 꿈에서는 이런 도마뱀의 독을 떼내는 작업이 실시되고 있고 바로 그 독이 항아리로 바뀐다.

게르만족의 미신 가운데에는 도마뱀의 독은 태양에서 나왔다는 이야기가 있다. 이 꿈은 도마뱀이 독을 지닌 것으로 묘사되고 독이 결국은 유용한 것으로 변할 수도 있음을 보여주고 있다. 그러므로 독은 무독한 살과 구별해서 독으로서 정화되어야 할 필요가 있음을 제시하고 있다. 어떤 위험성을 더욱 뚜렷하게 분간하고 인식하는 분리작업이라고 할 수 있다. 도마뱀의 즙을 불의 심지에 떨구면 모든 것이 은빛으로 보인다는 게르만 속신에서 즙의 주술적 힘이 표현되고 있거니와 이 꿈에서는 독즙이 항아리로 변하고 있다.[45]

독즙이 항아리로 변하는 주제를 민담의 세계에서 직접 발견하기는 어렵다. 안티 아르네(Antti Aarne)와 스티스 톰슨(Stith Thompson), 독일 미신사전, 독일 민담사전 어디에도 독으로 항아리나 그릇을 빚는 이야기의 주제는 발견되지 않는다. 그러나 이것은 오히려 도예의 나라인 한국의 옛날과 오늘의 도공들이 항아리 만드는 과정과 쉽게 연결될 수 있을 듯하다. 깨지지 않고 새지 않는 단단한 항아리가 되기 위해서는 진흙의 습도, 가마솥의 환경, 열의 온도조절 등에 못지않게 흙의 질이 중요하다. 어떤 흙을 어떻게 다지고 무엇과 섞느냐 하는 문제는 아마도 도공들의 오랜 숙제일 것이고 그러한 작업 속에 서양의 연금술사처럼 상상의 물질이 훌륭한 도자기의 제작과정에 첨가될 수 있었을 것이다. 그중 하나가 뱀이나 도마뱀의 독즙일 수도 있을 것이다. 이 꿈을 꾼 피분석자는 마치 그러한 도공과 같은 작업을 함께 하고 있다.

그런데 독이 유용한 목적으로 사용되고 그 가치가 인정된 것은 근대 약물학의 경우뿐 아니라 중세 연금술의 작업에 사용되는 '그릇'(vas Hermetis)의 의미에 풍부하게 드러나 있다. 연금술의 그릇은 그 속에서 기본물질이 정련되어 최고의 물질인 메르쿠리우스 또는 라피

스(돌)가 생겨나는 곳이다. 그것은 신성한 이기에 생명을 불어넣는 그릇으로서의 동정녀와도 같다.[46]

우리의 항아리에서는 무슨 일이 일어나고 있는가? 김치가 성숙되거나 메주가 들어가 간장, 고추장이 익어가는 그릇이다. 우리 여인들의 손끝에서 발효식품이 만들어지는 곳 —— 우리의 여인들은 실제적인 연금술, 우리의 몸을 양육하기 위한 연금술을 장독대와 부엌에서 대대로 행했다. 현대여성들이 까맣게 잊어버렸고 업수이 여기는 삶의 과정이 항아리에서 이루어져 왔다.

꿈을 꾼 여인은 그것을 재현하고 있다. 햅쌀을 담는 작은 단지는 우리나라 민속에서는 가신(家神), 성조신(成造神, 보통 성주신이라 부름)의 신체(神體)이기도 했다. '연금술의 그릇'은 증류기, 용광로, 변화물질을 담는 기구일 뿐 아니라 그 자체가 신비로운 것이며, 그 속에 모든 비밀이 들어 있어 이를 아는 것이 매우 중요하다. 융에 따르면 그것은 신비한 돌을 산출하는 하나의 모체(母體, matrix)이거나 자궁이다. 그것은 그래서 둥근 모양을, 그것도 알의 형태를 취해야 한다. 더 나아가 그릇은 증류통으로서가 아니고 신비한 관념으로 표현되었는데 다름 아닌 영원한 물(aqua pernanens)로서 표현되거나 또한 불이라고 명명되기도 했다. 이것은 다름 아닌 현자의 메르쿠리우스였던 것이다.[47]

독과의 관계에서 연금술의 특이한 관념으로 보면 최고의 물질은 항상 대극합일의 상징으로 표현되었다는 사실이다. 다시 말해 그것은 금속이면서 액체, 물질이면서 정신, 차면서 뜨겁고, 독이면서 치유의 약수라는 것이다. 혹은 전설적인 괴물 구렁이 바실리스크(Basilisk)와 전갈의 치명적인 독이며 다른 한편으로는 만병통치약이고 구원자다.[48]

이는 연금술이 지향하는 최고의 것이 이중적 의미가 있다는 말이 아니고 대극을 포괄 또는 융합하는 자라는 뜻을 말해주는 것이다. 우리의 꿈에 나온 항아리가 그와 같은 포괄적인 전체성을 상징한다고 보기는 어렵지만 독즙의 긍정적 변환으로서 전체성에 이르는 하나의 과정을 제시한다고 볼 수 있을 것이다.

이 꿈에서 도마뱀으로 표현된 본능적 요소는 의식에 대해서 위험할 수 있다. 그러나 바로 그 위험한 듯 보이는 것이 창조와 변환의 조건이 될 수 있다. 모든 창조는 모험이며 위험스러운 고통을 거쳐서 이루어진다. 또한 독은 잘 쓰면 약이 된다. 중요한 것은 독을 약으로 변하게 하는 인간의 의식성이다. 피분석자의 무의식은 파괴적인 충동이 모성적 포용력으로 변환될 수 있다는 사실을 구체적인 작업을 통해 제시하고 있다는 것, 무의식적인 위험한 본능적 기능이 정신의 좀 더 깊은 중심으로 자아를 이끌어갈 수 있다는 사실을 구체적인 작업을 통해 제시하고 있다. 고태적인 동물의 정수는 이용가능한 현실적인 생활도구로 바뀐다. 그것은 일종의 본능의 자기계발, 그 의식화 과정을 상징적으로 묘사하고 있다.

그리고 이러한 본능의 의식화 과정은 꿈에 등장한 여인이 "평평한 돌이나 바가지를 씌우면 제법 쓸 만한 새지 않는 그릇이 된다"고 한 말에서 보듯 한국적이고 토속적인, 소박하면서도 굳센 모성성의 출현으로 끝나며 꿈의 자아는 이러한 결과를 "가난하지만 이만해도 훨씬 쓸 만하다"고 만족해한다.

항아리로 나타난 그러한 모성성은 장신구와 보석으로 현란하게 꾸민 현대의 감각적 물질문명사회의 여성적 속성이 아니라 토착적이며 견실한 모성성이다. 그 이름 모를 여인의 도움으로 꿈의 전반부에 나온 서양미녀와는 전혀 다른 또 하나의 깊은 곳에서 나온 피분석자의 개성이 의식을 향하여 제시되었던 것이다.

본능의 의식화 과정을 도식화해보면 다음과 같다.

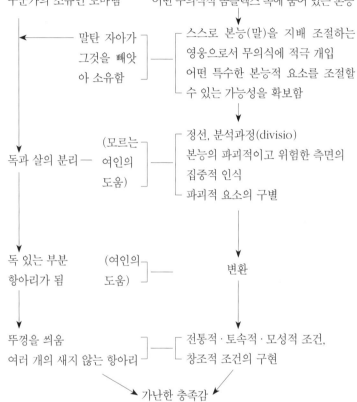

〈꿈의 현상〉 〈심리학적 의미〉

누군가의 소유인 도마뱀 어떤 무의식적 콤플렉스 속에 숨어 있는 본능

말탄 자아가 스스로 본능(말)을 지배 조절하는
그것을 빼앗 영웅으로서 무의식에 적극 개입
아 소유함 어떤 특수한 본능적 요소를 조절할
수 있는 가능성을 확보함

독과 살의 분리 ─ (모르는 정선, 분석과정(divisio)
여인의 본능의 파괴적이고 위험한 측면의
도움) 집중적 인식
파괴적 요소의 구별

독 있는 부분 (여인의 변환
항아리가 됨 도움)

뚜껑을 씌움 전통적·토속적·모성적 조건,
여러 개의 새지 않는 항아리 창조적 조건의 구현

가난한 충족감

꿈의 전반부는 본능의 조절하기 어려운 부분을 과감히 빼앗아 그것
을 죽이고 독을 분리하는 과정에서 항아리가 만들어지는 성과가 있
었다. 그러나 후반부는 이와는 전혀 다르게 이때까지 친근하다고 여
겨졌던 강아지, 조절 가능한 본능의 측면이 파괴적인 작용을 나타내
기 시작하여 그것을 처치해버리는 내용으로 끝난다. 하나는 창조적인

변환이, 다른 하나는 십자가로서 요괴적인 요소의 말살이 진행되고 있다.

앞에서는 연금술사의 치유의 묘약을 만드는 작업에 의해 한국적·토속적 모성성의 창조적 가능성이 마련되는데, 뒤에서는 유혹적인 여인으로 사람의 혼을 빼앗는 마귀와도 같은 강아지를 서양의 기독교 정신으로 처치한다. 이 둘은 서로 매우 모순되는 듯 보인다. 강아지에 대한 혐오감은 개인적인 것으로 피분석자가 아버지에게 받은 영향 때문이었다. 피분석자는 아버지의 감정을 그대로 자기 것으로 받아들였고 살아오면서 이제껏 부성적 로고스에 이바지한 나머지 섬세한 감정, 모성적 여성의 매력을 그리 중요시하지 않았다.

동물이 사람을 홀리는 여괴(女怪)로 변하는 것은 대개 우리나라의 속신에서는 동물이 너무 나이가 먹을 경우, 오래 묵을 때 생긴다고 본다. 너무 오래 무의식에 억압한 채 내버려둔 본능적 욕구는 대개 부정적인 작용을 나타내어 의식에 파괴적인 영향을 미치게 마련이다. 그것은 이를테면 억압된 성적 충동과도 같은 것이다. 이것을 어떻게 다루어야 할 것인가. 이 꿈에서는 오직 기독교적 구원의 상징, 십자가로서 제치할 수 있다는 사실이 시사되어 있다.

이것은 서양의 요괴전설, 드라큘라형 전설 등의 문제해결방식을 제시하고 있어 앞부분과 전혀 다른 양상을 띠고 있다. 앞에서도 언급했듯이 피분석자는 선과 악을 상당히 강하게 대결시키는 흑백판단의 성향을 지니고 있었다. 그런 의식적 성향이 꿈의 이러한 부분에서 보이는 자아의 행위를 뒷받침해주고 있고 이런 해결이 과연 바람직한 것이겠느냐 하는 의문을 제기한다. 두 번째 꿈의 사건은 첫 번째 꿈의 창조성에 대한 보상의 결과로 피분석자가 지닌 또 하나의 문제를 제기한 듯하다. 사실상 피분석자의 의식은 한편으로는 마술성에 동화되기 쉬운 상태에 있고 다른 한편으로는 마술성에 대한 강한 불안과 공포를 품고 있었다. 꿈에서는 스스로 기독교에 광신적으로 의지함으로써 이를 억압하려는 극단적인 성향을 나타내고 있다. 그러나 이 꿈의 해결책을 긍정적인 측면에서 본다면 강아지로 대변된 의존적이며 표리부동의 해리된 무의식의 왜곡된 여성적 인격은 오직 고통과 죽음과 부활의 상징(십자가), 그리고 희생을 바탕으로 한 창조성에 의하여 극복될 수 있음을 보여준다고 할 수도 있다. 그러나 꿈의 앞부분과 뒷부분의, 얼핏 보기에 전혀 다른 측면의 문제해결방식을 어떻게 꿈꾼 사람에게 통합하느냐 하는 어려운 과제가 여기에 있다.

꿈에서 자기실현의 상징은 이렇게 복합적인 메시지를 담고 있어서 전문가라 하더라도 쉽게 판단하기 어렵다. 그것은 마치 델피의 신탁, 또는 선사(禪師)들의 화두와 같아서 이중, 삼중의 의미를 담고 있다.

4위와 원―만다라 상징, 빛과 6의 의미

넷이라는 숫자와 4각과 원으로 구성되는 무의식의 상은 자연스럽게 무의식이 만들어내는 전체정신의 상징이라고 융은 생각했고 그 사례는 그의 저서 여러 곳에서 제시되어 있다. 이미 앞의 꿈에서 단편적으로 제시되었듯이 한국인 피분석자의 꿈에도 만다라 상징으로 알려진 그러한 상이 나타난다. 그러나 이것이 그렇게 자주 나오는 상은 아니다. 모든 동그라미와 4각을 만다라 상징이라 하지는 않는다. 사람들은 '만다라상'을 개인의 상상으로 그려내거나 때로는 의도적으로 합동으로 그리기도 하지만 그것이 무의식에서 자연스럽게 표현된 만다라 상징과 같은 것인지는 단언하기 어렵다. 그러나 꿈이나 환상에서 그런 주제가 의미있는 것으로, 혹은 의미있는 관련하에 출현한다면 그 상징의 의미를 잘 음미해볼 필요가 있다.

한 집단의 지도자가 집단성원의 문제로 복잡한 마음에 사로잡혀 있을 때 다음과 같은 꿈을 꾸었다.

사람들이 함께 모여 무엇인가 논의를 하고 계획을 짜고 있었다. 넓은 초원 같은 곳에서 놀기도 하고 논의도 하고 했다. 어느 순간에 그룹 토의를 하기 위해서 잔디밭에 여러 그룹으로 모여 앉았는데 그 형태가 정사각형이었다. 내가 그 전체를 한눈에 볼 수 있었는데 신기하게도 우리나라 지도 모양을 뚜렷하게 이루고 있었다. 하도 신기해서 그 지도를 한참 들여다보고 있었다. 그러면서 이 모임이 잘될 수 있을까 하고 그 결과를 생각하고 있었다. 그런데 얼마 후에 한 선배가 보이고 힘을 합쳐서 밀고 나가면 잘될 것이다, 문제없다 하면서 다른 사람과 함께 나를 격려해주었다. 그래 나도 든든한 마음이 되면서 안심이 되었고 사람들이 모여서 만든 지도를 보면서 흐뭇한 웃음을 지었다. 잘 가꾸어진 잔디밭과 그 주위를 둘러싸고 있는 자연과 나무들에 어울려서 지도는 아주 아름답게 보였고 내 마음도 점점 더 뿌듯해지고 있었다. 그리고 힘을 합해 잘해나갈 수 있으리라는 확신과 자신감도 생겼다.

연상: 우리나라 지도—역사, 전통, 한민족, 통일, 하나 됨

이 꿈에서 토론하는 사람들이 정사각형으로 앉아 있다는 것이 무엇을 의미하는지 우리는 아직 알 수 없다. 꿈꾼 사람의 특별한 연상도 없다. 그룹은 동그랗게 앉아서 토론할 수도 있었을 것이다. 그러나 여기서는 여러 개 정사각형이 모여서 우리나라 지도를 만들고 있는데 그것이 그냥 기하학적 선으로 그려진 것이 아니고 잔디밭과 나무로

에워싸인 자연의 형태로 이루어져 있다. 사각형의 주제가 하나가 아니고 많다는 것, 그것을 감싸는 것이 있기는 하나 그것은 원이 아니고 우리나라 지도다. 하나의 중심이 강조된 원과 사각의 결합이 아니고 여러 개의 중심이 하나의 지도 안에 수렴되는 구성으로 전형적인 만다라 상징이라 하기는 어렵다. 그러나 꿈꾼 사람이 우리나라 지도에서 통일과 하나 됨을 연상한 것으로 미루어 지도는 현실적인 지리적 상을 빌린 집단적 전체상을 나타내는 것 같다.

여기서 사각의 모임은 무엇을 뜻하는가. 그것은 대극 간의 긴장을 토대로 한 질서와 조화를 말한다. 그것은 '각진 것의 질서'이며 균형이다. 서로 다른 방향이 구체화되었으면서 전체의 조화를 이룬 것, 대극합일의 뜻이 담긴 대립과 화해의 상징, 한마디로 전체성의 상징이다. 다만 그 전체성은 한반도라는 공적·집단의식적 토대에 있다. 그러므로 아직 꿈꾼 사람 자신이 갖는 정신의 전체성인 자기의 상징이라고 하기에는 이르다. 전체를 포괄하는 틀은 자연스러워야 하고 한국적이어야 하나 개개의 소집단은 나름대로 의견을 갖고 서로 절충점을 모색해야 한다는 것을 시사하는 꿈이다.

작은 전체가 모인 전체,[49] 시대적·지리적·문화적·민족적 현실의 틀 안에 있는 전체는 아름다운 푸른 자연으로서 성장의 희망을 보이고 있다. 운영하고 있는 단체의 현실적이고도 구체적 문제에 대한 고민을 불식하는 희망적 예후를 예시하는 것이기도 하고 꿈꾼 사람 자신의 마음가짐을 제시하는 꿈이기도 한 듯하다. 어쨌든 이 꿈은 그의 마음에 희망을 주었고 걱정하던 일도 실제로 잘 해결되었다. 이 꿈을 꾼 지 한 달 뒤에 4각의 주제가 다시 등장했다.

숲이 우거진 넓은 곳을 내려오면서 20년 전에 시작했던 그 어떤

일을 생각하면서 옆에 있던 잘생긴 젊은이에게 그때로 되돌아가
도 괜찮다고 허락을 하고 있었다. 그 젊은이도 좋아하면서 지금 풀
려고 하는 어떤 문제가 그때와 연관이 있는 것 같다면서 사각형 주
위를 뛰어다니며 웃고 있었다. 그러면서 벌써 20년이 지난 사실이
새삼 새롭게 느껴지면서 10년, 또 그 이전의 10년으로 되돌아가보
면서 지금을 생각해보고 있었다. 그것은 무슨 게임을 하는 것처럼
시공을 초월한 상태에서 이루어지고 있었다. 이때 내 마음도 현재
를 떠나서 허공을 훨훨 날고 있는 것 같았다. 웃으면서, 즐거워하
면서……

4각으로 표현되는 전체상에 뛰어다니는 사람이 만드는 원의 궤적
이 결합되어 있다. '원운동과 결부된 4각', '4각 속을 빙빙 돌아다닌
다', '4각 공간에서 벌어지는 어떤 의식', '사람들이 4각 주위를 빙빙
돈다'는 등 4각과 관계된 꿈의 주제를 융은 「심리학과 종교」에서도
소개하고 있다.[50] 원의 4각화는 대극의 융합이다.[51] 인간 심성은 오
늘의 시점에서 정지된 어떤 단면이 아니고 과거와 현재와 미래의 시
간과 공간을 넘나드는 모든 체험을 포괄한다. 이 꿈은 꿈꾼 사람에게
그가 오늘의 그만이 아닌, 과거의 젊음을 함께 지니고 있음을, 그것이
미래로 이어질 것임을 일깨워주었다.

해시계

30세의 여성이 꿈에서 가족과 함께 여행을 간다. 숙박하는 집이 부
실하다는 이야기를 나누면서 집을 자기 마음대로 짓지 못한다는 주
인의 푸념을 듣는다. 좀 불편한 일들이 있은 뒤에 파도가 넘실거리는
바닷가에 가 있다. 그런데 그 바닷물 속에서 천연적으로 만들어진 해

시계를 본다.

　넓은 원형으로 파인 곳 가운데에는 시계침이 놓여 있고 원을 따라 12, 3, 6, 9시를 나타내는 지점에 큰 돌이 하나씩 놓여 있다. 물론 그 돌들은 모두 바닷물 속에 있고 돌들이 있는 곳은 상대적으로 깊이가 낮아 맑은 물 아래로 누런 돌들이 잘 보이게끔 되어 있다. 햇빛을 받아 물 그림자가 일렁이는 맑은 물 아래의 돌들은 인상적이었다. 그 돌 안쪽의 원형은 상대적으로 깊이 파여 있어 깊어 보인다. 전체적으로는 해시계를 중심으로 맑은 바닷물이 일렁이고 있다. 나는 이렇게 천연적으로 해시계가 만들어져 있다는 것이 매우 신기해서 시각을 나타내는 그 돌들을 하나하나 손으로 가리키며 "시계처럼 딱 맞다!"며 소리를 친다. 해시계 주변에는 나와 우리 아이들, 그리고 모르는 사람들이 여럿 있었다. 누군가가 그 해시계 중심을 향해서 화살을 당긴다. "맞았다!" 하는 소리가 들려 모두 그 화살이 떨어진 지점을 살펴보는데, 나는 순간 "화살을 어떻게 다시 꺼내지?" 하는 생각에 미쳤다. 그런데 다행히 화살에는 끈이 달려 있어서 다시 잡아당겨 쓸 수가 있게 되어 있었다. 화살이 다시 물가로 끌려나온다. 이렇게 물가에서 놀다가 어떤 사람이 해시계 옆에서 물에 빠져 누군가 구해주는데 위험하다고 생각한다. 방파제를 작은 꼬마가 겁없이 달려가는 것을 조마조마한 마음으로 지켜본다. 맑고 푸른 바닷물이 매혹적이긴 하지만 끝을 모르는 깊이의 이 바다에 빠지면 위험할 것 같은 느낌이 강하게 들었다(그 뒤에는 장면이 바뀌어 높은 데로 나 있는 길로 도망간다).

이 꿈에 나타난 해시계는 전체정신, 즉 자기를 상징하는 만다라의 구조를 가지고 있다. 원형으로 파여 있는 주변에 12, 3, 6, 9시를 나타내는 큰 돌이 네 개 있다. 원과 사각의 구성에 중심이 강조되어 있다. 꿈꾼 사람에게는 전혀 뜻하지 않은 상이다. 해시계가 돌로 이루어진 점은 이 시계의 고태성을 나타내며 그 중심을 화살로 쏘아맞히는 것 또한 상징적인 의미가 있다. 활을 쏜다는 것 자체가 대극의 긴장을 통해서 중심에 도달하는 것으로 대극합일의 상징이다.[52]

해시계가 밖에 있지 않고 투명한 물속에 있다는 것은 태곳적부터 무의식 속에 있어서 드러나지 않던 자기원형을 의식화와 더불어 인지할 수 있게 되었다는 의미로 생각할 수 있다. 시계는 가끔 우주적 질서의 상징으로 현대인의 꿈에 나타난다.[53] 이 꿈에서 꿈꾼 사람은 물속의 해시계를 신기하게 생각하면서도 처음에는 다소 천진난만한 소녀처럼 재미있는 놀이의 대상으로 삼고 있는 듯한 인상을 준다. 그러나 뒤에는 그 깊은 물에 빠지는 사람이 생겨나고 그 옆을 겁없이 달리는 아이를 조마조마한 마음으로 지켜본다. 해시계가 있는 물가가 결코 안전한 곳이 아님을 보여주고 있다. 자기원형과의 접촉은 때론 위험할 수도 있다. 앞에서 말한 대로 자아의식이 무의식에 빠져버릴 위험이 있기 때문이다. 다시 말해서 자아가 자기의 영향 아래 있어 팽창해버릴 우려가 있다. 이 꿈은 이러한 분석과정의 위험성과 자기원형에 대해 자아가 어떤 자세로 임해야 하는지를 알려주는 꿈이라 할 수 있다.

꿈에서 사각형과 원이 움직임 속에서 변화하는 상으로 나타나는 경우가 있다. '움직이는 만다라'는 소용돌이(spiral)가 된다. 다음은 50대 여성이 꾼 꿈이다. 그녀는 꿈속에서 시골에 가 있다가 서울로 올라오려고 버스 시간표를 알아본다. 그러다 장면이 바뀐다.

선사시대 집터인지 무덤터인지 사각형의 넓은 광장에 사람들이 많이 들어서 있다. 무엇인가를 살피는 것 같다. 그런데 그 광경이 차차 둥글게 변하고 깊어진다. 그러다 사람들은 안 보이게 된다. 나는 신기하다고 여긴다. 사람들이 빨려들어갔는지(블랙홀처럼) 시야에서 사라졌다.

변화과정 속에서 많은 사람이 시야에서 사라져버린다. 마치 창조신화의 필름을 거꾸로 돌리듯이, 집단사회의 최초의 시원(始原)으로─의식의 기원으로 돌아가는 것을 말하는 듯도 하다. 그럼으로써 그 전체정신의 중심으로부터 다시 태어나야 함을 말해주려는 것인지 알 수 없다.[54]

같은 피분석자는 이보다 앞서 약 4개월 전 9일 동안에 원형적 상이 나오는 꿈을 연달아 세 개나 가져왔는데 주로 자기원형과 관계되는 것이었다. 그 당시 피분석자는 몸이 불편한 상태였다.

그녀는 꿈에서 자신이 이루어야 할 무언가가 세 가지 있는데 그것이 무엇인지를 확실히 알 수가 없다고 생각하고 있다. 그때 잔디밭처럼 보이는 아주 큰 '녹색의 커다란 원'[55]을 본다. 그녀가 이루어야 할 것은 전체적 심혼의 성장임을 암시하고 있다.

다음 날 하체가 잘려 나간 마네킹처럼 무표정한 남녀 흉상이 물속을 왔다갔다하고 핏줄이 얽히고 임파선이 다 보이는 등 불쾌한 꿈을 꾼다. 해체(解體)의 주제가 실제적인 신체장기의 장해와 함께 나타나고 있다. 그러나 해체는 언제나 통합의 전제가 되기도 한다. 아직 건강이 회복되지 않은 단계에서 그녀는 황금의 궁전을 꿈속에서 본다.

황금색의 궁전이 물속에 있다. 주위의 모든 것이 황금색이다. 물

자체가 황금빛이다. 나는 그 사이를 한 마리 물고기처럼 돌아다니며 보고 있다.

연상
황금의 궁전—용궁, 한국식 건물, 비원의 건물

용궁의 치유적 상징을 생각해본다면 꿈의 자아가 황금빛 물속을 돌아다니는 이유를 알 수 있을 듯하다. 자아가 물고기처럼 돌아다닌다 함은 자아가 물고기의 능력과 수준을 갖춤으로써 무의식세계를 좀더 자유롭게 소요할 수 있는 자유, 그런 자유를 누리고자 하는 희구의 표현이다. 『태을금화종지』에 나오는 황금의 꽃은 빛이며 우리 마음속에 있는 중심의 상징이다. 서양 연금술에서 최고의 물질은 현자의 황금(aurum philosophorum)이기도 하다. 자아는 금액(金液) 속을 소요하며 자가치유의 여유를 얻는다고나 할까. 그러나 모든 것은 아직 무의식적으로 일어나고 있다. 자아가 물고기-무의식의 살아 있는 내용을 동일시하고 있기 때문이다.[56]

다음 꿈에서 피분석자는 물속에서 자기를 향해 비치는 빛을 경험한다.

나는 어둑어둑한 해변을 걷고 있다. 뒤에서 물이 들어오고 있다. 썰물인가? 물밑으로 한 줄기 빛이 강하게 물길을 따라 계속 내 뒤를 따라온다. 나는 가끔 뒤돌아 그것을 본다. 물속에 터널이 있는 것도 아닐 텐데 이상하다고 생각한다. 너무 생생한 체험이었다.

빛은 어둠을 물리치고 광명을 가져다주는 것—무의식을 의식화하는 근원이며 원동력이다. 빛은 리비도, 정신적 에너지, 창조의 힘이다. 그러므로 많은 신화에서 빛으로 인해 잉태되는 이야기가 있다.[57] 빛은 본래 무의식에 있다. 파라켈수스(Paracelsus)의 자연의 빛(Lumen naturae)의 상태로 ─ 연금술에서 빛은 내적인 정신적 인간을 가리키는 말이다.[58] 그것은 다름 아닌 자기원형의 상이기도 하다. 그러한 빛이 이제 물속에서 꿈꾼 사람을 따라가며 비추고 있다. 마치 물속의 빛을 인식하도록 재촉하듯이 ─ 고통과 죽음과 재생의, 시공을 초월한 끊임없는 자기실현의 주체는 신체적 장애에도 불구하고 언제나 찬연히 빛나며 그것은 곧 다름 아닌 자신의 무의식에서 나온다는 사실을 일깨워주려는 듯하다. 건강인의 꿈속에서뿐 아니라 한국인 정신과 환자들도 빛의 파괴적 작용뿐 아니라 치유의 힘을 경험하고 있다.[59]

만다라의 상징은 신비한 모습으로만 나타나지 않고 충격적인 모습으로 나타나기도 한다. 현대인에게서 만다라의 중심은 대개 비어 있다고 융은 말했으나 때로는 이해하기 어려운 상이 있기도 하다. "큰 타원형 중심에 깊은 명상에 잠긴 부처와 해골이 있는 상"(앞의 화보 참조)으로 나타나기도 하는데 그것은 마치 죽은 예수를 무릎에 안은 피에타의 상, 재생을 위한 죽음과 고통을 슬픔으로 감싸안고 어루만져주는 영원한 모성의 원형상, 혹은 꿈꾼 사람의 말대로 그조차 초월한 절대고독, 적멸의 경지와도 같다.

자기원형상은 때로는 우주에서 지구로 돌진하는 크기가 어마어마한 운석 모양의 구(球)로 꿈에 나타나기도 한다. 그것은 분명 자기원형의 그림자상이다. 자기원형은 개인적으로나 시대적으로나 위기상황에 나타난다. 그것은 개인의 위기뿐 아니라 세계의 위기를 알리는 경고의 메시지이기도 하다.

나선형의 환상

앞에서 보았듯이 만다라의 상징에 연관되는 상에 소용돌이가 있다. 자기실현을 적극적으로 시도하던 한 여성 피분석자가 반복적으로 소용돌이, 둥근 공 모양의 상을 꿈과 환상에서 목격했다.

처음에는 한밤중에 일어나 잠이 덜 깬 상태에서 화장실에 앉아 있을 때 본 환상에 그것이 나타났다.

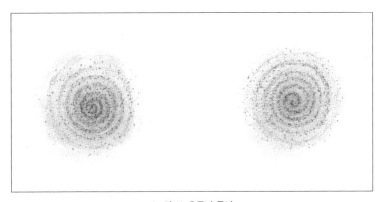

〈그림 9〉 우주가 돈다

우주가 돌기 시작했다. 그러자 갑옷 입은 장수가 나타났다. "누구세요?" 하고 물으니 돌로 쌓은 성곽 옆에 서 있던 장수는 "나는 성을 지키는 장군"이라고 말했다.

우주가 도는 모습은 소용돌이의 움직임이었다(그림 9).
약 한 달 뒤 아침에 깨서 비몽사몽간에 본 환상은 다음과 같다.

정갈하면서 작고 고요하고 아담한 방, 내가 좋아하는 조선창문 앞, 나무로 만들어진 긴 상 위에 아주 맑은 수정(구슬)이 놓여 있는

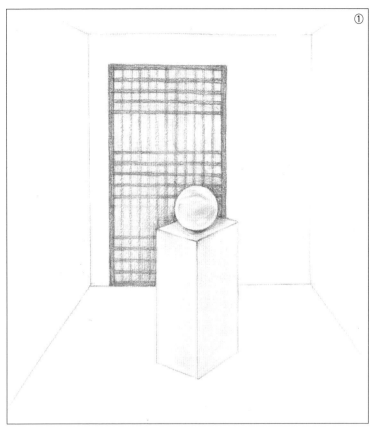

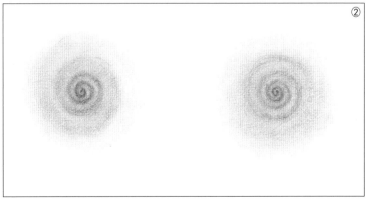

〈그림 10〉 맑은 수정(①)과 그 뒤에 본 긴 터널 모양으로 도는 우주(②)

것을 본다. 나는 그 수정이 두렵지 않았다. 그다음에 우주가 돌기 시작했다.

격자창호를 배경으로 네모난 상 위에 놓여 있는 투명한 수정은 분명한 만다라상이다(그림 10). 16일 뒤에 다시 우주가 도는 환상을 보았다며 그녀는 다음과 같이 설명했다.

어둠 속에서 빛이 모여들기 시작했다. 어둠과 빛이 합치더니 우주가 돌기 시작했다. 처음에는 오른쪽 방향으로 터널을 이루며, 그다음에는 왼쪽 방향으로 터널을 이루며. 나는 그 안에 무엇이 있나 궁금해 들여다보았다. 왼쪽으로 빠르게 움직이던 우주가 천천히 돌자 초록색 모양의 무언가가 보였다. 그 빛깔이 좋았다. 약간 두려운 생각이 든 나는 불을 켜고 앉았다(그림 11).

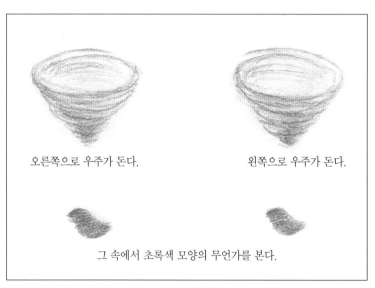

오른쪽으로 우주가 돈다.　　　　　왼쪽으로 우주가 돈다.

그 속에서 초록색 모양의 무언가를 본다.

〈그림 11〉 우주가 돈다. 우주 속의 초록

피분석자는 이 환상상을 중심으로 적극적 명상을 시도했다. 그러나 무의식에 휩쓸릴 것 같아 두려운 마음이 들어서 중도에 그만두었다.

소용돌이는 이미 지적한 대로 중심으로의 선회를 주제로 한다. 그것은 중심으로 들어갈 뿐 아니라 다시 나올 수도 있는 길이다. 그런 점에서 상징적으로 미로(迷路, Labyrinthos)의 상징과 함께 자주 언급되어왔다.[60] 와문(渦紋)은 죽음과 재생, 생성과 회기, 후진과 전진, 생명의 원초적 리듬의 영원한 반복의 상징이다.

크레타섬에 있는 라비린토스성 한복판에는 소의 머리를 한 괴물이 있어서 미로를 헤매는 포로를 잡아먹었다는 전설이 있다. 영웅 테세우스가 아리아드네의 실타래를 들고 들어가 이 괴물을 죽이고 그 실을 따라 도로 나올 수 있게 되었다는 전설[61]처럼 소용돌이를 따라가다보면 무의식의 중심에서 무엇이 나올지 아무도 모른다. 그러니 환상을 계속 들여다보는 것이 두려운 일임은 당연하다. 그러나 이 마지막 환상에서는 초록색 모양의 무언가가 보이는 등 성장하는 힘과 에너지를 표현하고 있어 그리 위험한 것이 아님을 시사하고 있다.

첫 번째 환상에서 나타난 장군상은 이 피분석자가 의식화해야 할 남성성으로서 아니무스 원형상의 하나일 것이다. 장군상들은 곧 한국 무속에서 무녀들의 환상이나 꿈에 나타나는 신장(神將)과 관계된다.

이러한 환상이 있은 지 한 달 뒤에는 '드넓은 우주에 가로, 세로의 축을 이룬 투명한 구가 떠 있는 것'을 꿈에서 보게 되었다(그림 12). 이 형상은 이전의 만다라상과 달리 움직임이 없고 격자무늬를 하고 있다. 피분석자는 여기서 차가움을 느끼고 어떤 로고스적인 것을 연상했다. 피분석자는 꿈꾸기 전날 밤 분석심리학에 관계된 책을 읽고 잤다. 자기를 추구하는 열정어린 움직임이 냉철한 이성으로 정돈되는 과정이랄까.[62]

〈그림 12〉 우주에 떠 있는 투명한 원

격자무늬는 질서의 상징이다. 동적인 소용돌이에서 정적인 격자무늬로의 변화가 엿보인다. 성급하게 적극적 명상으로 무의식의 깊은 비밀을 캐내려던 시도는 삼가게 되었고 소용돌이의 시각상은 더 이상 나타나지 않았다. 얼마 뒤 피분석자는 장군상을 중심으로 다시 한 번 적극적 명상을 시도해서 의미있는 시사를 얻었다. 그러나 적극적 명상은 극도로 신중히 진행되지 않으면 안 되고 때로는 의도적으로 중단해야 할 때도 있다.

소용돌이나 원, 6면체 등은 환각제를 이용한 시각환상(visual imagery) 유발 시에 곧잘 나타나는 상이며 조현병(정신분열증)환자의 자유화에도 나타난다(앞의 화보 참조).[63] 이것은 모두 건강인의 환상이나 꿈에서 보는 상과 공통된 바탕에서 나타나는 것이라 생각되며 약물이나 정신병은 이 상이 나타나도록 유발하는 역할을 한 것으로 보인다. 자기원형은 정신과 신체가 연결되는 지점에서 나온다고 융은 말하고 있다. 그러므로 그 출현이 약물의 작용으로 촉진된다고 하여 이상할 것이 없다.

이상에서 우리는 한국인 피분석자의 꿈과 환상 가운데서 자기와 자기실현의 상징으로 보이는 의미 깊은 상들을 살펴보았다. 이로써 융이 말하는 자기원형상들이 한국인 피분석자의 꿈에서도 발견된다는 사실이 일부나마 제시된 셈이다. 그러나 이것은 아직 전부가 아니다. 꽃, 보배, 신비한 돌, 가락지, 샘, 동굴에서의 재생, 태모(太母), 눈, 일각수(一角獸), 하느님, 그리고 무엇보다도 융이 연금술에서 자세히 살펴본 나무의 상이 한국인 피분석자의 꿈속에서 자기의 상징으로 나타나고 있다(그림 13). 한국인의 꿈에 6면체(hexagon)가 다소 자주 나타난다는 인상을 받고 있는데 그것이 4위를 대치할 만큼 한국인의 무의식의 전체상을 대변하는 것인지는 불확실하다.

한국인의 꿈에 나타난 자기와 자기실현의 상징을 모두 여기에 소개하기에는 이 책의 전체편성상 지면이 부족하다. 이미 발표했거나 앞으로 나오게 될 연구논문들을 참고하도록 권할 뿐이다. 또한 꿈에 나타난 자기실현의 목표에 이르는 길은 실로 다양하지만 그것을 여기서 남김없이 제시할 수는 없다. '분석심리학 3부작' 제1·2부에서 필자는 이미 그림자의 인식과 아니마·아니무스의 인식과 관련된 자기실현의 꿈을 제시했다.

되풀이하거니와 자기실현을 나타내는 꿈이 따로 있는 것은 아니다. 모든 꿈이 자기실현의 뜻이 담긴 것이다. 왜냐하면 꿈은 전체정신의 중심이며 조절자인 자기의 의도를 나타내고 있다고 보기 때문이다.

자기실현 과정은 무의식의 의식화 과정이다. 꿈은 무엇을 의식화해야 하는지를 제시하고 자아의식은 그것을 찾아서 삶에 보탠다. 물론 보편적이며 전형적인 자기실현의 상징이 한국인 피분석자의 꿈에도 나타난다. 버림받은 아이의 방황과 죽음과 거듭남의 주제, 대극의 합일을 상징하는 신성한 결혼(hiéros gamos), 파괴적인 본능적 지배를

〈그림 13〉 우주의 나무

한 피분석자의 꿈에 나타난 거대한 나무를 꿈꾼 이가 직접 그린 것이다. 다음은 그분의 꿈에 대한 기억의 일부인데 엄청난 원형적 상징을 보여준다.

"바다 한가운데 우뚝 서 있는 엄청나게 큰 나무인데 꼭대기는 구름 속에 들어가 있어서 다 보이지 않았다. 굵은 동아줄처럼 큰 덩굴식물 한 가닥이 나무줄기를 빙 둘러 감아 올라가고, 나무에는 매미처럼 붙어 있는 것들도 있고 개미처럼 기어 다니며 움직이는 것들도 있었다. 자세히 보니 발가벗은 아기들이었다. 나양한 인종의 아기들이었다. 내가 '저게 뭔가요?' 하니 목소리가 말했다. '인류의 씨앗이다. 저 아기들은 나이가 없다.'"

물리치고 보배를 얻는 주제, 동굴 속으로의 내향을 통한 재생의 주제, 부정적 그림자를 춤을 통해 물리치는 행위, 아니마·아니무스의 대결과 화해의 주제 등 — 그러나 자기실현에 관한 무의식의 상징이 영웅신화처럼 전체 줄거리를 선명하게 표현하는 경우는 드물다. 단편적인 신화소(神話素)로서 나타날 뿐이다.

또한 그 원형적 상징이 반드시 고태적이고 신비스러운 형상을 하는 것도 아니다. 때로는 현대 기계문명 아래 이미 만들어진 여러 형상, 문화적·시대적으로 누구나 아는, 집단에서 공인된 상징, 공상과학영화에서 익히 접촉하는 상들이 원형을 표현하는 상으로 차용되는 경우가 있다. 그것은 몰취미하고 삭막하고 인공적이며 무언가 가짜 같은 분위기를 풍기며 본래의 신화가 갖는 자연스러운 드라마의 알 수 없는 깊이와 비밀스러움이 없는 듯이 보인다.

그러나 때로는 사람이 원형과의 접촉에서 느낄 수 있는 강렬한 감정적 충격을 그런 인공적인 상들, 또는 현실의 사회적 집단상들에서 체험하는 경우가 있다. 이 경우에 그것은 자기원형의 체험이고 자기실현의 의미를 가지고 있는 것이라고 할 수 있다. 그러므로 꿈에 나타난 상의 고태성뿐 아니라 그 상에 대한 꿈꾼 사람의 감정반응의 강도를 살필 필요가 있다.

이렇게 자기실현의 상징은 여러 가지 모습으로 꿈에 출현한다. 그 시대, 그 국민이 처한 상황의 특수성, 혹은 전 세계의 정치적·경제적 위기와 같이 인류집단이 관계되는 사건들은 자기실현의 상징을 개인의 꿈에 출현시키는 좋은 기회를 마련한다. 위기는 먼저 자기원형의 그림자를 내보이고 이에 대한 구원의 처방을 내린다. '대인(大人)은 먼저 그림자부터 던진다.' 집단적 무의식은 개인적인 것이 아니고 집단적인 것이기 때문에 집단적 무의식의 원형이 배열될 때 집단 전체에 관여하고 집단적 현상을 일으킨다. 이럴 때 자기원형의 상징은 한 개인에게만 관계되는 것이 아니고 전체 사회성원, 전 인류에게 공통적으로 관계되는 메시지를 담고 있다.[64]

그런 의미에서 한국인 피분석자의 꿈에서 자기실현의 상징은 보편적·원형적 상징 이외에 어떤 특수한 집단적·문화적 표상을 빌려서 표현되고 있는가? 또한 시대적 사건은 한국인의 자기실현과 관련하여 어떤 상징을 꿈에서 나타나도록 하는가? 다음에 이것을 잠시 살펴보기로 하자.

시대상황과 자기실현의 상징

한국인의 무의식에는 한국인 나름의 독특한 지혜, 또는 문제를 다루는 이른바 한국적 유형이 발견되는가. 그러나 이러한 민족적·문화적 특성을 꿈의 자료를 통해 정형화하는 작업은 거의 불가능하다. 왜냐하면 꿈은 개인마다 그 상황에 따라 너무나도 다양한 문제해결의 접근법을 제시하기 때문이다.

일찍이 필자는 서양인 피분석자의 꿈과 한국인 피분석자의 꿈에서 갈등에 대처하는 태도에 어떤 차이가 있는지를 비교한 일이 있다.[65] 결론적으로 한국인 피분석자의 무의식적 갈등의 양상과 그 해결방식이 모두 너무도 다양하여 서양인 피분석자의 경우와 다른 유형을 나타낸다고 확언할 수 없었다. 다만 남성과 여성의 경우에 차이가 있는 것처럼 보인다는 사실을 알게 되었다.

물론 서양인 피분석자의 수가 적어서 이런 인상적 판단을 절대시할 수는 없으나 문화적인 특성은 무의식의 현상이 띠는 색채나 형태에 반영될 수는 있지만 원초적 인간행동의 기본적·원형적 유형을 근본적으로 바꾸는 것은 아니라는 점을 짐작할 수 있다. 또한 문제해결의 다양성은 국가적으로 고취되어 널리 알려진 영웅신화의 방식뿐 아니라 민담이 보여주는 상징의 다양성에 더 가깝다는 인상을 받았다. 물론 민담에서도 볼 수 없는 개인적 다양성이 나타난다.

예를 들면 위협적인 존재, 즉 독사, 괴인(怪人)에 대해서 때로는 무의식은 대결하기보다는 도피할 것을 제안하는데 직선으로 뛰지 말고 지그재그로 달릴 것을 권한다든가, 혹은 심지어 무서운 괴물을 피하기 위해 눈을 꼭 감을 것(무의식 상태에 있는 것)을 권한다. 동물은 힘으로 억압해서는 역효과가 난다는 민담(Märchen)의 지혜도 꿈에서 발견된다. 물론 이것은 비단 한국문화에만 특유한 것은 아니다.[66]

개인적 갈등의 경우에는 다양한 의식적·무의식적 접근방식과 반응이 있겠으나 민족 전체, 인류 전체가 관여된 시대상황에서는 그 시대상황이 원형의 배열에 따라 일어난 현상이든 아니든 그것을 체험하는 사람들의 무의식에 모든 집단성원에 관계되는 의미 있는 원형적 상징들을 내보내는 경우를 목격한다. 융은 제3제국의 출현과 제2차 세계대전 발발 이전에 독일인 피분석자의 꿈에서 보단의 출현을 목격하고 심상치 않은 일이 일어날 것임을 짐작했다.

분단된 한국의 특이한 상황은 한국인의 의식과 무의식에 어떠한 영향을 주었던가? 정치체제 때문에 만날 수도 편지를 보낼 수도 없게 된 이산가족의 말로 할 수 없는 고통, 냉철한 판단으로 남북의 통일을 추구하며 진지하게 노력하는 사람들의 인도주의 정신, 북한의 민주화, 개방과 인권의 개선을 위해 걱정하는 사람들의 마음을 우리는 익히 알고 있다. 그것은 분단상황이 일으킨 한국인의 의식상황의 큰 흐름을 이루고 있다.

그러나 내가 여기서 말하고자 하는 것은 '남북 분단의 긴장과 통일'

이라는 현실적 명제가 개인의 정신적 분열상황의 투사대상이 된 경우를 말하는 것이다. 남북 분단과 긴장이 한국인의 무의식에서 개인적인 정신적 해리의 위기를 표현하는 대상으로 이용되고 있는 경우다.

나의 경험으로는 1970년대와 1980년대, 남북의 긴장관계가 첨예화된 상황에서 피분석자의 꿈에 남북 분단과 화해의 주제가 유난히 많이 출현했다. 꿈에 나오는 북한은 완전히 모르는 미지의 위험한 세계이며 꿈속에서 사람들은 휴전선을 숨어서 넘나들었다. 때로는 휴전선상에서 남북이 모여 합창을 하는 꿈도 있었다. 통일의 비결과 방안을 가지고 있다고 청와대로 몰려가는 정신과 환자도 적지 않았다. 분단과 통일은 정신분열증 환자의 망상내용을 구성하기도 했고 그 경우 통일의 상징이 망상의 형태로 나타났다.[67]

남북관계가 다소 호전되면서 꿈속에서는 이러한 분단과 통일의 주제가 많이 사라진 듯하다. 꿈에 나타난 남북관계와 통일의 주제는 한편으로는 집단의 의식상황을 그대로 반영한다고 할 수도 있겠으나 그보다는 오히려 개인의 인격분리의 위기의식에서 단절된 무의식과의 접촉, 무의식에 대한 낯섦과 두려움, 무의식과의 통합욕구를 표현하는 상징으로 활용되고 있다.

정신과 환자의 망상 속에서 표현된 남북통일은 사실은 대극합일의 상징, 즉 전체가 되고자 하는 자기원형의 내적 요청의 표현이었다. 개개인의 내적·정신적 통일의 필요성이 외부적 민족통일의 요청과 맞물려서 무엇이 우선인지 알 수 없게 된 상황이라고나 할까. 때로는 자기자신의 마음의 통일이 가장 절실한 분열된 마음이 그 사실을 못 보고 정신상태를 나라와 민족에 투사하여 마치 밖의 통일이 시급하고 또한 당장 가능하다고 장담하는 경우를 우리는 그런 망상을 표현하는 분열증 환자의 사례에서 발견한다.

그러나 꿈이나 정신병리현상에 나타난 남북통일의 주제는 자기원형의 한국적 심상을 이루고 있는 듯하고 그러기에 이 말이 그토록 강력한 정감을 불러일으키게 된다고도 볼 수 있다. 이 경우, 밖의 통일은 각 개인의 내면정신의 통일을 거칠 때 튼튼한 토대를 마련할 수 있을 것이다. 분열된 개인들이 모인 집단의 외형적 통일은 사상누각이나 다름없이 쉽게 무너지고 말 것이며 또 하나의 분열을 마련할 수밖에 없을 것이기 때문이다.

1997년 12월 우리나라 경제가 국제통화기금의 통제 아래 있을 정도로 파국에 처했을 때 전 국민이 갑자기 불어닥친 경제한파 아래서 크게 고통을 겪었다. 기업은 도산하고 구조조정으로 많은 실직자가 생겼다. 이 무렵 몇몇 피분석자의 꿈에는 경제위기 상황에 대한 반응으로 보이는 내용이 나타나고 있었다. 그중 하나는 매우 인상적이다.

어떤 모임에 있다가 다른 좌석으로 옮기는 듯, 집에 전화한다. 아들이 남편 연락처를 주면서 그곳은 없는 사람들이 있는 곳이라고 한다 (혹은 그렇게 생각한다). 그래서 그곳을 찾아가려는데 산이다. 한쪽 길로 가면 될 것 같아서 갔는데 길이 없어서 어떤 마을 사람에게 물으니 다른 길로 가라고 해서 가는데 한 여자가 나타나서 이리로 오라고 했다. 남편과 다른 사람과 같이 굴 같은 곳을 통과하는데 그 안은 천국 같은 느낌이다. 우리는 굴 안에 들어가자마자 벽면에 흡수되어 남에게는 보이지 않으면서 굴 밖으로 나온다. 나올 때도 남편과 둘이 있다. 나오니 가게 같은 곳이 있어서 무언가를 사려고 들어간다. 골동품 같은 것을 보고 있었다. 그 뒤 어떤 사무실 같은 곳으로 들어가 2층으로 올라가서 사장인 듯한 일본사람에게 영어로 남편을 찾았다. 그 사람은 다리에 깁스를 한 듯하다. 그러면서 재봉틀질하는 것을 남편에게 배워야 한다고 생각한다.

> 연상:
> 전화—하루에도 여러 번 전화한다.
> 어떤 마을 사람—초월한 자세
> 한 여자—천사같이 느낀다.
> 벽에 흡수—SBS 삼차원 가상화면
> 골동품—남편이 그런 것을 좋아한다.
> 사무실—실제 사무실
> 다리의 깁스—IMF
> 재봉틀질—남편이 재봉틀질을 실제로 잘한다.

초조하고 불안한 현실과 달리 이 꿈에서 꿈꾼 사람은 즐겁고 평화로운 분위기를 느끼고 있었다. 이 꿈의 요지는 '없는 사람'(가난한 사람)이 있는 쪽으로 굴을 통과하는 것이다. 그리고 재봉틀을 쓰는 법을 배워야겠다는 내용이다. 꿈꾼 사람은 지적인 작업에 종사하는 사람이었다. 이제 그 부인은 남편과 함께 굴을 통과하여 남편이 좋아하는 골동품을 보고 또한 남편으로부터 손수 노동하여 옷을 짓는 법을 배울 준비가 되어 있다. 굴을 통과하는 것은 말할 것도 없이 전형적인 이니시에이션(initiation)의 상징이다. 철저한 내향화, 즉 외부의 명예나 성공에 구애받지 않고 자기의 내면세계에 몰입함으로써 새로운 인격으로 재생함을 뜻한다. 그것은 다름 아닌 자기실현의 과정이다.

꿈은 그 굴이 그렇게 무서운 곳이 아님을 가르쳐주고 있다. 꿈은 분명 어둡고 음산하며 언제 끝날지 모르는 지루한 IMF 터널에 대한 의식의 부정적 감정을 보상하고 있다. 굴에 대하여 '천국'과 같다, '삼차원의 세계'다라는 설명은 그런 보상의 결과이면서 이 굴이 종전의 현실과는 전혀 다른 특별한 세계임을 암시하고 있다.

경제적·사회적 위기는 때로는 사람을 겸손하게 한다. 전혀 색다른 것을 배울 수 있는 기회다. 이 꿈은 한 개인에게 해당되지만 전체국민이 공통으로 체험해가야 할 길을 제시하고 있다.

사회적 위기는 마치 대인(大人)이 오면서 먼저 그림자를 던지는 것과 같다는 말은 이미 앞에서 했지만 무의식은 위기상황에 희망과 해결책을 제시하기도 하는 것이다. 이것을 자기원형의 의도가 아니라고 할 수 없을 것이다. 그러나 대인의 그림자는 끔찍한 사건이다.

세계적인 사건은 사람들의 꿈을 통해 자기의 그림자를 보인다. 미국에서 일어난 9·11테러는 전 세계인에게 충격을 준 사건이었다. 그러한 사건은 이미 오래전부터 인류의 무의식에 배열된 원형의 작용이 표면의 사건으로 나타난, 그런 종류에 속한다. 무의식의 원형의 배열과 의미상으로 일치하는 사건이 밖에서 실제로 일어나는 경우 이를 동시성현상(synchronicity phenomena)[68]이라 하는데, 이런 현상에는 늘 자기원형이 개입하게 마련이다. 그러므로 한국인의 꿈에서 거의 동시에 그와 같은 테러가 예고되며 테러와 의미상으로 일치하는 꿈이 발견된 것은 우연한 일이 아니다.

그것은 개인적인 그림자 갈등의 형식으로 나타나기도 했으나 인류의 운명을 좌우하는 현상, 즉 지구 전체를 위협하는 어마어마한 크기의 운석 모습으로도 나타났다. 또한 테러 장면을 텔레비전을 통해 목격한 사람의 꿈에는 다루기 어려운 그림자상이 출현하고 그와 힘겹게 겨루는 내용이 있었다. 9·11테러는 무엇보다 그림자의 인식이라는 어려운 과제를 모든 사람에게 제시했다. 이것은 자기실현의 첫걸음이자 마지막

단계다. 우리는 자기원형의 그림자를 어쩌지 못하기 때문이다.[69]

　자기원형의 배열은 집단적 열광을 일으킨다. 2002년 6월, 우리나라에서 있었던 월드컵 열풍은 정말 인상적이며 감동적인 집단체험이었다. 많은 사람이 한국의 전통적 상징과 관련해 이 현상을 분석했다. 성급하게 모처럼 나타난 일체감의 에너지를 이용하려는 의도도 엿보였다. 분석심리학의 관점에서도 많은 해석이 필요하지만 무엇보다 '열풍'이라는 말에 걸맞게 온 국민이 일체가 된 응원의 열기에는 자기원형의 엄청난 에너지로 부풀어오른 자아의 팽창현상이 있었다.

　모든 사람이 축구영웅과 하나가 되었다. 승리의 여신이 나래를 펴덕이며 비상했고 사람들의 마음도 그렇게 들떠서 다른 일에 집중을 하지 못했다. 그 외부적 유발요인, 배정된 원형적 상징, 민족성과의 관계 등을 여기서 일일이 열거하지는 않겠다. 어쨌든 이 현상은 우리의 일시적 자아팽창의 허와 실을 인식하기 위해서도 충분히 생각할 가치가 있다.[70]

　월드컵의 열기는 대회가 끝난 뒤에도 당분간 계속되었다. 그러나 피분석자의 꿈에서는 그런 팽창을 아주 자연스럽게 제지하고 이젠 멈출 때가 되었다는 메시지를 보내고 있었다. 그것은 물론 개인적인 뜻이 있었지만 또한 집단에 관계되는 원형적인 메시지였다. 무의식의 본능적 측면의 자가조정이 일어나고 있는 것이다. 이런 자율적인 조절기능 속에 우리는 다시 한번 자기원형의 뜻을 읽을 수 있다. 자기원형은 자아를 자극하여 팽창시키기도 하지만 그것이 지나치면 자동적으로 제어하여 균형을 갖도록 한다. 그 열광은 그러나 국민 각자가 꾸준히 노력한다면 기적과 같은 승리의 기쁨을 맛볼 수 있다는 가능성을 제시해주었다.

충격적인 사회적 집단현상, 집단학살, 유행, 집단적 환희의 소용돌이, 혹은 입에서 입으로 전해지는 풍문 같은 것 뒤에는 원형의 배열이 있고 자기원형의 엄청난 자력(磁力)이 발동하고 있다. 집단적 무의식은 시간과 공간을 상대화하며 언제나 어디서나 동시에 의미상으로 일치된 내적·외적 사건들을 일으킬 수 있다. 꿈이나 환상에 그러한 징조가 나타난다. 한 개인의 꿈은 그 개인의 문제와 함께 전체 인류의 숙명을 이야기할 수 있으며 이 경우 하찮은 것처럼 보이는 꿈이라는 작은 창구를 통해 우리는 세계를 본다. 세계의 정황과 위기와 숙명과 미래의 전망을 읽는다. 그러나 그렇다고 우리가 꿈을 한결같이 예언의 수단으로 삼아도 좋다는 말은 아니다.

무엇보다 중요한 것은 영웅적인 승리감에 도취되기보다 각 개개인이 승리를 위해 필요한 시련과 고통을 감수하고 기초를 튼튼히 하는 부단한 노력을 기울이는 일이며, 민족의 성숙한 통합이 이루어지기 위해 개개인이 자신의 마음의 통일을 위해서 해야 할 과제를 자기 안에서 찾고 그것을 수행하고자 노력하는 데 있다.

제 3 부

한국전통문화에 나타난
자기실현의 상징

신화와 민담에서 본 자기실현의 상징

　자기실현 또는 개성화가 보편적인 인간심성이며 인간의 원초적 조건이라면 그것은 우리의 전통문화 속에서도 어떤 형태로든 발견될 것이다. 사상으로서, 또는 실천방법으로서, 혹은 무엇보다 상징의 형태로 존재할 것이다. 그것은 융이 자기실현과 개성화를 말하기 훨씬 전부터 이 땅에 존재해온 것이다.

　앞에서 우리는 현대 한국인의 무의식에서 자기와 자기실현의 상징을 살펴보았다. 이제부터는 그 한국인의 심성에 영향을 미쳐온 전통문화에서 자기실현의 주제가 어디서 어떻게 나타나고 있는지를 알아볼 것이다.[1]

　신화와 민담은 집단적 무의식의 원형상들을 담고 있는 문화의 '그릇'이다. 인류의 보편적·무의식적 심상(心像)을 살펴보기 위하여 우리는 신화와 민담을 연구한다. 서구인이 서구의 신화를, 인디언이 인디언의 신화를, 한국인이 한국의 신화를 먼저 살펴야 하는 것은 당연한 일이다. 왜냐하면 그것은 그 민족집단 또는 문화집단에 가장 가까이 있으며 그 집단성원의 의식과 무의식의 토대를 제공해왔기 때문이다.

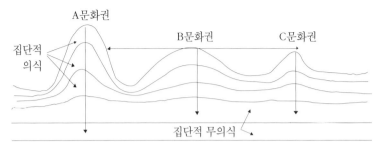

〈그림 14〉 해석의 두 단계

한국인이 한국 신화보다 그리스 신화를 더 잘 알고 그리스 신화만으로 한국인의 꿈의 상징을 해석하는 것은 결코 잘못된 일이라 할 수는 없으나 통상적인 접근이 아니다. 한 문화권에 있는 사람이 갖는 무의식의 상징을 이해하기 위해서는 세계의 모든 신화를 필요로 한다. 그러나 그가 살아온 문화 속에서 구전되어온 신화를 도외시하고는 이들의 마음을 충분히 이해할 수 없다. 왜냐하면 신화는 집단적 무의식의 원형상일 뿐 아니라 그것을 감싸는, 의식 가까이에 있는 집단의식, 문화적 특성을 함께 포함하고 있기 때문이다(그림 14).

문화적 특성은 또한 바로 그 문화집단 성원의 원형적 배열(archetypal constellation)이 내포하는 특이성에 영향을 준다. 다시 말해서 악한 '괴물을 제치하는 것'은 원형적 주제다. 그러나 괴물 제치의 여러 방법 중 무엇이 우세한가 하는 것은 문화, 또는 전통적 · 집단적 의식에 따라 다르다. 결국 신화의 분석심리학적 탐구는 언제 어디서나 누구에게나 나타나는 원초적인 신화소에 귀착된다. 한국 신화를 깊이 파고들면 세계 신화 속의 원형상과 만나게 된다. 그러나 그렇게 되기까지 우리는 전통문화로 대변되는 집단의식적 요소를 통과해야 한다.

이러한 입장에서 나는 다음에 한국의 신화와 민담 중 몇 가지를 골라 우리 문화 속에 내려오는 자기실현의 유형은 어떤 것인지 그 일단을 밝히는 작업에 기여하고자 한다. 여기서는 신화와 민담의 분석심리학적 해석에서 실시하는 각 주제의 확충(amplification)을 통한 상징적 의미의 추출과정을 생략하고 전체구조가 갖는 핵심적 의미를 제시하는 데 목적을 두고자 한다.

단군신화

『삼국유사』에 기술된 단군신화의 기본구조는 다음과 같다(그림 15).[2]

1. 환인(桓因)의 아들 환웅(桓雄)이 항상 천하에 뜻을 두고 사람의 세상을 탐냈다.
2. 아버지가 아들의 뜻을 알고 천하를 살핀 다음에 세상사람을 다스리게 했다.
3. 환웅이 그의 무리를 거느리고 태백산 꼭대기 신단수(神檀樹) 밑에 내려와 인간세계를 다스리고 교화했다.
4. 곰과 호랑이 한 마리가 같은 굴에서 살면서 항상 환웅에게 사람이 되게 해달라고 빌었다.
5. 환웅이 이들에게 신령스러운 음식을 주고 100일간 햇빛을 보지말라는 금기를 내렸다.
6. 곰은 여자가 되었으나 호랑이는 금기를 지키지 못하여 사람이 되지 못했다.
7. 웅녀(熊女)는 신단수 아래서 항상 아이 갖기를 축원했다.
8. 환웅이 잠깐 사람으로 변하여 아들을 낳아 단군왕검(檀君王儉)

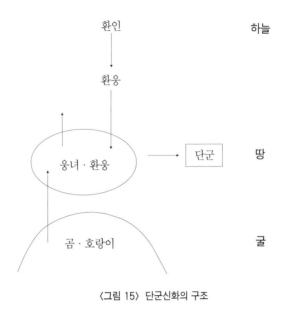

환인   하늘

환웅

웅녀 · 환웅   →   단군   땅

곰 · 호랑이   굴

〈그림 15〉 단군신화의 구조

이라 이름했다.

9. 단군은 평양성에 도읍하고 국호를 조선(朝鮮)이라 했고 뒤에 아사달로 돌아와 숨어서 산신(山神)이 되었다.

전체적으로 우선 눈에 띄는 것은 뜻(意)과 욕구가 이 신화적 사건의 동력이라는 점이다. 환웅은 항상 천하에 뜻을 두고 있었고 곰과 호랑이는 사람이 되기를 원했고 기도했다. 뜻과 욕구가 없으면 삶은 정지된다. 인격의 변화도 자기실현도 어렵다.

그런데 이 신화에서의 뜻과 욕구는 천상계와 지하계(동굴)에서 모두 일어나고 있다. 그래서 결국 그 둘은 하나가 되고 새로운 통치자, 단군이 탄생하게 된다. 하늘과 동물은 모두 무의식을 상징한다. 그러므로 뜻과 욕구는 인간집단으로 대변되는 자아의식의 욕구를 말하는 것이 아니고 이미 존재하는 무의식의 뜻과 욕구를 말하는 것이다.

모든 인간의 무의식에는 자기를 실현하고자 하는 원초적인 욕구가 자기원형의 형태로 존재하고 있다. 그러나 자아의식은 대개 그것을 느끼지 못하고 있다. 어느 날 자기원형의 배정(配定, constellation)에 따라 의식의 변화가 진행되면 그때 비로소 자아는 지금까지와는 다르게 세상을 보게 된 새로운 자아를 지각한다. 단군신화의 변환과정이 우리 마음속에서 이렇게 일어날 수 있는 것이다.

그런데 뜻과 욕구는 변화의 필수적 기본조건이지만 그것만으로 창조적 변화가 일어나는 것은 아니라는 사실을 단군신화는 가르쳐주고 있다. 환인은 환웅이 뜻하는 천하세계가 과연 다스릴 만한 곳인지를 먼저 살피고 나서 이를 허락한다. 환웅은 또한 곰과 호랑이의 소원이 이루어지려면 꼭 지켜야 할 금기가 있음을 제시한다. 단군신화의 심리적 해석에서 가장 중요한 대목이다. '동물의 인간화'라는 주제는 동물적 본능의 의식화를 말하며 인격의 분화발달, 나아가서 자기실현의 과정을 말한다. 무의식상태에 머물러 있는 자아는 동물상태에 머물러 있는 것과 다름없다. 다시 말해 그 또는 그녀는 본능 그 자체, 맹목적으로 본능과 동일시하고 있는 상태의 어머니, 또는 야생 그 자체, 다듬어지지 않은 충동 그 자체일 뿐이다. 이 상태에서 의식된 존재가 되고자 하는 내적 충동이 곧 동물의 인간화를 의미한다.

단군신화에 나타난 동물의 인간화 과정은 원시사회의 전형적인 성인의식을 대변하고 있다. 이미 말한 대로 동굴은 이니시에이션의 터다. 북아메리카의 샤먼 후보자는 동굴에서 그의 보호신이 될 신령의 환상을 보기 전까지 며칠씩 굶은 채 기다린다. 남아메리카에서는 담배즙만을 마신다.[3] 쑥과 마늘만 먹어야 하고 햇빛을 보아서는 안 된다는 금기는 바깥세상과 일상적인 삶에서 자신을 격리한 뒤 철저하고 영적인 내면세계의 성찰, 즉 내향(introversion)을 통해서 거듭나는 성인화의 잘 알려진 조건이다.

자아의식의 창조적 신생(新生) ── 단군신화의 주제를 이렇게 말할 수 있다면 ── 그것은 그저 원하면 되는 것이 아니고 시련을 거치지 않으면 안 된다. 한국의 대표적인 건국신화가 이토록 참을성과 기다림과 금욕을 강조한 것은 주목할 만한 일이다.

곰과 호랑이의 짝이 뜻하는 것, 곰은 여인으로 화할 수 있었는데 호랑이는 실패했다는 이야기가 뜻하는 것은 무엇인가. 분명 잘 알려진 달의 동물이며 모성성과 재생의 상징인 곰을 음(陰)의 동물이라고 한다면 호랑이는 양(陽)의 동물로서 본능의 양극을 나타내고 있는지도 모른다. 결과적으로 단군신화는 음의 측면을 선택했다. 또한 그 결과 자체가 호랑이의 참을성없음을 암시하고 있다.[4] 이에 대해서는 논란의 여지가 있으나 처음부터 단군신화는 내향, 인내, 순종, 끈기의 가치를 높이 평가하고 있는 듯하다. 왜냐하면 환인의 아들 환웅은 필시 태양의 아들, 양의 존재일 듯하기 때문이다.

웅녀의 신단수 아래에서의 기도와 환웅과의 결혼은 샤먼이 엑스타제를 통하여 하늘과 땅의 경계를 쳐부수며 보호신과 하나가 되는 체험에 비길 수 있다. 그러한 신성혼(hieros-gamos)은 대극합일의 상징으로서 전체가 되는 것, 즉 자기실현의 상징으로 매우 중요한 것이다.

산꼭대기의 신단수는 다 아는 바와 같이 하늘과 땅과 때론 지하계를 잇는 세계의 축(axis mundi)인 우주의 나무(世界樹)다. 융에 따르면 나무는 삶의 에너지, 개성화 과정(자기실현), 자기의 상징이다.[5] 나무는 또한 생산하는 힘을 가지고 있으며, 신의 몸 그 자체이기도 하다.[6] 창조를 희구하는 웅녀의 기도는 여기서 이루어진다.

천상적 신의 아들, 환웅 쪽에서 보면 새로운 지도자가 될 아들을 갖기 위해서는 대지의 정령을 지닌 음의 측면과 짝지어야 할 필요가 있다. 왜냐하면 앞에서 지적한 것처럼 오직 천상적인, 즉 영적이고 능동적이며 남성적이기만 한 측면은 일방적인 것이기 때문에 전체가 되기 위해서는 대지적인 것, 즉 내향성, 수동성, 인내성과의 결합이 필요했을 것이다. 그래서 그는 아직 동물의 상태에 있는 곰아내를 일깨워 사람이 되게 했을 법하다. 그러나 정작 이야기는 그 뒤에는 그 웅녀의 간절한 기도를 듣고 나서 환웅이 '인자하게도' 잠시 사람으로 변하여 웅녀와 동침해 단군을 낳았다고 되어 있다. 단군신화에서 환인, 환웅은 처음부터 끝까지 매우 우월한 인격체로 등장하고 있어 이 신화의 가부장적 서술방식을 뚜렷이 보이고 있다. 그러나 그렇다고 해서 이 신화의 핵심적 의미 ─ 창조에 필요한 고난 ─ 가 손상되는 것은 아니다.

단군신화는 천신하강(天神下降), 동물의 인간화, 인간화된 동물아내와의 결합과 새로운 지도자 탄생의 세 과정을 골자로 하며 환인, 환웅, 단군은 많은 신화에 나오는 3위 신과 공통된 원형적 배열을 갖추고 있다. 이 신화의 줄거리는 짧고 단순하여 극적인 재미가 없다. 결국 우리 민족은 곰할머니의 자손이란 말인가 하고 이런 신화를 가진 것을 부끄러이 여기는 사람이 있을 수 있고, 그건 신화가 아니라 역사적 사실이라고 주장할 수도 있다. 단군의 통치영역을 넓히는 것으로 애써 단군신화의 신화적 가치를 외면하려 할 수도 있다. 그런 심정을 이해 못 하는 바도 아니다.

그러나 고대에서 신화는 연희였고 현대처럼 사람들의 삶과 동떨어진 것이 아니었다. 그러므로 단군신화의 내용이 역사적 사실에 부합된다는 사실이 증명된다 하더라도 그것의 신화로서의 의미가 사라지는 것도 그 가치가 떨어지는 것도 아니라는 점에 유의할 필요가 있다. 사람들은 신화는 허구라는 잘못된 생각을 가지고 있다.

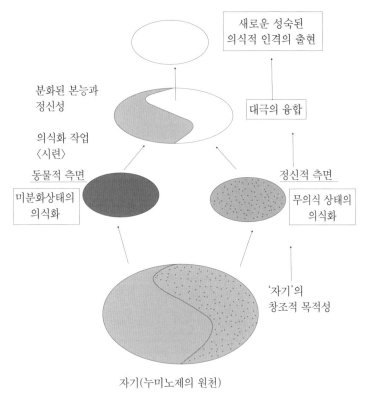

새로운 성숙된
의식적 인격의 출현

분화된 본능과
정신성

대극의 융합

의식화 작업
〈시련〉

동물적 측면

미분화상태의
의식화

정신적 측면

무의식 상태의
의식화

'자기'의
창조적 목적성

자기(누미노제의 원천)

〈그림 16〉 단군신화와 자기실현

단군신화에는 삶의 정수가 들어 있다. 내용이 간단하기에 더욱 본질적인 것을 담고 있다. 그것은 '자기'의 개현(開顯)과정 ─ 자기실현 ─ 의 3단계를 나타내는 상징이다(그림 16).

1. 천신이 아들로 구체화되어 천하계로 내려옴: 누미노제의 원천, 자기의 창조적 목적의 발현

2. 동물의 인간화(성인화의 시련): 무의식 상태 지양, 철저한 내향을 통한 의식화 작업 ─ 본능의 분화와 의식화

3. 신의 인간화: 웅녀와의 결합과 단군의 탄생 — 대극의 융합(영성과 본능의 융화), 새로운 성숙된 의식적 인격의 출현

그런데 의문점은 호랑이다. 호랑이는 어디로 갔는가 하는 점이다. 신이 부과한 시험에서 떨어진 호랑이는 그것으로 탈락해버리고 만 것인가. 민속신앙에서 호랑이는 산신으로 남아 있다. 호랑이는 해방 후 백호부대, 맹호사단의 표징이 되었고 88올림픽에서 다시 부활했다. 근대화, 공업화로 앞으로 앞으로 급하게 달려온 한국인의 심성에서 단군신화가 제시한 곰의 인내심보다는 호랑이의 성급함과 공격성이 드러나는 듯하다. 곰의 대극으로서 호랑이는 신의 그림자로 어딘가에 남아서 대극합일의 전체를 완성할 단계에서 물의를 일으키고 있는 것은 아닌가 생각해본다.[7)]

한국의 괴물제치설화와 자기실현의 상징

괴물이 여인을 납치하거나 혹은 여인을 제물로 바치게 되어 마을에 재앙을 가져올 때 한 청년(또는 소녀)이 괴물을 무찌르거나 여인을 해방시킨 뒤 괴물의 많은 재산을 가지고 돌아와 마침내 그 여인과 결혼한다는 주제는 전 세계에 널리 퍼져 있다. 이것이 자기실현 과정을 상징한다는 사실과 특히 우리나라의 「지네장터설화」가 서양의 페르세우스형 괴물제치설화에 비해서 주인공의 독특한 자세를 보여준다는 사실은 이미 나의 '분석심리학 3부작' 제1부 『그림자』에서 언급했다.[8)]

지하국 도둑귀신이 원님의 딸을 납치하여 지하국으로 데려간다. 난리가 났고 딸을 찾아주는 사람에게는 후한 상을 준다고 하여 여러 명의 청년이 나섰으나 모두 실패하고 마지막에 한 용감한 사나이가 지

원한다. 그는 우여곡절 끝에 지하국으로 내려가 도둑귀신과 싸워서 이를 처치하고 그곳의 재물과 붙잡혔던 여인을 데리고 지상으로 돌아와 그 여인을(또는 그 여인의 시종) 아내로 삼는다. 혹은 음흉한 동료(혹은 형제) 때문에 지상으로 돌아오지 못하다가 주위의 도움을 받아 돌아온다. 끝내 모든 것이 밝혀지고 그는 포상을 받는다.[9]

분석심리학적으로 본다면 이 이야기의 상황은 상실감, 충격, 당혹감을 수반한 집단우울증과 같다. 집단을 통제하는 주체가 지니고 있던 정감과 활력이 의식에서 갑자기 떨어져나감으로써 멍해진 의식상태. 원시심리학적 용어로 말하면 영혼의 상실(loss of soul), 그것도 악귀에 의한 혼의 피탈(被奪, Seelenraub)이며 그로 인한 병고(病苦)의 상태다.

「지하국 대적설화」는 이런 심각한 심혼의 위기(perlis of soul)를 어떻게 하면 극복하느냐 하는 것을 가르쳐주고 있다. 그 길은 잃어버린 혼을 찾아가는 길, 심리적 용어로 아니마를 의식화하는 과정이다. 그것은 바로 자기실현의 중요한 부분이다.

지하국 도둑귀신은 지상의 지배자, 원님의 그림자다. 집단의식에 대립되는 무의식의 권력 콤플렉스라고 할 수 있다. 집단의식에 속해 있던 감정적 활력이 무의식의 권력 콤플렉스의 지배 아래 놓이게 되고 그 때문에 의식은 메마르고 활력을 잃게 된다. 왜 이렇게 되는가. 그것은 분명치 않다. 때때로 일어나는 자연의 현상이라고나 할까. 어떤 이유로 무의식의 콤플렉스를 오랫동안 방치해두면 그것이 힘을 얻어서 보상적으로 의식을 자극하여 의식의 콤플렉스를 무의식으로 끌어들인다. 그래서 의식이 무의식에 관심을 갖지 않을 수 없게 만든다. 정신적 불쾌감이 없으면, 혹은 신체적 증상이 없으면 사람은 자신의 정신적·신체적 내면을 들여다보려 하지 않는다. '악귀에 의한 혼의 피탈'은 지상의 세계, 즉 의식면에서는 재앙이지만 결국은 새로운 영웅의 출현을 가능하게 하는, 또는 그런 목적으로 일어난 사건이라고도 할 수 있다. 다시 말해 의식의 개신(改新)을 위한 것이다.

그 방법은 여러 가지이지만 결국 영웅은 도둑귀신을 죽인다. 그래서 그에게 빼앗긴 여인을 해방시킨다. 권력충동에 사로잡혀 있던 심혼의 해방──그것은 자기실현의 과제임이 틀림없다. 우리의 자유로운 심혼은 많은 것에 사로잡혀 있다. 집단에 대대로 내려오는 인습, 가부장적 횡포, 모성적 과보호본능 등 민담에서 여인을 제물로 바치는 괴물이 다양한 것처럼 여러 가지다. 여기서 개인의 심혼을 해방시키는 것, 그것이 또한 자기실현이다.

「지하국 도둑귀신」 이야기나 「금강산 호랑이」는 괴물제치설화의 보편적인 주제를 충실히 따르고 있다. 그러나 '한국적'인 해결방책을 표현했다고 보이는 것은 「지네장터설화」다.

홀아비를 모시는 순이라는 어린 소녀가 두꺼비를 기르고 있다. 어느 날 마을의 사당에 있는 지네귀신에게 제물로 바쳐지게 되자 두꺼비가 따라가서 지네와 싸운다. 지네를 죽이고 두꺼비도 죽는데 소녀는 살아서 돌아온다. 그 후 재앙이 없어졌다는 이야기다. 내가 이야기의 주인공 순이를 한국형 영웅이라고 부른 이유는 두꺼비에게 밥을 나누어주는 따뜻한 마음씨는 창이나 칼로 괴물을 죽이는 페르세우스형 신화의 영웅 못지않은 성과를 거두기 때문이다.[10]

이 이야기에는 자기원형의 구조가 들어 있다. 어머니는 죽었으나 모성본능을 대변하는 두꺼비와 관계가 있을 듯하고 아버지는 마을에 인습적으로 내려오는 폐습의 주인공, 일종의 씨족귀신인 지네로 대변되는 집단의식적 그림자에 대비된다. 그런데 어머니와의 관계는 무의식인 채로 있어 완전한 4각을 이루지 못하고 있다. 아직 충분히 의식

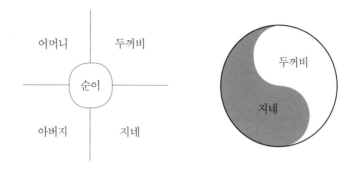

〈그림 17〉「지네장터설화」의 원형적 구성①   〈그림 18〉「지네장터설화」의 원형적 구성②

화하지 못한 전체성이라고나 할까(그림 17, 18).

두꺼비와 지네는 상쇄되는 점으로 미루어볼 때 전체의 밝고 어두운 부분을 이루고 있는 듯하다. 결혼을 최고의 귀결로 생각하는 일반적인 관점으로 보더라도 「지네장터설화」는 미완의 귀결을 보인다고 할 수 있다. 왜냐하면 지네가 죽은 뒤 마을의 폐해는 사라졌으나 순이의 생활에는 아무런 변화가 없기 때문이다. 그러나 그녀는 엄청난 일을 한 것이다. 더 무엇을 바라겠는가. 결혼이라는 귀결을 유난히 강조하는 것은 서구의 민담이고, 그것은 다분히 합리적인 정신의 소치이기도 하다.[11]

「지네장터설화」는 포수 아들의 복수를 그린 「금강산 호랑이」와는 달리 '의도하지 않은 일상적 미덕', '자연스러운 본능에의 순응'이 이룩할 수 있는 위대한 성과를 말하고 있다. 다시 말해서 '나는 자기실현을 해야 한다', '독립하는 것이 중요하다', '너는 아직도 의존하고 있다'라고 치열하게 의식하면서, 혹은 야단법석을 떨면서 꿈의 분석을 받는 사람보다 때로는 조용히 자신의 본능이 가는 대로 순응하는 태도로 사는 사람이 오히려 그 사람 자신의 전체에 가까이 있을 수 있다는 말이 된다. 비록 그 또는 그녀가 자신을 의식하고 있지 않다 하더라도.

일찍이 필자는 한국의 민담이나 전설에서 극복하기 어려운 모성적 권력 또는 부권의 지배력을 지적한 일이 있다. 우리나라의 민담인 「해와 달」에 등장하는 어린이들은 어머니를 잡아먹고 가짜어머니 행세를 하는 호랑이를 피해 하늘에 호소한다. 그런데 중국이나 몽골의 비슷한 이야기에서는 직접 대결을 하거나 아니면 다른 사람들이 함께 도와서 처치한다. 독일 그림 동화에서는 어미양이 돌아와 늑대의 배를 갈라 새끼를 구하고 늑대의 배에 돌을 채워 우물에 버린다.

한국의 민담에서는 하늘에 호소하면 아이들은 구출되고 하늘에 오르던 호랑이도 저절로 떨어져 죽게 된다. 다시 말해 파괴적·모성적 (혹은 아니무스적) 권력을 자아의식이 직접 대결로서가 아니라 하늘(무의식)에 의지해서 해결하고 있는 것이다. 또한 「지네장터설화」나 「금릉사굴」에서 지네나 구렁이와 싸운 동물, 또는 사람이 다 죽었다는 것은 그 부권 또는 모권 세력이 대단히 강력하다는 뜻이다.

아니마의 인식에서 자주 인용되는 「선녀와 나무꾼」은 어머니의 뜨거운 호박죽 때문에 천마(天馬)가 놀란 나머지 아들이 말에서 떨어져 영영 하늘에 오르지 못하고 선녀가 있는 하늘을 우러러 울다가 울다가 닭이 되었다는 이야기로, 모성 콤플렉스의 해결이 그토록 어렵다는 사실을 제시하고 있는 것이다.[12)]

모성의 파괴적 권력이란 오랜 인습과 같은 것이다. 족벌, 파벌, 문벌 중심의 권력체계, 모권이 뒤에서 조종하고 키워온 가부장적 행동규범에 대한 의존에서 탈피하는 것이 그토록 어렵다는 사실을 일부 민담이 보여주고 있다. 이런 민담에 비하면 심청과 바리공주설화는 한 단계 높은 자기실현 과정을 나타내고 있다 할 것이다.

바리공주설화와 심청전

한국의 가장 대표적인 무조무가(巫祖巫歌)인 「바리공주」에는 많은
유형이 있다.[13] 저자는 「바리공주」의 심리학적 의미에 대해서 여러
곳에서 단편적으로 언급한 일이 있으나 자기실현의 상징을 말하는
자리인 만큼 다시 한번 이 무가의 뜻을 총체적으로 살피기로 하겠다.
특히 널리 알려진 「심청전」의 심청과 바리공주를 비교하면서 이 이야
기가 가지고 있는 현실적 의미를 음미해보기로 한다. 서울에서 채록
된 「바리공주」[14]의 줄거리는 다음과 같다(그림 19).

1. 왕은 왕위 계승자가 될 아들을 기다리지만 왕비는 계속 딸만
낳는다.

2. 일곱 번째 공주가 태어나자 왕명으로 뒤뜰에 버린다. 짐승들이
보호한다.

3. 다시 한번 버린다. 돌상자에 넣어 강물에 던진다.

4. 돌상자는 가라앉지 않고 하염없이 떠내려가다 거지부부가 주
워서 아기를 기른다.

5. 다 자라서 친부모를 찾는데 부모의 병이 위중함을 알고 돌아
온다.

6. 부모를 살릴 약을 구해야 하는데 여섯 딸은 다 핑계를 대나 바
리공주는 떠나기로 결심한다.

7. 긴 여로가 펼쳐진다.

8. 거인 무상신선(無上神仙)을 만나 봉사하다가 결혼, 아들 일곱
을 낳는다.

9. 부모의 위독소식에 거인, 일곱 아들과 생명을 되살리는 약을

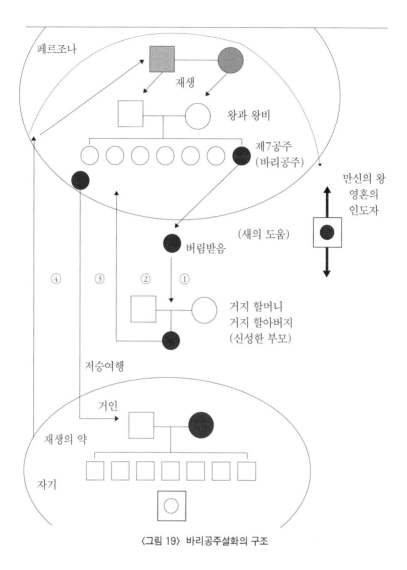

페르조나

재생

왕과 왕비

제7공주
(바리공주)

만신의 왕
영혼의
인도자

(새의 도움)

버림받음

④ ③ ② ①

거지 할머니
거지 할아버지
(신성한 부모)

저승여행

거인

재생의 약

자기

〈그림 19〉 바리공주설화의 구조

들고 귀향한다.

　10. 왕과 왕비의 상여를 만나 약으로 살려낸다.

　11. 부모는 그제야 뉘우치고, 소원을 말하라 한다.

　12. 만신(萬神)의 왕이 되어 산 이와 죽은 이를 천도하겠다고 한다.

「바리공주」와 비교하고자 하는 심청 이야기, 「심청전」[15]의 구조는 다음과 같이 요약될 수 있다.

1. 눈먼 심학규와 곽씨부인 사이에서 심청이 태어난다—태몽
2. 곽씨부인이 죽는다. 심봉사, 구걸로 젖을 얻어 아이를 키운다.
3. 딸은 커서 아버지를 부양한다.
4. 뺑덕어미가 횡포를 부린다.
5. 아버지 심봉사, 몽운사 주지의 눈뜨게 해준다는 말에 공양미 삼백 석을 약속한다. 심청은 기뻐하며 신령께 축원한다.
6. 뱃사람이 임당수의 제물이 될 처녀를 구하자 심청, 몸을 팔아 쌀 삼백 석을 절로 보내고 배를 탄다.
7. 임당수에 몸을 던진다.
8. 옥황상제의 명에 의해 용왕이 선녀를 시켜 심청을 건져 수정궁에서 쉬게 한다. 어머니와 상봉한다.
9. 옥황상제 명으로 심청을 연꽃송이 속에 모시어 임당수 위에 띄운다.
10. 뱃사람이 연꽃을 건져 임금에게 바친다.
11. 심청, 연꽃에서 사람으로 나타나고 황후가 된다.
12. 눈먼 아버지를 생각해 전국의 장님을 불러 잔치를 베푼다.
13. 맨 마지막날에 아버지를 만난다. "눈을 떠서 나를 보옵소서" 하니 너무 놀라 눈을 번쩍 뜬다. 만물이 보이고 딸의 얼굴이 보인다.

바리공주와 심청은 둘 다 신성한 아기로 탄생하지만 버림받고 시련을 겪으며 스스로 희생하여 죽음을 극복했고 부모를 죽음에서 살려내거나 장님의 눈을 뜨게 하는 등 위대한 구원의 이적을 행한다는 점

에서 공통점이 있다. 그런 면에서 버림받는 고아의 신화적 주제가 갖는 영웅소녀의 조건을 모두 갖추고 있다. 심리학적으로 바리공주는 병들어 죽은 왕과 왕비로 대변되는 전통적 집단의식의 경직된 병폐와 가부장적 편견을 개선했으며, 심청은 눈먼 아버지로 대변되는 가부장적 의식의 맹목성을 일깨워 눈을 뜨게 했다. 즉 의식성을 회복시켰다. 바리공주와 심청은 자아의 고루한 집단의식과의 동일시를 깨뜨리고 새로운 의식의 태도를 갖도록 하는 내적 활기, 하나의 신생기능(新生機能)이라고 볼 수 있을 것이다.

두 설화는 또한 주인공의 효성을 강조하며, 그 효성은 결국 보상을 받는다는 효의 윤리적 가치를 직접·간접으로 나타내고 있다는 점에서 공통점이 있다. 그러나 「심청전」에서 그런 경향이 특히 두드러지기는 하지만 바리공주나 심청이 결코 세속적인 의미의 효녀는 아니었다는 점에서도 공통점을 보이고 있다. 세속적인 효녀였다면 심청은 아버지의 간청을 듣고 뱃사람을 따라가지 말았어야 했으며 바리공주는 부모를 죽음에서 소생시키고는 부모를 모시고 잘살았어야 했을 것이다.

그러나 이들은 그러지 않았다. 그러기에는 태어날 때 이미 숙명지어진 사명이 너무나 큰 것이었다. 심청에게는 아버지의 눈을 뜨게 하는 것이 무엇보다 중요했고 바리공주에게는 지상의 영화보다 만신의 왕이 되어 산 이와 죽은 이를 천도하는 치유자 역할을 하는 것이 무엇보다 중요했다. 두 주인공은 숙명적인 사명을 띠고 이 세상에 나온 초월자, 치유자원형(healer archetype)에 비길 수 있는 존재다.

두 이야기는 스스로 상처 입은 자, 죽음을 겪고 극복한 자만이 남을 치료할 수 있다는 원시사회로부터 내려오는 치유자의 조건을 말하고 있다. 심청은 아버지의 만류에도 불구하고 세속적 효행을 저버리고 임당수에 몸을 던져 죽어야 했고 바리공주는 스스로 저승으로의 여행을 감행했다. 죽고 부활했기에 이들은 다른 이를 고칠 수 있는 힘을 얻은 것이다.[16) 여기에는 모두 버리는 것, 세상의 권세나 명예도, 경제적 안락도 다 버리고 무의식에 몸을 맡기는 태도가 결국 다시 사는 길이라는 의미가 담겨 있다. 거인 무상신선에게 몸을 의탁하는 바리공주의 태도도 그러한 의식적 집착의 버림과 무의식에의 위탁을 의미하며 거기서 그녀는 현실세계의 일곱 공주를 상쇄하는 일곱 아들을 낳는다.

「심청전」의 심청을 분석심리학의 민담해석 원칙에 따라 정신내적인 현상을 상징하는 이야기로 볼 때 심청을 심봉사의 아니마라 지칭하는 것이 그리 부적합한 것 같지는 않다. 그러나 바리공주를 왕의 아니마라 부르기에는 어울리지 않는다. 「바리공주」는 무녀(巫女), 그리고 그녀를 중심으로 한 여성집단에서 부르던 노래로서 여성의 이야기로 보인다. 바리공주는 그 노래를 부르는 무녀 자신의 역사이며 그 노래를 듣는 여성들의 한이 어린 역사다. 그런 점에서 여성의 성인과정과 관계가 깊다.

「심청전」도 물론 여성, 특히 소녀의 이야기이고 여성들이 즐겨 들었을 법한 이야기이지만 여성보다도 남성에게 더 호소력이 있는 이야기가 아닐까 생각된다. 물론 남성들은 이 이야기에서 심청의 효심과 희생정신을 은근히 강조하고 여성들은 그러한 고리타분한 윤리에 분노를 느낄 것이다. 그러나 심청을 심봉사의 아니마라고 보면 이 이야기는 남성의 자기혁신을 촉구하는 깊은 의미가 담긴 것이 될 것이다.

「심청전」은 가부장적 집단윤리의 맹목성을 깨뜨리려면 아니마의 희생이 필요하다는 뜻을 담고 있다. 심봉사의 아니마에 해당하는 사람은 곽씨부인이었다. 그녀의 죽음 뒤에 그것은 심청에게 옮겨갔다.

그런데 그 뒤에는 뺑덕어미라는 고약한 부정적 아니마에 사로잡혔고 사기꾼 원형상(trickster archetype)[17]인 몽운사 주지로 나타난 그림 자상에 현혹된다. 심봉사의 추태는 갈피를 못 잡고 허우적거리는 집단심리의 방향상실과 혼돈을 나타내고 있다. 그리고 이것은 심봉사의 결정적인 실수—주지와의 약속—에 이르러 절정에 달한다. 실수는 우연처럼 저질러진다. 세상의 숱한 사기꾼 말에 일순간 현혹되어 큰 돈을 날리는 오늘의 세태와 다름없다.

그림 형제의 민담을 한번 살펴보자. 가난한 물레방앗간 남자가 시름에 잠겨 숲으로 나무하러 나간다. 마침 지나가던 어떤 남자가 그 이유를 묻고 자기가 부자가 되게 해주겠다고 약속하는데 한 가지 조건이 있다 한다. 그것은 지금 방앗간 뒤에 있는 것을 자기에게 주면 해주겠다는 것이다. 그 뒤에는 큰 능금나무가 있기에 무심코 그러라 하고 집에 돌아왔는데 그 방앗간 뒤에는 방금 밖에서 돌아온 딸이 있었다.[18] 물레방앗간 남자도 모르는 사이에 그 남자는 딸을 악마에게 팔아버린 것이다. 그 뒤에 딸은 오랜 고행의 길로 들어선다. '우연한 실수'는 엄청나게 큰 재앙을 부르지만 어쩌면 그것은 문제해결의 결정적 계기를 마련하는 것인지도 모른다.

그런 뜻에서 「심청전」의 주지는 사기꾼 원형의 양면성을 나타낸다. 고통을 통한 구원이 그것이다. 집단의식의 혼돈과 무질서에서 이를 해결하기 위해서는 아니마의 용기 있는 희생이 필요했다. 자기가 가장 아끼는 것에 대한 애착을 과감히 버리는 것이다. 그것이 재화이든 명예이든 사랑이든. 김유신이 더 이상 만나지 않기로 결심한 창녀의 집으로 데려간 말의 목을 쳤고 트로이전에 출정한 아가멤논 왕이 파도를 가라앉히기 위해서 자기 딸을 바다에 제사지냈듯이.[19]

「심청전」은 그런 감정희생의 필요성을 강조하고 있다. 아니 '심청'

이라는 아니마 원형이 자율적으로 의식의 황폐화를 막기 위해서 의식과 관계를 끊고 떠나버린다. 심혼이 상실된 의식계는 황폐함이 더해지고 만성적인 우울에 시달리게 될 것이다. 그 오랜 침울한 시기에 무의식에서는 재생을 준비하게 된다. 자기원형의 상징, 연꽃에 실려 아니마는 의식화한다. 그리고 집단의식의 맹목성을 깨뜨리고 눈뜨게 한다. 「심청전」에서 마지막 눈뜨는 과정은 매우 한국적인 귀결이다. 위기의 절정에서 자연스럽게 터져나오는 감정이 문제를 극적으로 해결하는 사례가 한국민담에서 잘 나타나기 때문이다.[20]

「바리공주」의 노래는 「심청전」보다 더 짜임새 있고 대하 서사시가 갖는 장대함과 감동이 있으나 직접적으로 극적인 감정을 표현하는 효과보다는 많은 상징을 동원한 이야기로서 심리적으로 해석하고 싶은 유혹을 느끼게 하는 노래다.

바리공주가 버림받게 되는 계기는 가부장사회의 남존여비에 있다. 현재를 사는 한국의 중년여성 이상이 직접 겪었고 겪고 있는 집단적 가치체계다. 바리공주는 어렸을 때 부모 아닌 부모의 대리, 하나의 영적 부모인 거지부모의 보호를 받고 자란다. 이중부모의 신화소가 여기에서도 엿보인다.[21] 바리공주는 왕궁에서 두 번 나가고 두 번 들어온다. 첫 번째는 수동적으로 버림받았고, 두 번째는 능동적으로 약을 구하러 간다. 무가의 서술로 보아 첫 번째나 두 번째 경우 모두 이승의 끝, 즉 저승을 다녀온 것이다. 그것은 의식이 다한 곳 너머에 있는 무의식의 세계다.

두 번째 저승으로의 여행에서는 거인을 만나 그에게 봉사한다. 거인은 신비한 약을 지키는 자다. 그는 이승에서 왕의 대자(對者), 저승의 주인, 또는 머슴이다. 왜소해진 집단의식의 피폐성을 보상하는 무의식의 자기상이다. 그는 이승, 즉 의식에는 없는 치유의 묘약을 알고 있다.

정신요법에서 꿈을 들여다보는 이유는 무의식에 있는 자기원형의 치유의도를 알아보기 위한 것이다. 분석가와 피분석자는 항상 이러한 저승으로의 여행을 함께하고 있는 것이다. 바리공주 이야기에 나타난 무의식의 보상기능은 거인과 바리공주의 결혼과 일곱 아들을 낳은 사실에서도 발견된다. 의식에 너무 많이 치우친 여성성이 무의식에서 일어난 남성적 잠재력으로 보상되고 있다. 그렇게 해서 의식과 무의식 전체의 균형이 이루어진다. 무의식과 자아의 관계를 적극적으로 유지함으로써 의식에 부족한 것이 채워지고 이것은 곧 의식에 활력을 불어넣어줄 수 있는 기반이 된다.

그런데 죽은 사람을 살리는 묘약은 어떻게 구하게 되는가. 서울의 무가에서는 불교의 영향을 입은 탓인지 지금까지 긷던 물이 약수요, 지금까지 불을 때던 장작이 새 살을 돋게 하는 약이라고 가르쳐준다. 신비한 약은 어디 먼 곳에 있는 것이 아니고 그렇게 일상적인 것 속에 있음을 시사하고 있다. 정신치료현장에서도 치료법은 먼 곳에 있지 않고 아주 가까이 일상적인 데 있는 경우가 흔하다. 사람들이 그것을 아주 먼 곳에 있다고만 생각하기 때문에 못 보고 있을 뿐이다.

왕과 왕비를 살려낸 바리공주는 왕의 기대를 뿌리치고 만신의 왕이 됨으로써 세속의 왕을 넘어서는 존재가 된다. 이것은 「심청전」에서 심청이 왕비의 자리에 있으면서 아버지의 눈을 뜨게 하는 마지막 해결과 다른 점이다. 바리공주는 개인적인 아버지 어머니를 죽음에서 살리지만 그것을 넘어 인류에 봉사함을 선언한 것이다. 산 이와 죽은 이의 천도란 의식, 무의식을 합친 전체를 포괄하는 것이다. 그것은 집단의식의 중심에 예속되는 것이 아니고 전체정신의 주인, 즉 자기에 이바지함을 의미하며 페르조나의 완전한 극복을 의미한다. 그렇게 자유로운 존재로서 바리공주는 이제 산 이와 죽은 이에게 영혼의 인도자가 된다.

「바리공주」 무가의 말미에 이렇게 죽음을 초극하고 세속의 끈을 벗어버린 신성한 여인이 죽은 이의 넋을 저승으로 데려간다고 노래하고 있는 점,「바리공주」 무가가 망자를 위한 지노귀굿의 중요한 과정을 차지하고 있는 점은 그런 뜻에서 매우 의미가 깊다.[22]

전통종교문화에서 본 자기실현의 상징

무속과 전체성의 상징

샤머니즘의 가장 핵심적 체험은 샤먼의 망아경을 통한 저승으로의 여행이다. 엘리아데의 말처럼 하늘과 땅은 본래 그렇게 멀리 떨어져 있는 것은 아니었다. 그러나 이제는 특별한 권능을 가진 사람만이 망아경 속에서 그 경계를 뚫고 들어감으로써 분리된 두 세계를 하나로 통하게 할 수 있다. 이러한 '이념'은 바로 의식과 무의식을 하나로 통하게 하는 분석심리학의 자기실현을 향한 분석작업에 비유할 수 있고 샤먼을 의식, 무의식을 하나로 통합하는 치료자원형상과 비교하는 근거가 된다.

한국의 무당은 저승으로 여행은 하지 않지만 저승의 신령들, 귀령들을 불러서 이들에게 빙의됨으로써 이승과 저승을 이어주는 역할을 한다. 이것은 상징이라기보다 현존하는 특이한 원시적 제의(祭儀)를 통한 원형적 체험이다. 하늘과 땅, 저승과 이승을 넘나들 수 있는 능력은 입무(入巫)의 고통을 겪음으로써 획득된다. 샤먼이나 무당(특히 강신무)의 입무과정은 자기실현의 원시적 형태를 보여주고 있다. 고통을 통한 낡은 자아의 죽음, 새로운 신령의 영입과 함께 영력을 갖춘 신성한 몸으로 변화하는 과정은 상징적으로는 새로운 전체적 인격의 실현과정을 의미한다.[23]

　입무과정의 강신몽(降神夢)[24]은 흔히 신성혼(hieros gamos)의 주제를 나타내며 이것은 대극의 융합을 통한 전체인격의 실현을 상징하는 것이다.

　'전체성'의 상징은 여러 곳에서 발견된다. 이미 '분석심리학 3부작' 제2부『아니마와 아니무스』에서 지적한 대로 상징적인 양성성(Hermaphroditus), 영검한 어린이의 혼, 무당과 몸주의 공생관계, 신계(神界)의 남녀 병존(幷存), 신성한 나무의 상징 등은 모두 대극합일과 자기원형의 상징적 의미를 가지고 있다. 혹은 무속의 질병관, 귀령관과 치유의식은 무의식의 콤플렉스와 그 해결의 원형적 유형을 보여주는 것이다. 또 무신들을 차례로 불러 놀이를 하고 보내는 굿의 열두 거리 역시 전체를 통한 치료의 진행이며, 바리공주 무가가 불리는 중부지방의 사령(死靈)굿(지노귀굿) 또한 매우 높은 무의식의 의식화 과정을 상징적으로 표현하고 있다. 장(場)의 전체적 정화를 상징적으로 나타내는 무당의 회전무와 도무, 신의(神衣)와 무구와 각종 주술의 상징성 또한 의식과 무의식을 통합하기 위한 상징적 드라마에서 빼놓을 수 없는 요소들이다. 부적은 미로상징과 해, 달, 빛, 불, 용의 원형상, 3의 숫자와 같은 원형적 수의 상징을 사용하고 있다.[25]

　자기실현에 관련된 상징이 무속에 많이 보존되어 있다고 해서 무속이 바로 자기실현을 촉진하는 것이라고 할 수는 없다. 원형적 상징을 구체화함으로써 무속은 오히려 상징의 생명을 제약하고 있다. 또한 무속은 범람하는 원형적 상징과 그 영향 아래서 자아의식의 비판적 성찰을 마비시키고 마나 인격과 동일시한 무당은 그의 고객의 자아를 똑같이 팽창시켜 의식된 분별력을 약화할 수도 있다.

그러나 무속은 신화의 세계와 단절된 현대인에게 자아의 경계를 깨뜨려 우주적 세계의 감정적 소용돌이 속에서 '나'를 잊게 해준다. 그러나 인류의 원초적 그리움인 망아경에는 절도가 있어야 한다. 즉 깨어남과 통합의 과정이 있어야 한다. 이것을 결정하는 것은 고객뿐 아니라 무당도 그러하다. 그러므로 중요한 것은 무당이 자신의 몸주인 살아 있는 혼을 얼마나 성실히 키우고 가꾸어가느냐에 달렸다. 무속의 전통인 엄격한 수련, 고통의 의미를 인식할 수 있는 바리공주 이야기의 철학적 통찰, 상업주의에 물들지 않은 진정한 종교적 확신 등이 무속이 대중의 자기실현에 유익한 것이 되느냐 되지 않느냐의 관건이다. 이것은 무속에 국한된 이야기가 아니라 모든 종교에 관계된 이야기다.

『논어』의 인격성숙론과 퇴계의 「천명신도」

『논어』「위정」(爲政)(1 : 4)에서 공자는 연령에 따르는 인격발전을 자신의 경험을 빗대어 소개하고 있다.

> 나는 열다섯 살에 학문에 뜻을 두었고, 서른 살에 독립, 마흔 살에 갈팡질팡한 마음이 없어지고, 쉰 살에 하늘로부터 받은 사명을 깨달았으며, 예순 살에 남의 말을 순순히 듣게 되었고, 일흔 살에 자기 뜻대로 행동해도 지나침이 없게 되었다.[26]

불혹(不惑)이란 진리에 사는 자기의 신념이 확고하여 혼란이나 미혹이 없는 것, 이순(耳順)은 여러 가지로 해석되지만 남이 나와 다른 이야기를 해도 순조로이 이해할 수 있게 된 것이라고 한다. 천명이란

운명과 사명이 모두 들어 있는 '삶에서 있어야 할 법'으로 해석된다.[27]

마흔 살이 되어서도 미움을 받으면 그야말로 마지막이다(「양화」(陽貨) 17 : 26)라는 말도 발견된다. 마흔 살에 불혹이면서 미움받을 일을 안 할 만큼 인덕을 갖추기란 결코 쉬운 일이 아닌데 이같이 말하는 것을 보면 자신에 대한 수련이 매우 엄격하고 대단했다고 생각하지 않을 수 없다. 남의 미움을 받는다는 것은 그만큼 수양이 모자란 탓이라는 공자 나름의 성숙한 인격의 기준이 있었던 것 같다.

이에 비해서 융은 좀더 자유롭다. 그는 아마 이렇게 말했을 것이다. 남이 미워하든 말든 소신껏 자기의 길을 가라. 미워하는 자들의 문제까지 신경쓸 필요없다. 다만 남이 나를 표면상 근거없이 미워한다면 여기에는 그림자의 투사가 개입되어 있다. 그런데 투사에는 항상 조금이라도 투사받을 만한 것을 자기 안에 가지고 있으므로 그것을 찾아서 인식할 필요가 있다.

공자는 또한 군자가 조심해야 할 세 가지를 성장단계에 따라 강조했다.[28] 젊을 때는 색욕을, 장년에는 투쟁을, 노년에는 탐욕을 경계하라 했다. 성적 충동, 권력, 세속에의 집착을 골고루 제시하고 그것을 경계할 것을 말하고 있는데 현대적 관점에서도 수긍이 간다.

『논어』에 기술된 공자의 군자관은 성숙한 인격을 소유한 지도자가 어떤 모습인지를 적절하게 묘사하고 있다. 그것은 한마디로 공정무사(公正無私), 화합하면서도 야합하지 않고, 남의 좋은 점을 자라게 하면서 나쁜 점을 자라게 하지 않으며, 잔재주를 부리지 않으며, 책임을 질 줄 아는 인격이다. 현대적 관점에서도 나무랄 데 없는 성숙한 지도자의 인격을 묘사하고 있다. 여기에 천명(天命)을 두려워할 줄 알아야 한다는 말이 있다.[29] 오늘의 정치지도자가 갖추어야 할 덕목이 다 여기에 있다. 자기실현을 완수한 사람들, 또는 그 도상에 있는 사람들과의 공통점은 무엇보다도 집단과의 야합, 즉 동일시에서 물러설 수 있다는 점, 문제를 남에게 투사(求諸人)하지 않고 자기 속에서 찾는 것(求諸己), 자아를 넘어서는 좀더 큰 원리를 두려워하는(畏天命) 종교적 태도에 있다. 천명이란 '무의식'과 같다. 자아를 초월하는 어떤 숙명적인 것, 그것은 융이 말하는 신의 소리(vox Dei), 자기의 의도다. 여기에 주의를 기울여야 함을 그는 주장하고 있는 것이다.[30]

군자가 가야 할 인(仁)의 길은 하나의 자기실현이다. 인(仁)이 사람을 사랑하는 것, 즉 애인(愛人,「안연」12 : 22)이며 서(恕), 즉 자기가 원하지 않는 것을 남에게 하지 않는 것(「안연」12 : 2,「위령공」15 : 25)이라면, 또한 몸을 버림으로써 이루는 것(殺身成仁,「위령공」15 : 8)이라면, 자기를 위한 자아의 희생, 투사의 지양을 통한 대인관계의 재정립이라는 점에서 자기실현의 목표에 부합된다. 또한 인자(仁者)의 투박한 인간성[31]은 내향성의 가치를 드높인 점에서 내면의 인식을 강조한 융의 입장과 같다.

다만 『논어』에서는 수행철학의 내향성에도 불구하고 군자의 외적 형태나 수도 방향에 대해 너무 구체적으로 틀을 만들어 제시하기 때문에 어느 단계의 교육에는 유용할지 모르나 개성의 자유로운 발전을 위해서는 제한적일 수 있는 단점이 있다. 여기에 여성적 요소에 대한 고려가 부족하고 비합리적 요소를 기피하는 것 등은 현대적 관점에서 보충되어야 할 부분이다.

수행의 교육목적으로 윤리적 인간상이나 군자상, 성인상을 구체적으로 묘사하다보면 사람들이 그것을 그대로 모방하게 된다. 그래서 마치 누구나 따라야 할 집단적 모범, 바꾸어 말해서 페르조나가 된다. 그 인간상 자체는 한 위대한 인물의 성숙된 특성으로 자기원형상이라고 할 만한 것, 혹은 자기원형의 조건 속에서 나온 상이지만 그 것을 구체적인 틀로서 규격화하면 집단적 상이 되어버리고 자기원형이 지닌 '그 사람 자신'의 고유의 전체성이라는 상징적 의미가 사라져버린다. 군자상도 그중 하나로서 군자모방의 틀이 되기 쉽고 신유학의 4단칠정론(四端七情論)에서 고상한 감정인 4단과 그렇지 않을 수 있는 7정을 나누는 것도 다소 규격화의 위험을 안고 있다. 나는 이런 점을 '자기원형의 페르조나화'라는 말로 이미 '분석심리학 3부작' 제1권 『그림자』와 제2권 『아니마와 아니무스』에서 언급한 바 있다.[32]

도교와 불교의 영향을 받은 주자학에 이르러 유학사상은 더욱 깊어져갔고 분석심리학적으로 해석할 만한 대상으로서 매우 흥미있는 철학적 통찰을 보여주고 있다. 퇴계의 천명도설(天命圖說)[33]은 퇴계사상의 결정체로서 깊이 음미해야 할 내용이다. 여기서는 자세히 들어갈 수 없으나 다만 퇴계의 인간관을 표현한 그림의 형식이 분석심리학에서 전체성의 상징인 만다라의 구조, 즉 원과 4각의 결합을 이루고 있는 점에 주의를 환기할 뿐이다. 물론 여기에는 그럴 만한 역사적 이유가 있고 퇴계 자신도 그 그림 하나하나를 그리게 된 까닭을 설명하고 있으므로 그가 우연히 천명과 인간심성과 우주만물의 관계를 만다라 구조로 그린 것이 아님은 분명하다.

하늘은 원을, 땅은 방형(方形, 사각형)을 본뗬고 머리는 원, 발은 사각형이라는 뜻을 분명히 제시하고 있다. 또한 이 그림은 두 개의 원으로 연결된 형상의 중앙이 있기는 하지만 천(天)과 지(地), 천명과 오성(五性), 그리고 그것에서 발한 현상인 4단7정이 수직선으로 나열되어 위에서 아래로 연결해보도록 그려져 있다. 그럼에도 불구하고 음에 속하는 동식물계를 표시한 검은색의 사각형 바탕에 아치형으로

〈그림 20〉 퇴계의 「천명신도」

희게 구획한 곳에 인간심성의 체(體)와 용(用)을 그려넣은 것은 인간의 마음을 중심으로 보고 있음을 입증한다. 어쩌면 「천명신도」(天命新圖)는 퇴계의 만다라, 퇴계가 보는 인간정신의 전체성이라고 할 수 있다(그림 20).

 심리학이 형이상학에서 분리되기 전의 인간심성에서 천(天)이라는 원리는 인간의 마음을 조정하는 인간 너머에 있는 인격적 초월자이거나 어떤 불변의 원리로 간주되었다. 융의 분석심리학은 그것이 무의식의 깊은 층에 존재한다고 본다. 그래서 그것에 '자기'라는 이름을 붙였다. 이(理), 기(氣)와 오성(五性)과 그 현상들은 심리학적으로 깊이 고찰해야 할 자기원형의 개현을 상징하는 것들이다.[34]

불교사상과 자기의 상징

'분석심리학 3부작' 제1권 『그림자』에서 나는 원효가 주장하는 귀일심원(歸一心源)이 곧 분석심리학에서의 자기실현임을 지적했고 '일심'이란 '자기'와 같은 것임을 원효의 『기신론소』(起信論疏)에 의거하여 설명했다.[35] 이미 여러 다른 곳에서 원형이란 씨앗과 같고 원형들로 이루어진 무의식의 층인 집단적 무의식은 여래장과 같은 것, 유식(唯識)에서 말하는 알라야식과 같다는 사실을 지적한 바 있다. 불성(佛性), 법신(法身), 일심(一心), 진여(眞如)가 모두 자기원형상에 붙인여러 다른 이름이라는 것도 말했다.

무명(無明)을 깨우치고 그것에 가려져 있는 진여의 빛을 나오게 하는 대승불교의 깨달음은 바로 분석심리학에서 무의식을 의식화하여 진정한 그의 전체정신, 자기를 실현하는 것과 다를 바 없다는 것도 제시했다.[36]

사실 대승불교만큼 인간정신의 중심, 진정한 본성을 형이상학의 신비적 동체성에 물들지 않은 채 순수하게 심리적으로 통찰하는 종교가 또 없을 듯하다. 그러니 불교를 알면 분석심리학의 마음의 구조와 기능을 알기 쉽고 분석심리학을 잘 알면 불교의 심성론을 이해하기 쉬워진다고도 말할 수 있다. 그러나 오랜 역사를 지닌 종교적 신앙으로서의 불교와 근대 자연과학에 토대를 둔 분석심리학 사이에는 당연히 차이가 있다. 비록 자기실현의 본체와 목적은 같다 하더라도 그목표에 이르는 방법은 다를 수 있다.

분석심리학에서의 자기실현은 일정한 명상과정을 통해서 집단적으로 실시되지 않고 극히 개인적으로 개별적으로 수행된다. 종교로서의 수행에는 '믿음'이 중요하나 심리학적 자기실현에서는 믿음이 아닌 '앎'을 통한 확신이 중요하다. 그러나 불교, 특히 선불교는 그 점에서 기독교나 이슬람교보다 심리학적 통찰에 가깝다. 물론 분석심리학에서 말하는 무의식에 대한 렐리기오(religio)의 자세는 모든 현대적 종교인이 공유할 수 있는 자세다. 불교나 기독교나 다 하나가 아니고 교파마다 여러 가지 다른 접근을 하고 있다.

분석심리학에서는 또한 상징을 통하여 무의식의 심층에 이르고 근원적인 본성을 이해하고 체험한다. 불교에서도 상징은 중요한 매개체다. 그러나 궁극적으로 파괴해버려야 할, 혹은 도가 통함에 따라 없어질 허상이다. 그러나 분석심리학에서는 상을 깨뜨려야 한다고 생각하지 않는다. 그것은 자연 그 자체이므로 깨뜨린다고 없어지지도 않는다. 옛날 사람들은 해탈과 번뇌가 없는 상태가 되면 꿈조차 없는 맑은 정신이 된다고 믿었지만 현대생리학은 인간이 꿈을 꾸지 않는 날이 죽을 때까지 한 번도 없다는 사실을 증명하고 있다. 사람은 꿈을 잊고 있을 뿐이다.

그러나 상조차도 깨뜨린다는 선불교의 생각을 상의 표층적 인상에 좌우되지 않고 그 뜻을 깊이 이해함으로써 상에 집착하지 않는 것, 우리가 무의식의 상을 의식화하면 그 상은 사라지고 의식화하지 못하면 계속 반복적으로 나타난다는 사실에 견주어 생각한다면 분석심리학과 선불교의 생각이 그리 크게 다르지 않다고 할 수 있다.

불교에서는 또한 완전한 해탈을 말한다. 그것은 완전한 원으로 표현된다. 융 또한 완전한 원의 상을 자기실현, 즉 전체정신의 실현의 상징으로 본다. 그러나 그는 조심스럽게 인간이 완전할 수는 없다는 견해를 내놓는다. 왜냐하면 무의식은 무한하기 때문이다. 그래서 그는 온전성(Vollständigkeit)이라는 말을 완전성(Vollkommenheit)이라는 말 대신 사용한다. 불교에서는 어떤가? 살아 있는 선승(禪僧)은 자기원형 그 자체의 상을 짊어지고 수행자들을 이끈다. 깨달음이란 완전한 것이어야 한다. 자아는 곧 자기에 근접해 있는 게 아니고 완전히 일치해야 한다. 그런데 그것을 결정하는 것은 스승의 주관적 직관, 수행자의 주관적 감정과 직관이다.

분석심리학에서 무의식의 의식화를 통한 자기실현에서도 주관적 직관은 매우 중요하다. 그러나 '진정한 깨달음의 상태'와 자아의 팽창으로 인한 '깨달음의 상태처럼 느끼는 것'의 구별은 나의, 또는 분석가의 주관적 직관만이 아니라 꿈이라는 객체정신의 평가에 따른다. 꿈은 꿈꾼 사람이 지금 황홀하게 해탈감에 도취된 상태에 있는지 아니면 진정으로 무엇을 깨달은 상태에 있는지를 거울처럼 비추어줄 수 있다. 물론 꿈은 매우 복잡하고 때로는 유혹적이어서 꿈의 진정한 의미를 파악하려면 특수한 수련을 쌓아야 하고 신중히 봐나가야 한다.

융은 동양종교에 대해 매우 관대했다. 선불교에서의 깨달음은 선사가 그렇게 느꼈으면 깨달은 것으로 보아도 된다고 했다. 화두는 의식의 한계상황에서 정신의 전체로서 해답하기를 요구하며 전체에서 얻은 해답이란 곧 '자기'의 의식화인 것이다. 그러나 불교에서도 잘못된 깨달음, 깨달음의 착각을 진정한 깨달음과 혼동하고 있는 것은 아니다.

다음에 나는 선불교의 수행과정에서 흔히 본보기로 이용한 곽암의 「십우도」와 그에 붙인 시의 내용을 대상으로 선의 깨달음의 과정과 분석심리학의 자기실현과의 공통점을 살펴보기로 하겠다.

「십우도」에 나타난 자기실현 과정

선불교(禪佛敎)에서 수행과정을 가르치기 위해 만든 「십우도」(十牛圖), 「심우도」(尋牛圖) 또는 「목우도」(牧牛圖)는 그 그림이 매우 상징적이어서 선불교 이외의 여러 방면에서 현대적 해석을 시도해왔는데 분석심리학계에서는 특히 자기실현의 과정을 상징하는 것으로 관심의 대상이 되어왔다.[37] 「십우도」를 두고 불교의 수도자가 아닌 사람들이 심리학적으로 무엇이라고 설명을 하든, 그것은 설명하는 사람의 주장이지 선불교 자체의 사상과 같을 수는 없을 것이다. 그래서 「십우도」에 관한 설명은 자칫 로르샤하 심리검사판의 얼룩을 보고 이런 것 같다, 저런 것 같다면서 자기의 무의식적 콤플렉스를 투사하는 것들이 되기 쉽다.

그런 일방성을 피하기 위해서는 이 그림을 그린 사람과 엮은 사람들이 이에 대해서 쓴 시의 내용을 함께 음미하지 않으면 안 된다. 분석심리학적 시도는 모두 이 그림에 대한 시와 그 배경의 사상을 토대로 하고 있다. 여기서도 같은 방법으로 접근하면서 나의 생각을 가다듬어보고자 한다. 그러면 이제부터 곽암(廓庵)의 「십우도」[38]를 좇아 '자기실현'의 길을 더듬어가기로 하자.

제1도―소를 찾다

소를 찾는다는 것은 '자기'를 찾는 것이다. 나는 소를 융이 말하는 자기의 상징이라 부르는 데 주저하지 않는다. 소의 이미지가 가지고 있는 신화적·상징적 의미뿐 아니라 불교적인 의미에서도 소는 인간의 본래 진면목이라 보기 때문이다. 그러므로 소의 상징에 대한 장황한 확충은 하지 않겠다.[39] 그림의 작자 곽암이 제1도에 붙인 송시(頌詩)는 매우 서정적이다.[40]

〈그림 21〉 제1도—소를 찾다(尋牛)

망망도 하다. 잡초를 헤치며 쫓아가 찾는구나/물 넓고 산 멀고 길
또한 깊은데/지치고 힘없어 갈 곳 찾기 어려워라/다만 들리네. 때
늦게 매미 한 마리 단풍나무에서 우짖는 것이

이에 대한 석고이 화상(石鼓夷和尙)의 화답시나 괴납련 화상(壞衲璉
和尙)의 화답시는 모두 소를 찾아 헤매는 어려움을 그려내고 있다. 전
자는 '구구히 밖으로 찾아나서 발밑이 이미 진흙에 깊이 빠진 것을 알
지 못하네' 하고 후자는 '본래 종적 따윈 없는 것, 누가 이것을 찾나/
한번 신선놀음 경지에 잘못 빠지면 깊고 또 깊다네/소의 콧등을 붙잡
고 객과 같이 가세나' 한다.

갈 길이 막막하고 어렵다 하지만 곽암의 송시의 마지막 구절은 매
미울음으로 희망의 뜻을 비친다. 석고이 화상은 '한 곡조 새로운 가락
이 저절로 입에서 흘러나오네' 하고 괴납련 화상은 '저 물가의 숲속에
서 함께 노래라도 부르세'라며 스스로 격려하고 있다. 이에 비해서 자
원(慈遠)의 소서(小序)는 처음부터 서정성과는 거리가 먼 냉엄한 어
조로 질타한다.

본래 잃은 바 없는데 어찌 이리저리 쫓아다닐 필요가 있으랴/깨달음을 등지므로 소원하게 되었고/먼지티끌 마주하다보니 마침내 잃고 만다/고향의 집과 산, 점차 멀어지니 갈림길 더욱 어려워라/얻었다 잃었다 하는 생각 더욱 불타오르고/시(是)와 비(非)의 대립, 날카롭게 맞서네

하나의 그림을 두고 선사들 간에 이렇게 다른 반응을 보이고 있다고 해서 모순될 것은 아무것도 없다. 이것은 그 그림에 대한 선사들의 여러 차원의 확충이다. 곽암 등은 시작의 어려움과 가는 길의 험악함과 또한 그 매력의 위험성을 강조한 것이고 자운은 깨달음의 근본을 말하고 있을 따름이다. 융이 동양의 경전을 해석하면서 동양사람은 서양사람과 달리 결론을 맨 앞에 쓴다고 한 일이 있다.[41] 십우 제1도와 2도에 대한 송, 화, 서가 모두 십우의 전체를 말하고 있는 듯 보인다. 그만큼 포괄적이다. 분석심리학적 관점에서 보면 구구절절이 이해가 된다. '시작이 반'이라고 하듯 시작 속에 끝이 있고 모든 것이 있다. 그 시작은 바로 '찾는 것'이다. 찾음으로써 이미 얻을 수 있게 되었다. 찾지 않고는 얻을 수 없다.

이제부터 자기자신을 알기 위해 분석을 받기 시작한다고 할 때 ― 그것이 가정문제든, 신경증의 고통이든, 혹은 그저 지적인 결단이든, 그 시작의 마음가짐은 이 첫 번째 그림과 그에 대한 선사들의 상황묘사와 같다. 왜냐하면 우리는 '자기', 즉 자신이 가지고 있으나 모르고 있는 무의식을 인식하고 전체정신인 자기를 실현한다고 하지만 그 '자기'를 우리는 아직 알 수 없기 때문이다. 그것을 의식하지 못하는 세계에 있는 것이다.

무의식을 조금씩 의식화하면서 비로소 자기가 드러난다. 그래도 아

직 전체에 도달하기에는 아득히 멀다. 자기 인식이 언제 끝날지, 과연 자신이 전체정신을 실현할 수 있을지 아무도 미리 장담하지 못한다. 다만 깊은 숲속을 헤매듯이 암중모색을 할 뿐이다. 그런데도 우리는 포기하지 않고 그 길을 간다. 왜냐하면 그 무의식 속에 자기, 즉 전체가 되는 핵심이 존재하고 작용하고 있다고 생각하기 때문이다. 모든 사람 마음속에 그의 마음을 통일케 하는 내적인 중심, 조정자가 있다고 생각하기 때문에 자기를 찾는 길, 즉 자기실현 또는 개성화의 길을 권하고, 따르고, 또한 돕는 것이다. 그러니 먼저 찾아야 한다. 그런데 어디서 찾아야 할까?

이 부분은 "본래 잃은 바 없는데 어찌 이리저리 쫓아다닐 필요가 있으랴" 하는 자운의 말과 일치한다. "구구히 밖으로 찾아나선다든가 본래 종적 따윈 없는데 누가 이것을 찾나"라는 두 사람의 화답송이 모두 이와 부합되는 지적이다.

사람들은 문제의 근원과 해결책을 밖에서만 찾는 경향이 있다. 부모 때문에, 환경 때문에, 시어머니 때문에, 남편 때문에, 정치인들 때문에, 가진 자들 때문에 ─ 수없이 남의 탓으로 돌리며 그것을 고치면 모든 문제가 해결되고 그것을 고치지 않으면 절대로 문제는 해결되지 않는다고 단언한다. 훌륭한 지도자가 나오면 이 난세를 구원할 것이라는 상상을 하며 은근히 지나간 독재자를 그리워하는 위험한 발상을 하는 사람이 많다. 이것이 모두 소를 '밖에서' 찾아나서는 어리석음이다.

사람들은 많은 것을 잃어버렸다고 호소한다. 돈을, 사랑을, 건강을, 그밖에 있을 수 있는 모든 외형적인 것을 ─ 그래서 그것을 회복해야겠다고 밖으로 나선다. 어떻게 해서든 잃어버린 것을 회복하고자 애쓴다. 전체정신인 자기의 입장에서 볼 때 그것은 잃은 것이 아니고 언는 것이다. 자기를 얻을 수 있는 기회다. 그런데도 사람들은 얻을 수 있는 보배를 안에서 찾지 않고 밖에서 찾고 있다. '자기'는 본래 거기에 줄곧 있어왔고 있을 것이다. 자기는 잃은 적이 없다. 융의 자기원형은 모든 사람의 마음속에 선천적으로 존재한다. 그것은 발밑에, 아주 가까이 자기 마음속에 있다. 모든 문제의 근원과 해결책은 자기자신 안에 있다. 다만 그것은 의식 너머의 무의식계에 있기 때문에 그것이 무엇인지는 무의식으로 들어가 그 뜻을 찾아보지 않고는 알 수 없다. 그래서 무의식으로의 긴 여행을 분석이라는 이름으로 시작하는 것이다.

자원의 서(序)는 분석심리학에서 말하는 모든 신경증의 근원인 자기소외(self-alienation)의 현상을 상징적으로 표현한 명구(名句)다. 각자 정신의 진정한 내면세계에 대한 통찰을 말하고, 무의식의 의식화 없이 집단세계의 인습과 규범, 페르조나에 의지하여 살다보니 자기자신의 세계—마음의 고향, 마음의 자연—즉 자기에서 멀어진다는 뜻이 여기에 있다. 곽암, 석고이 화상, 괴납련 화상이 이 같은 이치를 몰랐을 리 없다. 곽암은 평이하게 찾아가는 길의 고달픔만 말했을 뿐 다른 아무 말도 하지 않았다. 그래서 후대에 자운이 참다못해 한마디 했는지 모른다. 그러나 곽암은 마지막 구절에서 모든 것을 말하고 있는 듯하다.

　　다만 들리네. 때늦게 매미 한 마리 단풍나무에서 우짖는 것이
　　但聞楓樹晚蟬吟

이것은 쉽게 풀 수 없는 의미 깊은 선사의 화두(話頭)다. 석고이 화상과 괴납련 화상이 다 같이 '한 곡조 새로운 가락', '함께 노래라도

<〈그림 22〉 제2도―발자국을 보다(見跡)>

부르세' 등으로 화답함으로써 노랫소리와 연관되는 것임을 시사했으나 곽암은 어떤 생각으로 단풍나무에서 뒤늦게 우는 매미울음을 노래했는지는 알 수 없다. 그 의미는 늦여름 땀 흘리며 길을 가다가 문득 한 마리 매미의 울음을 듣는 사람의 심정을 상상한다면 가장 가까이 이해될 것이다―매미울음은 자연의 소리, 자기의 소리다! 선사들의 유연함과 자연스러운 여유를 표현하듯이 자기실현이 아무리 힘들다 해도 너무 심각하게 상을 찌푸리며 가지 말고 즐겁게 가라는 뜻으로도 이해된다.

제2도―발자국을 보다

「십우도」에서 말하는 발자국은 무엇인가? 자원의 서에 있듯이 교(敎)와 밀접한 관계가 있는 것 같다. 먼저 간 사람이 길에 남긴 발자취는 경(經)을 통한 가르침에 있다. 경의 뜻을 풀면 선인의 가르침이 뜻하는 본체를 어느 정도 짐작할 수 있다. 이기영에 따르면 백장선사(百丈禪師) 회해(懷海, 749~814)는 경으로 뜻을 풀이한다는 것은 삼세불(三世佛)의 원수요 경을 떠나서 뜻을 풀이한다는 것은 마구니의 설과 같다고 말했다 한다. 발자국이 많듯이 경도 많다. 중요한 것은 그 다양한 것이 궁극적으로 하나의 원류에서 나온 것이며 그것이 중생의 마음바탕을 이루고 있다는 것을 아는 일이다.[42]

자원의 서는 그 발자국의 옳고 그름을 분간할 수 없다면 아직은 발자국을 발견하기만 한 단계에 머물러 있는 것이라고 말하고 있다. 그러니 그것이 소의 발자국인지 말의 발자국인지 호랑이의 발자국인지 구분할 수 있어야 한다는 뜻이다.

곽암은 '결국 소를 찾아나서면 발자국을 찾게 마련이고 소는 계속 자신을 숨겨둘 수는 없다'고 했고 석고이 화상은 '고목이 있는 곳 바위 밑에 미로가 많음'을 가르쳐준다. 발자국만 쫓아가다보면 갑자기 소를 놓쳐버린다는 경고도 하고 있는데 매우 수긍이 가는 말이다. 경의 한 자 한 자만 따지고 들다가는 큰 전체를 보지 못한다는 뜻으로 이해된다. 괴납련 화상의 '소 찾아나선 사람 많으나 찾은 사람 많지 않네'로 시작되는 멋진 화답시는 어느 하나에 치우치지 않는 전체적 관점을 강조한 것으로 융의 입장과 일치한다. 소 찾아나선 사람 많으나 찾은 사람 많지 않네/산북을 보았나. 산남을 보았나/해가 떠도 해가 져도 같은 길 오고 가는 것/이것을 깨달아야지, 다른 길 없는 걸세[43]

이상과 같이 시의 내용들을 종합해보면 제2도는 자기실현의 초기 단계에서 부딪치는 문제와 같다. 그것은 자기의 발자국을 발견하는 단계다. 자기의 발자국이란 과연 무엇인가. '아, 그 근처에 자기가 발동하고 있구나', '이것을 발판으로 해서 더듬어가면 내 마음의 핵심에 도달할 수 있을지 모르겠다' 하는 이런 느낌을 주는 것들이 자기의 발자국이다. 자기가 무엇인가. 그것은 무의식에 있으면서 의식, 무의식의 작용을 조정하는 것이다. 그래서 꿈은 무의식의 표현이며 자기의 의도를 드러낸다고 융은 말한다. 자기의 발자국은 의식계에 남기는 무의식의 발자국들이다.

　물론 자원의 서처럼 융이 남긴 그의 사상이 담긴 글이나 책을 '자기의 발자국'이라 할 수도 있을 것이고 그런 책에 쓰인 글을 읽음으로써 마음속의 자기를 조금이나마 인식할 수 있는 준비가 된다고도 할 수 있다. 그리고 그런 글만 좇다보면 큰 본체를 모르고 지적인 미로를 헤매는 결과가 될 위험이 있고 글조차 읽지 않고 무의식을 해석하면 사설(邪說)이 된다는 설명도 가능하다. 그러나 자기 발자국은 이것만이 아니다.

　경험영역에서 자기는 의식계에 발자국을 남기게 되어 있다. 이미 프로이트가 말한 말 실수, 심인성 기억상실, 심인성 해리, 심인성 신체적·감각적 마비, 각종 신경증 증상에서 우리는 무의식의 발자국이자 자기의 발자국을 본다. 마음의 상처, 슬픔, 불안, 고통, 때로는 감동과 황홀감 속에 자기는 현시된다. 외부적인 현실에서의 고통과 상실에도 자기는 고개를 내밀고 있다.

　다만 사람들은 그것이 무의식 또는 자기의 발자국인지를 대개 모르고 있다. 이것들이 나의 내면의 문제, 또는 과제와 관계 있는 사건인 듯하다고 느낄 때 비로소 사람들은 의식의 문제를 무의식, 또는 나를 넘어서는 어떤 커다란 존재와 관계짓는다. 이때 사람은 그것이 소의 발자국임을 알아보게 되는 것이다. 우리가 매일 꾸는 꿈은 자기의 발자국으로 얼룩진, 또는 엮인 이야기를 제공해주고 있다. 꿈의 상들은 모두 자기로부터 온 것이다. 그것이 그림자이든, 아니마와 아니무스든, 자기와 관계를 맺고 있고 심지어 여러 가지 형태를 띤 자기의 개현(開顯)이라고까지 할 수 있다. 그러나 자원의 말에 따르면 제2도 견적(見跡)은 아직 그 단계에 이르지는 못한 초기의 자각, 꿈의 상들에 뜻이 있음을 약간 알게 되기 시작한 단계라 할 수 있을 것이다.

〈그림 23〉 제3도 — 소를 보다(見牛)

제3도—소를 보다

소를 본다는 것은 부처님 말씀으로 깨닫게 된(從聲得入) 경지, 아직 귀일심원(歸一心源), 즉 진실한 자기에는 돌아가지 못했지만 그것을 하나의 대상으로서 만나는 경지,[44] 또한 그 모습을 다 그릴 수 없는 단계라고 할 수 있다. 그러나 소의 모습을 다 그릴 수 없는 것은 아직 수행의 단계가 낮기 때문이 아니고 소의 본성이 희다거나 푸르다거나 어느 특정한 색과 모습으로 고정할 수 없는 성질을 지녀 묘사할 수 없다는 말이 포함되어 있다. 즉 자기의 상징적 특징을 말해주고 있는 것이다. 괴납련 화상은 말한다.

딱 마주해 그 얼굴 보니/이 소는 희지도 않고 푸르지도 않네/고개를 끄덕이며 슬며시 웃는 모습/그 일조풍광은 그릴 수가 없다네

자기를 본다는 것은 무슨 말인가? 자기의 흔적이 아니고 자기의 본체를 본다는 말이다. 그것은 '자국'이 아니고 살아 있는 생명체다. 분석이 진행되어 어느 날 불현듯 무의식은 살아 있다고 느끼는 순간이

<그림 24> 제4도―소를 얻다(得牛)

온다. '무의식은 실제로 존재한다'는 것을 몸소 깨닫는 순간이다. 마치 아기의 태동을 느낀 어머니의 심정처럼 '무의식에는 뜻이 있는 것 같다'에서 무의식은 정말 우리 안에 살아 있어 작용하고 있다는 것을 느끼게 되는 것이다. 다시 말해서 무의식이 자율적으로 여러 가지 장애적인 요소들에도 불구하고 전체를 실현하는 목적을 가지고 작동하고 있다는 것, 그래서 끊임없이 의식을 향해 상징적 언어로 메시지를 보내고 있다는 사실을 알게 되는 것 ―그것이 곧 '소를 보는 것'이다. 자아의식이 의식 밖의 또 하나의 살아 있는 객체 ― 객체정신! ―를 인식하게 된 경지, 그것이 견우(見牛)의 경지다.

제4도―소를 얻다

소는 거칠고 거세다. 갑자기 고원 높은 곳으로 뛰어오르는가 하면 구름 깊은 곳으로 숨어들고 만다.[45] 고가암은 송(頌)에서 말한다.

온 정신 다하여 그 소를 붙잡았지만/거칠고 거센 마음 쉽게 없애기 힘드네/갑자기 고원 높은 곳으로 뛰어오르는가 했더니/또다시

저 구름 깊은 곳으로 숨어들고 만다네

풀밭을 그리워하며 마음이 드세고 야성이 그대로 남아 있으며 아직 나쁜 버릇이 없어지지 않아 정신을 다하여 붙잡아야 할 뿐 아니라 튼튼한 밧줄을 잡고 소를 놓치지 않아야 하며 콧등에 뀐 밧줄을 늦추어서도 안 된다. 석고이 화상과 괴납련 화상, 이 두 사람의 화답시에 들어 있는 말이다.

이것은 다듬어지지 않은 자연, 거친 야성을 발휘하고 그 활동력이 너무나 왕성하여 채찍을 들어 조종을 필요로 하는 상태에 있는 무의식의 충동성에 비길 수 있다. 제4도의 단계에서부터 무의식은 그저 인식의 대상이 아니다. 함께 씨름하며 대면해야 할 삶의 일부가 된다. 소를 얻는다 함은 무의식과 함께하는 삶의 시작을 말한다. 무의식의 의식화는 자아의 중요한 과제가 된다. 외부세계에 맞추는 내가 아니고 내면세계인 무의식을 존중하고 무의식에 적응하는 단계, 소를 얻고 소를 먹이는 것(제5도) 모두 무의식의 의식화 작업에 견줄 수 있다. 그림자, 열등기능 등 분화되지 않은 무의식의 내용을 의식화해나갈 때 의식은 격렬한 갈등을 겪으며 용감한 대면을 필요로 한다. 활성화된 무의식의 거센 에너지에 자아의식이 휩쓸릴 수도 있다.

의식이 무의식의 자기, 전체정신의 중심에 깊이 집중할 때 그것은 소의 고삐를 바짝 죄는 자아와 소의 관계로 표현된다. 무의식은 제멋대로(자율적으로) 잠시도 가만히 있지 않는다. 의식이 이에 대해 주의를 집중하지 않으면 마치 사방으로 도망다니는 소처럼 파악하기 어렵다. 꿈의 분석을 받는 사람은 이런 관계를 늘 경험한다. 꿈은 그것에 집중하지 않으면 쉽게 기억에서 사라진다. 그러므로 무의식에 대한 집중을 늦춰서는 안 된다.

〈그림 25〉 제5도 — 소를 기르다(牧牛)

　선불교에서는 그림자의 측면을 의지로서 다스린다는 생각이 있는 듯하다. 야생적인 힘은 채찍으로 조련해야 하는 것처럼 설명된다. 분석심리학에서 말하는 그림자의 의식화를 위해 그것을 받아들이고 표현함으로써 의식에 동화하는 과정이 어떤 의미에서는 채찍을 들고 저항하는 자신을 다스리는 것과 같다. 그런데 분명히 보명선사(普明禪師)의 「목우도」에는 검은 소가 흰 소로 변하는 그림이 있어 그림자의 의식화 과정이 최소한 상징적으로 묘사되어 있다.[46] 소를 무의식 전반에서 자기원형상으로 집약해서 생각해본다면 '다듬어지지 않은 자기', '충동 속에 갇혀 있는 자기'를 상상할 수 있다. '그림자에 가려 있는 자기'도 있다. 또한 '자기의 그림자'는 더욱 파괴적이고 폭력적일 수 있다. 그러나 제4도에는 무제한의 활력, 다듬어지지 않은 창조적 충동으로 나타나 있다.

제5도 — 소를 기르다

　모든 것은 마음에 달렸다. 맑고 바른 마음을 닦아야 한다는 자운의 서와 채찍과 밧줄을 잠시도 몸에서 떼지 말고 서로 잘 이끌고 이끌려 온순해지면 소를 묶어놓지 않아도 저 스스로 사람을 따르리라는 곽암의 송이 있다. 고려의 선사 목우자(牧牛子) 지눌(知訥, 1158~1210)은 깨달음을 얻은 뒤에 하는 수행의 뜻으로 '목우'라는 말을 사용했다 한다. 이 다섯 번째 목우에 이르러 수행의 기본목표가 사실상 달성된 것으로 본다.[47]

'소를 기른다'는 것은 분석심리학적으로는 자아가 적극적으로 무의식과의 관계를 부단히 지속함으로써 무의식을 의식화하여 무의식의 충동성, 맹목성을 극복하고 자아와 무의식의 긍정적 관계를 유지하는 작업이다. 맑고 밝은 마음을 닦는다는 것은 분석심리학적으로는 자아의 의식성을 증가해서 무의식을 밖의 대상에 투사하지 않게 되는 것을 말한다. 투사를 통한 세계인식은 각(覺)이 아니고 미(迷), 즉 망상이며 온갖 오해, 시기, 질투, 증오의 온상이다.

자운의 시에, 마음이 혼미하니 거짓말 생겨난다/환경 탓하지 말게 마음이 하는 걸세' 하는 표현은 이를 가리킨다. 그러므로 각자가 자기의 무의식을 깨달아나가는 과정이 중요한 것이다.

소를 기르는 것은 소를 길들이는 것이며 또는 목동을 길들이는 것, 그래서 어느 하나가 달라지는 것이 아니고 서로가 서로를 이끌고 혹은 이끌려서 온순해지는 것이다. 그와 마찬가지로 자아의식은 무의식의 의식화로서 넓고 깊어지며, 무의식 또한 긍정적으로 변화하는 것이다. 무의식의 의식화 과정은 개인적 무의식의 의식으로의 동화와 집단적 무의식의 인식과의 구별로 이루어진다. 또한 세속의 집단정신의 단면인 페르조나와 자아의 구별 또한 자기실현의 중요한 과제 가운데 하나다.

'혹시나 그가 함부로 흙먼지 속으로 끌려갈까 두려운 것'(곽암), '때때로 속진의 거리를 밟기도 하나'(석고이 화상)라는 말들은 집단 생

〈그림 26〉 제6도─소를 타고 집으로 돌아가다(騎牛歸家)

활양식에 뒤섞이는, 즉 페르조나와 아니마·아니무스, 그림자들과 동일시하는, 또는 이들을 투사할 위험성을 우려하는 것이다. 자아의 의식성이 향상되고 내적·외적 적응이 조화를 이루어 전체정신인 자기에 가까이 가면 괴납련 화상이 시에서 읊었듯이 '흙먼지 속에 있다 해도 더럽힘 받는 일 없고 되풀이해 오고 가며 실수를 거듭한 덕택에 숲에서 사람을 만나도 그저 덤덤할 따름'[48]인 사람이 된다. 실수는 자기실현의 좋은 기회임을 누차 지적한 일이 있는데, 그를 통해 우리는 맹목성을 벗어나 의식성(각)의 상태에 놓이게 되기 때문에 사람을 대할 때 세속의 이해에 쏠리지 않고 덤덤하다는 것이다.

제6도─소를 타고 집으로 돌아가다

  싸움은 끝났다. 잃은 것도 얻은 것도 다 공(空)이다.

자원의 서(序)는 이렇게 시작한다.
노래를 부르고 피리를 불며 소 등에 몸을 싣고 돌아가는 모습이 묘사되어 있다. 곽암의 송이나 다른 두 사람의 화답시는 소를 타고 한가로이 집으로 돌아가는 마음의 편안함과 환희를 묘사하고 있다.

소를 타고 집으로 가는 것은 소와 사람이 하나가 되어 본가(本家)로 돌아간다, 즉 귀근(歸根), 귀원(歸源), 귀일(歸一), 귀진(歸眞), 원효의 귀일심원(歸一心源)과 같다고 한다.[49] 마음의 근원으로 돌아가는 것, 분석심리학적 용어로는 자아가 자기로 돌아가는 것이다. 의식에 매인 작은 '나'가 전체정신인 자기로 접근하는 것이다. '내 집'이란 바로 그 자신의 마음, 진정한 의미의 그의 개성이다. 무의식과의 대면으로 이제 자아는 자기에게 접근하고 있다. 소는 자아로 하여금 그의 개성, 그의 전체성으로 실어다주는 인도자인 셈이다. 그것은 또한 하나의 동물로서 정신의 뿌리에 맞닿은 생물학적 토대, 본능일 수 있다.

깨달음의 희열, 확대된 시야, 무의식적 본능에 자아를 맡긴(거꾸로 소를 타기) 상태는 이 그림에 붙인 시가 노래하는 분위기와 일치된다. 자아의 삶에서 자기를 중심으로 한 삶으로의 이행이 완수되는 순간이다. 괴납련 화상의 말대로 '걸음마다 시원한 바람, 가는 길이 평탄하네/어찌 작은 풀잎 따위가 입술에 걸리랴.' 작은 풀잎(寸草)은 언어의 뜻이라 한다.[50] 어찌 이 경지에서 언어의 유희를 일삼으랴는 말일 게다.

제7도―소를 잊고 사람만 남다(집에 돌아와 소를 잊다)

소를 찾아나서 찾았으며 길들여 집으로 돌아왔는데 그 소를 잊었다. 소는 온데간데없다. 마구간은 비었으며 채찍과 밧줄은 헛되이 초당에 걸려 있다. 곽암의 송(頌)은 아직 꿈속에 있는 한가한 사람을, 석고이 화상의 화(和)는 '넓고 넓은 천지 사이에 자유를 누리는 콧노래 부르며 걸림없이 가는 몸'이라 읊어 사람의 자유보다 산을 뛰쳐나와

〈그림 27〉 제7도―소를 잊고 사람만 남다(忘牛存人)

어디론가 가버린 소의 자유를 노래하는 듯하고, 괴납련 화상은 '나도 잊고 물건도 잊고 온종일 한가한 곳, 하늘세계로 가는 통로(통현봉 꼭대기)'의 초속성(超俗性)을 노래한다. 그리고 자원은 소란 비유에 불과한 것임을 지적한 뒤 번뇌와 망상에 물들지 않은 진심은 한 줄기 차디찬 빛으로 영겁의 시간 이전부터 비치고 있음을 시사했다.[51]

소는 진심의 다른 이름일 뿐 사람과 소가 별개의 것이 아니니 법무이법(法無二法)이며 진심이 발견되고 진심이 시키는 대로 집에 돌아 왔으니 채찍도 밧줄도 필요없는 상태가 되었고 외양간의 울타리가 아직 남아 있는 것은 무언가를 아직 얽어매고 개념화하려는 의식이 남아 있다는 뜻으로 개념은 없어졌지만 외양간은 아직 있다는 것이라고 해설된다.[52]

이기영은 결론적으로 이 망우존인의 단계는 아직도 사람이 자기 수행의 결과로 얻은 안락한 경지에 홀로 도취되어 있는 모습을 비판하는 뜻이 담겨 있다고 보았다. 즉 그는 말한다. "이 시(석고이 화상의 화)도 수행자의 이기주의를 경계하는 뜻을 은근히 담고 있다고 생각된다."[53]

분석심리학적 입장에서 보더라도 이 단계에서 묘사된, 이제는 더 이상 소라는 대상이 필요하지 않은 자기와의 일체성에서 오는 자유, 평안, 꿈같이 들뜬 정서적 분위기는 아직 무언가 부족하고 위태로워 보인다. 물론 망우(忘牛)의 경지를 이해 못 할 바는 아니다. '자기 집'에 돌아온 이상 소는 필요하지 않다. 소는 하나의 상으로서 자아를 자기 집 — 진정한 개성 — 자기로 이끌어온 영혼의 인도자와 같은 기능을 했다. 목표에 도달한 이상, 인도자의 역할은 끝난다.

　아니마와 아니무스는 보통 자아를 자기에게로 매개하는 매개자 역할을 한다. 아니마와 아니무스를 인식하고 의식화하면 그다음부터는 매개자 없이 자기와의 직접적인 관계가 형성된다. 그런데 아니마와 아니무스는 자기의 사자(使者)와 같은 것, 그러나 때론 사자와 그 주인은 하나다. 집과 소는 하나이면서 동시에 목동을 나르는 수레이듯이 — 원래 자기인 소는 잠시 아니마와 아니무스의 역할을 맡아 자아를 본연의 마음자리로 인도하고 사라진다. 자기에게로 인도하는 것은 소가 아니어도 된다. 물고기일 수도 토끼일 수도 있다. 자기의 상징은 여러 가지로 나타나지만 자기에 도달하여 — 전체정신을 실현하는 도구로서 공통된 뜻을 가지고 있다.

　이 단계는 또한 상징의 해석과 그 결과에 대한 분석심리학의 통찰과도 관계된다. 상징은 인간정신을 구성하는 살아 있는 상이다. 그것이 포함하는 뜻은 언어로 남김없이 해석할 수 없다는 것이 융의 입장이다. 상징은 항상 언어를 넘는다. 그것은 의미를 잉태하고 있고 의미를 잉태하는 한 살아 있는 것이다. 만약 우리가 상징의 의미를 남김없이 해석했다면 그 상징은 생명을 잃는다. 소를 잊는다 함은 소라는 상이 이미 생명을 잃은 빈 껍데기가 된다는 뜻도 된다. 왜냐하면 그것을 남김없이 해석했기 때문에, 혹은 해석했다고 착각하기 때문이다.

그 결과는 자기원형에 의한 자아의 팽창이다. 자아는 자기원형의 영향 아래 놓이게 되고 자아는 자기와 혼동된다. 자신이 초능력을 가졌다거나 남을 구제할 사명을 가졌다거나 해탈했다는 착각을 하게 만든다. 즉 마나 인격(mana-Persönlichkeit)과 같은 것이 될 우려가 있다. 선불교에서는 상을 쳐부술 것을 주장한다. 분석심리학에서 상은 살아 있는 의미를 내포한 것이므로 상을 통해서 자기실현을 한다. 얼핏 보면 서로 반대되는 것 같지만 원리는 하나다. 의미의 파악, 의미의 실현에서 다를 바 없다. 상이 단지 모범이 되는 전형이라면 그것은 쳐부숴야 마땅하다.

소를 잊고 사람만 남다──이 단계에 놓인 자아의 상태가 마나 인격과 동일시한 사람의 상태와 꼭 같다고 할 수는 없을 것이다. 자아의 팽창감보다는 편안함과 게으르고 쾌적한 몽환상태가 더 두드러지게 묘사되고 있기 때문이다. 깨달음의 과정에서 겪는 자그마한 일시적인 자아의 팽창상태라고 볼 수 있을 것이다. 자원의 말대로 자아는 하늘 저편, 나를 넘어서는 아득한 곳에서 비치는 자기의 진정한 통찰을 얻을 수 있어야 할 것이다. '한 줄기 차디찬 빛이 위의(威儀)도 음성도 떠난 겁 저편에 있다'(一道寒光 威音劫外)[54]는 것을.

제8도──소와 사람 둘 다 잊었다

소니 사람이니 하는 구분이 없어진 상태, '채찍도 밧줄도 사람도 소도 다 헛것이 된 상태,' 다만 '푸른 하늘만이 멀고 광활하며' '붉게 탄 화롯불'이 눈을 속절없이 녹여버리고 이제 비로소 하나인 마음이 된 상태다.[55] 곽암의 송에는 하나 된 마음의 뜨거움, 즉 강렬한 열정이 묘사되고 괴납련의 화(和)에는 밝고 맑은 달과 싸늘한 바람소리의 명징성이 묘사된다. 자원은 서에서 하나 된 마음의 본질을 이야기한다.

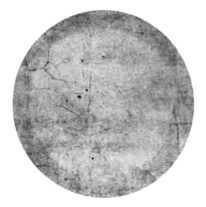

〈그림 28〉 제8도―소와 사람 둘 다 잊었다(人牛俱忘)

그것은 범부의 정(情)도 성인의 뜻도 다 비우는 것이다. 승려 임제가 말하기를 '무릇 말이란 범부(凡夫)의 정에 걸리지 않으면 성스러운 듯한 깨달음(聖解)에 떨어지니 마음공부하는 사람들의 큰 병이다.'[56]

자원의 서시 속에는 역사적으로 오랜 선사들의 글귀가 들어 있다고 한다. '어느 쪽에도 끌리지 않으니 관음보살도 눈치채기 힘들리'(兩頭不着千眼難窺)라고 한 자원의 서(序)는 분석심리학에서 자기실현의 목표인 대극의 합일로 생겨나는 중앙(die Mitte)이라는 개념과 일치한다. 중앙에서 대극이 하나의 전체를 이룬다. 범속(凡俗)이니 성(聖)이니 대극을 지양하는 중도제일의(中道第一義)의 깨달음(諦)과 융의 생각은 본질적으로 같은 것이다.

일원상(一圓像)은 전체성의 상징이며 현대인의 꿈속에서 자기원형의 상징으로 등장한다. 융이 만다라의 상징이라 하는 것이다. 이 그림의 원에는 중심이 없다. 현대인의 꿈이나 환상에 나오는 원에도 중심은 대개 비어 있다. 그것은 각자가 채워야 할 부분일 것이다. 하나가 된다는 것은 가지고 있는 각자의 전체가 되는 것이다. 대극의 합일은 자기실현의 최고목표다.

여기서 소와 사람 둘 다 잊었다 할 때 '잊는다'는 말은 '잃는 것'과는 다르다고 생각한다. 자아가 없어지는 것도 아니고 자기가 없어지는 것도 아니다. 자아도 자기도 없거나 자아는 있고 자기가 없다면 그것은 절대적인 무의식상태, 하나의 망아경(Ekstase)이며 의식된 자기실현의 마지막 단계라 할 수 없고, 자기는 없이 자아만 있는 것이라면 제1도에서 보듯 최초로 자아가 망연자실한 상태와 다를 바 없다.

그러나 여기서 말하는 '잊음'은 자아의 자기에 대한 집착, 자기실현을 꼭 완수해야 한다는 의지, 자기실현의 목표에 대한 집착을 잊는 것이다. 그리고 그런 상태는 다시금 무의식의 의식화로 자기에게 가까워짐으로써 저절로 생긴다. 자아와 자기를 모두 잊는다 함은 나와 너의 경계를 없애고 하나로 통합함으로써 '나'라는 것이 전체인 자기와 완전히 합치되기에 굳이 어떤 대상에 대한 나를 내세울 필요가 없게 된 상태다. 절대선이란 대극의 합일로서의 전체정신의 입장에서 세상을 보고 행동하는 것인데 이때 나는 종래의 나와 다른 전체정신, 자기에 입각한 나이다. 그러니 이전부터 나라고 생각되어왔던 나는 잊게 되는 것이다.

제9도―본래의 근원으로 돌아가다

근본자리로 돌아와 자연과 더불어 하나가 된 삼매의 경지에서 다시 사람들이 복잡하게 생활하고 있는 저잣거리로 들어와 작위함이 없이 중생들에게 이익을 주는 것까지 이르러야 한다는 사상이 여기에 있다. 반본환원(返本還源)이란 원효의 귀일심원(歸一心源)과 같으며 나아가 요익중생(饒益衆生), 즉 중생에게 이익을 주라는 원효의 뜻이 원효 이후 900년 뒤에 「십우도」 제9도와 10도에 들어 있다고 이기영은 말한다.[57]

〈그림 29〉 제9도—본래의 근원으로 돌아가다(返本還源)

제9도는 깨달은 사람, 즉 자기실현이 된 사람의 경지를 설명하는 듯하다. 있는 그대로 그렇게 거기 피어 있는 꽃, 흐르는 물, 산과 해가 지고 떠오르는 것처럼, '자기' 또한 그 자체로 있는 자연이다. 자기는 우리의 무의식에 그렇게 있다. 자아의식이 그것을 만들어낸 것도 어떤 문화집단이 만들어준 것도 아니다. 선험적으로 우리의 생명과 함께 내재하며 자율적으로 작용하고 있다. 그러므로 자기의 관점에서 세상을 보면 안과 밖, 겉과 속을, 즉 전체를 함께 볼 수 있고 자기의 관점에서 행할 때는 차라리 귀머거리나 장님처럼 덤덤하다. 그러므로 그는 부질없이 '나'를 내세워 똑똑한 체 지식을 자랑하지 않으며 무엇을 더 보고 들으려고 안간힘을 쓰지도 않는다. 무위자연의 도의 경지와 다름없다.

제10도—시중으로 들어가 중생을 돕다

제목의 수수(垂手)를 '손을 내리는 것'으로 해석하는 편이 더 의미 있어 보인다.[58] 그래서 '사람들 사이에 들어가 아무것도 안 함으로써 돕는 것, 즉 무위(無爲)로 화(化)하는 것'이라고 보는 편이 더 흥

<그림 30> 제10도 — 시중으로 들어가 중생을 돕다(入鄽垂手)

미롭다.

　사릿문 외롭게 잠기니 천성(千聖)도 그 속을 모르네/자기의 풍광을 숨기고 스승의 옛길도 따르지 않고

　자원의 서에 보이는 이 두 구절은 철저한 내향을 가리키고 있다. 그러므로 도의 경지에 이른 사람은 성인들도 알아보지 못한다. 자기실현이 된 사람도 마찬가지다. 지극히 평범하고 초라하고 촌스럽기조차 하다. 스승의 옛길도 따르지 않는다는 것은 스승을 모방하지 않고 자기의 길을 간다는 뜻이다. 자기실현을 개성화라 부르는 것은 이 때문이다. 그 사람 자신의 길을 가는 것이기 때문이다. 곽암은 말했다.

　신선의 진짜 비결 쓸 필요도 없이/그냥 저절로 고목에 꽃이 피게 한 것일세

　'저절로 고목에 꽃이 피게 한 것'이 중생을 돕는 길이다. 자기 자신

의 개화(開花)에 힘쓸 뿐이다. 이에 대한 화답시는 좀 거칠다. '질풍과 같이 철봉을 휘둘러 천문만호(千門萬戶)의 옹졸한 소견을 다 헤쳐버리거나', '소매 속의 쇠망치가 정면으로 떨어진다'고 한다. 또한 강력한 정동적 충격이 중생의 어리석음을 깨우치는 데 효력을 발휘할 수 있음을 시사한다. 그리하여 다음과 같이 끝맺는다.

　　만나는 사람마다 모르는 척할 수 있다면/미륵의 누각문이 활짝 열리네

　깨달은 자는 금기에 구애받지 않는다. '서'에 나오듯 술병을 차고 거리로 들어가 술장사, 생선장사를 모두 성불케 한다고 하는데 지금 이 화답시에서는 만나는 사람마다 손 붙잡고 위로하고 사랑해주기보다 '모르는 척할 수 있을 때' 진리의 세계, 평화의 세계로 들어가는 미륵의 누각문이 활짝 열린다고 한다. 이 뜻을 이기영은 '아주 모르는 사이처럼 대할 수 있다면, 즉 서로 이해(利害)에 얽혀 사랑과 미움의 난장판을 만들지 않는다면'의 뜻으로 해석한다.[59] 깨달은 자의 '서늘한' 인간관계가 엿보이는 말이다.

　이상에서 필자는 곽암의 「십우도」를 분석심리학적 입장에서 적어보았다. 900년 전 선불교의 교육용 그림과 현대 분석심리학의 자기실현과정 사이에는 물론 차이가 있다. 그림자, 아니마와 아니무스, 태모, 노현자, 영웅원형 등 자기실현에서 만나는 무의식의 상을 이 열 개의 그림에서 찾아보기는 어렵다. 「십우도」와 서양의 연금술서 『현자의 장미원』에 나온 그림을 비교하고 분석심리학적으로 해석한 가와이(河合) 교수도 「십우도」에는 여성성에 관한 언급이 부족한 듯하다고 지적했는데 동감이다. 그러나 그는 소의 이미지와, 각 그림을 둥근

원 속에 그린 점은 모성적 보호의 뜻이 있다고 보았다.[60) 「십우도」는 핵심과 본질을 그린 단순한 그림이다. 그래서 소 속에 모든 것이 들어 있고 소의 여러 몸짓 속에서 무의식의 여러 가지 상징을 볼 수밖에 없다. 그러나 깨달음의 실체와 그 과정에서 「십우도」는 현대 분석심리학의 자기실현, 또는 개성화와 일치되는 상징을 표현하고 있다.

불교 승려이면서 융학파의 분석가인 미유키[61) 교수는 「십우도」의 단계가 3과 4의 결합으로 이루어진 순환적 과정을 나타낸다고 했다. 그는 제7단계 망우존인(忘牛存人), 즉 소를 잊고 사람만 남게 된 단계에서 일단 개성화가 완성되고 그 뒤의 8, 9, 10단계는 개성화된 인간의 상태와 행적을 말하며 그 뒤에 다시 1, 2, 3단계로 이어진다고 했다. 제7단계를 완성이라고 보아야 할지는 알 수 없으나 여러 단계가 자기실현의 과정처럼 서로 순환하면서 중심으로 다가가는 형식을 취한다고 볼 수는 있다. 사실 서와 송과 화, 우의 시들은 그림마다 너무 다양한 측면을 포괄하고 있어서 한 그림, 한 그림이 자기실현을 향한 순환의 한 고리처럼 보이고 자기실현의 전체상이라고 보아야 할 정도다.

제7단계 '소를 잊고 사람만 남다'에서 미유키 교수가 일종의 정체 상태인 공성(空性, Sunyata)에 빠진 보살의 위험을 지적한 것은 흥미롭다. 이때까지 적극적으로 무의식에 개입해온 자아는 여기서 아무것도 스스로 할 것이 없기 때문이라고 하는데 그럴듯한 말이다.

제8도의 속이 빈 원을 그는 의식생활에서의 자기, 또는 불성의 충분한 시현으로 보았다. 또 이 상태에서 개인은 빈 것과 채움, 부정과 긍정의 역설적 상태와 과정에 있게 되며 자아는 자기에게 이바지하기 위해 끝없이 희생하게 된다고 말했다. 물론 이러한 자아의 자기를 위한 희생은 자아의 해소가 아니고 자기를 중심으로 한 정신기능

(self-centric functioning)이 일어남으로써 자아 중심의 기능을 잊게 되는 것이며, 잊는다(忘)는 것은 도가의 전통에 따르면 무위자연과 같은 뜻임을 지적했다.

깨달음(覺)이란 자아-초월(ego-transcendence)이나 자아-부정(ego-negation)에 있지 않고 끊임없이 무의식의 내용을 통합하기 위한 노력이라는 그의 말은 불교학자이자 승려인 분석가의 설명으로 경청할 만한 해석이다.

가와이 교수는 제10도의 노인과 젊은이의 그림을, 우에다 간쇼(上田閑照)의 설에 따라 진정한 자기가 '마주 보는 두 사람' 속(Senex와 puer)의 하나로 나타나고 있다고 보았다.[62] 그럴듯한 말이다. 그도 「십우도」가 직선적인 진행단계라기보다 한 장의 그림 속에 모든 것이 들어 있을 수도 있고 통찰의 다음 순간에 역전이 있을 수 있는 것처럼, 단계적이면서 단계적이 아니라 처음부터 모든 것이 들어 있다고 할 만한 과정이 제시되어 있다고 본 점에서 나와 일치된 견해를 가지고 있다.[63]

「십우도」는 하나가 아니고 여러 가지다. 보명선사의 「십우도」에는 시중으로 나아가 중생을 이롭게 하는 메시지가 없다. 이기영은 보명의 것이 직선적인 상승, 현세초월적인 출세간 이상에서 벗어나지 못하고 있는 것과 달리 곽암의 「십우도」는 출세간에서 다시 세간으로 되돌아오는 환래예토(還來穢土)의 이상을 보여주고 있다는 점에서 고려의 선승, 지눌의 이상, 더 나아가 귀일삼원, 요익중생이 둘이 아니라고 한 원효의 이상과 일치한다고 지적했다.[64] 어쨌든 현대적 관점에서 볼 때 가와이 교수도 말한 대로 모두가 자기의 '소'를 찾는 길, 자신의 십우도를 그려볼 수도 있을 것이다.

우리는 다만 분석심리학에서 말하는 자기실현의 원형적 상징이 우리의 전통 속에 아득한 옛날부터 존재했고 현재도 살아 있다는 사실에 흐뭇해하면서 좀 장황하게 인간무의식에 존재하는 원초적 정신의 샘을 「십우도」의 상징화 속에서 더듬어볼 따름이다.

도교사상에서의 자기와 자기실현

'분석심리학 3부작' 제1권 『그림자』[65)에서 도교에서 본 그림자문제의 인식과정을 말하는 가운데 나는 『노자 도덕경』 제4장, 그 예리한 것을 꺾고(挫其銳), 제56장, 아는 자는 말하지 않고(知者不言)를 소개하면서 빛을 고르게 하고 티끌과 함께하는 '화광동진'(和光同塵)의 자세를 제시한 일이 있다. 이것은 다름 아닌 자기실현의 기본자세다. 거기서 나는 자기실현의 궁극적 목표가 화려하고 위대한 영웅의 길이 아니라 '밝으나 어두운 것 같은 도'(明道若昧, 제41장)라는 점도 지적했고 도의 본질인 미명(微明: 은미한 밝은 지혜, 보이지 않는 것에 관한 명징성)을 집중적으로 소개했다. 이것이 모두 자기실현의 핵심이지만 여기서 다시 되풀이할 필요는 없을 것이다.

『노자 도덕경』이 현대생활에 무슨 도움이 되느냐고 반문하는 어떤 어른이 있었다. 자세히 보니 그렇게 말하는 분은 이미 노자의 삶을 살고 있었다. 그러니 노자로부터 더 배울 것이 없다. 노자가 필요한 사람은 노자와는 반대의 삶을 살고 있는 사람들이다. 이들에게 『노자 도덕경』은 가뭄 가운데 단 샘물과 같은 활력을 준다. 그런데 많은 현대인은 어쩔 수 없이, 혹은 즐겨 그렇게 살고 있다. 나도 그 속에 들어갈지 모른다.

나는 『노자 도덕경』의 모든 구절에 동감하는 것은 아니다. 제3장처럼 백성들에게 욕망을 자극할 만한 것을 보지 못하게 하고, 무엇인가

해보겠다는 의지를 꺾게 만들고, 항상 백성으로 하여금 지혜도 욕망도 없이 다만 배를 부르게 하여 몸을 건장하게 만든다는 말을 공감할 수 없다.

또 제65장처럼 백성을 다스리기 어려운 것은 그들에게 지혜가 많기 때문이고, 고대에 도를 잘 행한 자는 백성을 분명한 지혜 있는 사람으로 만들지 않고 도로써 백성들을 우박하게 만들었으니, 지혜로써 나라를 다스리는 것은 나라의 적이며, 지혜로써 나라를 다스리는 일을 하지 않는 것이 나라의 복이라는 말은 마치 독재국가의 우민정책을 두둔하는 것 같아 불쾌하다.

물론 지자(智者)란 사실 지혜로운 자라기보다 꾀를 부리는 사람이고 배를 불린다는 것을 내실을 기한다는 말로 이해한다면 머리 좋고 명민한 지식인이 그 꾀를 써서 얼마나 나라의 정치와 경제를 어지럽혔는지, 그래서 국력을 얼마나 허비하고 내실을 저버렸는지를 직접 경험한 우리로서는 받아들일 수밖에 없는 명언이기도 하다.

좋은 음악과 맛있는 음식, 화려한 시각적 즐거움을 지나치게 백안시하는 것(제35장)도 현대인의 문화생활과는 어울리지 않는다. 도에서 나오는 담백한 말을 강조한 나머지 인간에게 부여된 삶의 즐거움마저 거부할 필요는 없는 것이다. 그러나 현대 자본주의 사회의 지나친 감각적 탐닉을 위한 소비성향에 비추어본다면 담백하고 맛없는 도에서 나오는 말이 삶의 단맛과 함께 소금 역할을 해줄 수도 있을 것이다. 다만 어느 하나든 다른 것 때문에 없애야 하는 것이 아니고 설탕과 소금이 함께 조화를 이루는 것이 도의 본령일 것이다. 정신과 육체, 정신적 의미와 신체적 쾌락을 서로 어울릴 수 없는 대극으로 보고 하나를 다른 것을 위해서 억압하는 것은 대극합일의 정신이 아니다. 자기실현은 전체가 되는 것, 대극이 하나로 통합되는 것을 말한다.

융은 분명히 도(道)는 그가 말하는 '자기'와 같은 것이라 했다.[66] 도에 관한 모든 것이 자기에 대한 설명과 일치된다. 이것이 도다 저것이 도다 하는 곳에 도는 없다(道可道非常道). 자기라는 말이나 도라는 말이나 그저 말일 뿐이다. 그 본질은 체험을 통해 인지될 뿐, 인식할 수도 설명할 수도 없는 것이다. 설사 설명한다 하더라도 남김없이 설명할 수 없이 큰 것, 의식을 초월하는 것이 도이고 자기다.

도는 갓 태어난 아기와 같다. 자기 또한 어린이로 상징되는 모든 것을 포괄하는 포괄자, 분열되지 않은 전체정신의 상징이다. 도는 빈 골짜기, 빈 그릇, 빈 수레바퀴, 거기에 그렇게 있고 그렇게 흐르는 물과 같은 것, 그렇게 자기도 저절로 이루어지고 자율적으로 조절작용을 계속하는 심적 자연의 움직임 그 자체다.

세속의 눈으로 도는 외로운 것, 바보 같고 배척받는 것 — 그렇게 쉬우면서도 그렇게 어려운 것 — 융이 말하는 자기에 입각한 삶, 또는 그러한 삶에의 길, 또한 때로는 그렇게 외로운 길이다. 그러나 그 길은 고독한 자의 감상적 우수와는 전혀 달리 확고하게 대지에 발을 딛고 현실을 직시하며 살아가는 길이다. 『노자 도덕경』은 인간이 정신생활에서 겪어야 할 대극간 갈등의 원인을 명확히 간파하고 대극긴장을 대극 사이의 중앙에서 통합하기를 시도한다는 점에서도 융의 자기실현 과정의 일면을 보여주고 있다.

개인과 사회의 자기실현

▌에필로그

　이것으로 자기와 자기실현에 관한 융의 학설과 필자의 경험과 연구 결과에 관한 보고를 마감한다. 독자들은 여기서 '자기'와 '자아'가 어떻게 다른지, 왜 '자기실현'이라고 불러야 하는 것인지를 알게 되었을 것이다. 분석심리학에서 말하는 자기실현이 어떤 집단적·도덕적 행동규범에 맞추는 과정을 뜻하는 것이 아니고 각자의 타고난 전체가 되는 것, 각자가 가진 본연의 개성을 발휘하는 것이라는 점도 분명해졌을 것이다.

　그리고 각자가 자기 본연의 자신을 찾고 실천하는 것이 무엇보다도 가장 윤리적인 행위라는 점, 다시 말해서 절대선이란 악에 대한 대극으로서가 아니라 전체를 포괄하는 근원적 윤리성(ethos)에서 나온 것이라는 점, 따라서 대립적 도덕관의 기준으로는 자기실현, 또는 개성화된 인간을 잘 구분할 수 없는 경우가 있을 수 있다는 사실도 강조했는데 어느 정도는 이해가 되었기를 기대한다.

　분석심리학의 자기실현은 기본적으로 우리에게는 자아의식이 모르고 있는 광대한 세계가 있다는 전제를 토대로 한다. 그 세계를 편의상 무의식이라 부르는데 여기에 많은 보배가 묻혀 있고 각자 인격의 핵이 숨어 있다. 그 핵을 우리는 자기원형이라 하는데 나와는 전혀 다른 타자(他者)라는 뜻에서 객체정신(Objektpsyche)이라고 한다. 자기실현이 되고 안 되고의 척도는 자아의식뿐 아니라 무의식에 있는 이 객체정신의 상징적 표현 속에 있다.

분석심리학자들은 원시기독교의 경건한 사도들이나 원시사회의 샤먼, 동서의 신비가들이 걸어온 무의식에의 탐구를 계속하며 무의식에서 보내는 신의 소리(vox Dei)를 경청하는 작업을 21세기에도 변함없이 하고 있다. 독자들에게 생소할 것이라 짐작되면서도 여기에 한국인 피분석자의 꿈에 드러난 '자기로부터의 메시지'의 일단을 소개한 것은 무의식의 상징세계가 갖는 의미를 구체적으로 제시하기 위해서였다. 그러나 이미 언급한 대로 이 자료가 전체를 망라한 것도 아니고 각 꿈의 해석이 또한 모든 측면을 포괄한 완벽한 것도 아니다. 다만 자기실현은 철학적 사변이 아니고 심리학적 근거를 바탕으로 제창되었음을 입증하는 데 필요한 만큼만 설명한 것이다.

자기실현은 그림자의 인식에서 시작해서 아니마와 아니무스의 의식화, 그밖의 많은 무의식의 콤플렉스를 의식화하는 과정이므로, '분석심리학 3부작'에서 말한 것이 모두 자기실현과 관계가 있다. 그러니 자기실현 과정을 자세히 알려면 거꾸로 1·2권으로 되돌아가 읽어볼 필요가 있을 것이다. 모든 무의식의 내용은 중심으로 통한다. 어느 꿈의 줄거리 가운데 한 귀퉁이만 들여다보아도 그것이 그림자라 부르는 것이든, 모성 콤플렉스라 부르는 것이든 그것은 전체정신의 중심과 연결되어 있다. 그러므로 자기실현의 길은 직선이 아니고 중심을 향해 여러 개의 원으로 선회하는 나선형상의 진행이다.

오늘날의 세계에서 자기실현이란 무엇인가? 오늘의 한국사회에서 자기실현은 무슨 의미가 있는가? 급속도로 변하는 사회 속에서 한 개인의 자기인식은 어떤 힘을 발휘할 수 있는가? 많은 대중을 돕는 데 소수 개인을 대상으로 하는 장기간의 분석요법이 무슨 소용이 있는 가? 집단적으로 바람을 일으켜 모든 사람을 열광시키는 것이 훨씬 효과적일지 모른다. 혹은 제약산업의 발달로 새로 출하된 약물로 불안 과 우울과 짜증을 날려보내는 것이 더욱 쉽고도 효과적인 방법일 것 이다. 혹은 컴퓨터 게임으로 무료함을 달래는 것이 좋을지 모른다. 이 런 많은 물음이 제기될 수 있다.

그 많은 방법은 모두 사람들에게 유익할 것이다. 심지어 정치집회 나 데모집회조차도 신경증적 장애의 치유에 이바지한다. 좋은 약이 개발되었으니 필요할 때 필요한 사람에게 필요한 만큼 권할 수도 있 다. 이 세상에는 다양한 사람이 많으니 사람마다 다르게 접근하는 것 이 옳다. 그러나 집단적 방법의 치유효과는 집단적인 차원의 보편적 문제에 관한 한 유효하다.

물론 집단적인 문제는 집단적으로 해결해야 옳다. 그러나 개성을 가진 하나하나의 개인은 집단의 기준으로 해결할 수 없는 일회적인 내적 과제를 안고 있다. 또한 무의식을 도외시하고 인간의식의 표층 을 지지하는 지지요법이나 무의식을 한낱 억압된 충동으로 간주하고 분석하는 방법으로는 인간 무의식의 심층에 있는 누미노제, 초월적인 것에 대한 자아의 갈구를 채워주지 못한다. 그리고 의외로 많은 사람 이 신경증이라 할 수도 없는 상태에서 다만 무엇으로도 채워지지 않 는 정신적 공허감에 시달리고 있는 것이다. 중년 이후의 그와 같은 권 태, 우울, 공허, 불안은 자기실현의 필요성을 알리는 신호다.

집단이란 개인으로 이루어지는 것, 개인의 자기인식 없이 성숙한 집단을 기대할 수 없다. 개인의 자기실현은 궁극적으로 집단사회의 정신적 발전에 이바지하는 가장 확실한 방법이다. 다만 폰 프란츠도 말했듯이 자각된 작은 집단운동은 개인의 자기실현에 유익한 환경을 만들어줄 수 있다.

한국사회는 아직도 개인의 자기실현에 도움이 될 만한 유리한 조건을 마련하지 못하고 있다. 교육의 중앙집권화, 대량교실, 획일적 제도, 개성교육의 부재는 개인의 자각을 더디게 하고 있다. 한국사회는 봉건적·농경사회의 대가족주의를 바탕으로 한 모성 콤플렉스에 깊이 뿌리내리고 있다. 집단적·본능적 유대, 정을 중심으로 얽힌 집단의 따뜻함은 어머니, 또는 조상이라는 역사적 감정과 관계를 맺고 있다는 점에서 아직 건강한 영향을 주고 있기는 하지만 다른 한편 집단 야합과 파벌주의의 온상이 되고 있다. 공업화와 더불어 이것을 극복하기 위한 시도는 이미 시작된 지 오래다. 그러나 우리는 아직 모성 콤플렉스의 극복 가운데 초기단계에 있는 듯하다.

어머니와의 유대를 알아차린 아들이 어머니로부터 독립하려 할 때, 첫 번째로 시도하는 것은 어머니와 관계되는 것은 무조건 질겁을 하고 싫어하고 터무니없이 반대의견을 고집하는 것이다. 역대정권의 개혁과 민주화는 그런 식으로 과거 관습의 극단적인 파괴로 시작되었고 그때마다 서양에서도 보편화되지 않은 몰취미한 제도나 방법을 도입했다. 그 예로 초창기 교육의 혜성인 '객관식 문제'와 '객관적 평가제도'의 도입, '교육평준화', '의료개혁' 등을 들 수 있다.

문제는 무엇을 도입했느냐가 아니라 그것이 있어야 할 자리에 대한 합리적 평가와 준비 없이 성급히 획일적으로 시행되었다는 데 있다. 성급함은 모성 콤플렉스의 전형적 증후이며 단선적이고 극단적인 합리주의는 비합리한 본능과의 유대를 단절하려는 과보상의 증후다.

우리에게 필요한 것은 전통과의 유대를 손상시킴 없이 진정한 합리성을 가꾸고 키워나가는 노력이다. 그렇게 되려면 오랜 군사독재로 내버려두었던 정치가 파벌정치에서 정책 중심으로 성숙되어야 한다. 그리고 무엇보다도 민주주의의 기본요체가 철저하게 지켜져야 한다. 권력 간의 합법적 상호견제가 없고 국민에게 비판의 자유가 없고 인권이 유린되는 곳에 인간사회의 발전은 없다. 사회가 시끄럽다고 은근히 독재자를 그리워한다면 그것은 아주 위험한 발상이다. 독재사회에서는 개인의 자기실현이 거의 불가능하고 자각된 개인은 박해를 받게 되기 때문이다.

우리의 사회가 개성을 살리면서 동시에 전체와 더불어 사는 방향으로 갈지, 개성을 질식시키는 집단주의와 획일주의의 통제사회로 변할지는 오직 개개인의 결단에 달렸다. 그러나 나는 우리 사회가 우여곡절 끝에, 아니 바로 우여곡절 때문에 꾸준히 성숙해가고 있다고 생각한다. 자기인식을 위한 전통종교의 소집단운동, 합리성을 지향하는 건전한 작은 시민운동, 무엇보다 여성들의 자각과 사회참여, 그리고 월드컵에서 보인 청소년들의 티없는 열정 ― 이 모든 곳에서 발전의 잠재력을 본다.

자기실현 ― 그것은 그냥 말이 아니다. 사회발전의 가장 작은 단위, 어느 날 강과 바다를 이룰 작은 물방울인 개인, 개인의 자각이며 실천이다.

무의식의 의식화를 위하여

▌개정판을 내면서

　한길사에서 '분석심리학의 탐구'인 『그림자』『아니마와 아니무스』 『자기와 자기실현』을 '분석심리학 3부작'으로 개정·출판한다고 해서 이 기회에 책을 다시 살펴보고 몇 가지 눈에 띄는 부분을 수정 보완 했다.

　무엇보다도 정신의 구조, 자아의 발달과 자기실현, 의식화 과정, 아 니마 아니무스의 그림에서 명암과 경계 등을 이론에 맞게 재조정했 다. 또한 피분석자의 환상을 실제 경험에 더 가깝게 하기 위해 피분석 자 자신과 전문화가의 도움을 받아 새로 묘사했다. 두 분의 노고에 깊 은 감사를 드린다.

　또한 『자기와 자기실현』에 있는 큰 나무 그림에 대해서는 피분석 자의 설명을 추가했다. 표지 그림도 내용을 더 잘 표현할 수 있는 그 림으로 바꾸었다. 본문은 문헌을 보충하거나 오자를 수정하는 데 그 쳤다.

　돌이켜보면 '분석심리학의 탐구' 가운데 첫 권인 『그림자』가 출간 된 지 21년, 마지막 책인 『자기와 자기실현』이 나온 지 18년이 지났다. 그동안 우리는 많은 정치적·사회적 사건을 겪었고 또한 겪고 있다. 현재 우리가 처한 COVID-19 팬데믹 시대는 또 다른 문제를 제기하고 있다.

집단 현상 뒤에는 항상 원형이 도사리고 있다. 원형은 강렬한 격정을 일으키며, 막강한 전염력으로 사람들을 흥분시킨다. 그림자원형상의 투사는 상대방을 악마로 보고, 자기원형상의 투사는 상대방을 구원자로 보며, 부정적 아니마원형상의 투사는 상대방을 마녀로 본다. 긍정적 아니마나 아니무스원형상의 투사는 어떨까. 선녀나 영웅으로 볼 것이다.

긍정적이든 부정적이든 원형상의 투사는 위험하다. 사람을 바보, 장님으로 만들기 때문이다. 밖에 있는 그림자를 때려 부수면서 안에 있는 자신의 그림자를 못 보면 뒤에 그들은 안의 그림자의 제물이 되어 자기가 공격하던 것과 똑같은 죄목으로 규탄받게 된다.

장님이 되지 않으려면 개인 개인이 깨어 있어야 한다. 선동자의 교묘하고 달콤한 유혹에 넘어가지 않도록 할 뿐 아니라 그림자를 비롯해 자신의 무의식을 '의식화'해야 한다.

'분석심리학의 탐구'에서 나는 시대와 사건의 해석보다 개인 개인의 '의식화'가 무엇인지 더 많이 말한 것 같다. 개정판인 '분석심리학 3부작'에서도 그 주된 논조를 유지했다. 의식화에 대한 통찰을 바탕으로 독자 스스로 집단의 암시적 성격을 판별할 수 있도록 하고자 한다.

현재 우리가 겪고 있는 코로나 바이러스 유행에 대항하는 백신이 절대적으로 중요한 것처럼 우리는 정신적 전염에 대한 저항력을 기르도록 해야 한다. 집단정신병적 전염에 대해서는 개인의 자각 이외에 더 효과적인 백신이 없다.

책을 통한 자기성찰에는 한계가 있지만 그래도 이 '분석심리학 3부작'이 독자의 시야를 넓히는 데 도움이 된다면 기쁘겠다. 적지 않은 부담을 무릅쓰고 개정판 작업을 결정하신 한길사 김언호 대표님께 경의를 표하고 진행을 위해 애쓰신 편집부 여러분의 수고에 감사드린다.

2021년 1월 10일
성북동 한국융연구원에서
이부영

주(註)

제1부 왜 자기실현인가

1) C.G. Jung, "Die Bedeutung der analystischen Psychologie für die Erziehung," G.W. Bd.17, Olten: Walter Verlag, p.63.

2) C.G. Jung, *Aion*, Zürich: Rascher Verlag, 1951, p.15; C.G. Jung, *Psychologische Typen*, G.W. Bd.10, Zürich: Rascher Verlag, 1960, p.471. 자아(ego)를 복합적이라 부르는 것은 무엇보다도 그것이 한편으로는 자기의 몸, 자기의 존재를 인식하는 것으로 이루어지고 다른 한편으로는 기억의 자료로 이루어진 점에서 연유된다. C.G. Jung, *Analytical Psychology, Its Theory and Practice*, New York: Vintage Books, 1968.

3) C.G. Jung, *Aion*, 같은 책, p.17.

4) C.G. Jung, *Analytical Psychology*, 앞의 책, p.10.

5) 의식은 외부세계의 지각과 방향감각의 산물일 가능성이 크다고 융은 말한다. 그것은 아마도 외배엽성 기원(ectoderm origin)인 뇌와 아득한 조상이 살았던 시대의 피부 감관기관이었을 것이라고 그는 추정한다. "의식은 뇌의 그러한 곳에서 나왔기 때문에 감각과 지남력의 성질을 보존하고 있다." Jung, *Analytical Psychology*, 같은 책, p.8. 융은 의식내용과 외부환경에서 오는 자료와의 관계체계(ectopsyche-외인정신)와 의식내용과 무의식 속에서 취하는 과정 사이의 관계체계(endopsyche-내인정신)를 구분한다. 이것은 결국 외향성, 내향성 유형의 설명근거가 된다. C.G. Jung, 같은 책, p.11 참조.

6) 김헌선, 『한국의 창세신화』, 길벗, 1994; 陳鈞 編著, 『中國神話大觀—創世神話』, 北京: 東方出版社, 1997; 森三樹三郎, 『中國古代神話』, 東京: 大安, 1964; 君島久子 編, 『東アジアの創世神話』, 東京: 弘文堂, 1989; M.L. von Franz, *Creation*

Myths, Boston: Shambala, 1995 참조.

7) "예컨대 프로이트는 의식을 감각자료에서 도출하지 않고 무의식을 의식에서 도출하고 있다. 현대심리학과 같은 합리적 방향을 따르고 있다. 나는 반대로 말할 것이다. 먼저 나온 것은 분명 무의식이고 의식은 무의식적 조건에서 생겨났다고." C.G. Jung, *Analytical Psychology*, 앞의 책, p.8.

8) 프로이트의 정신분석학파에서 자아(ego)와 자신(self)을 처음 구분한 것은 하르트만(H. Hartmann, 1950)으로 알려져 있는데, 그에게 자아는 자신과 달리 주관적으로 경험한 것이 아니고 순응, 통합기능의 체계이며 자신은 '나의 주관적 체험', 나 아닌 것과 구별되는 '나 자신'의 전부다. 그의 생각은 야콥슨(Jacobson), 코헛(Kohut)으로 이어졌는데 그 개념은 융의 자기개념과는 전혀 다른 차원에서 전개되고 있다. 임상정신병리 현장의 관찰과 의식심리학, 자아심리학적 관점에 근거를 두고 있고 무의식의 객체정신(Objektpsyche)을 전체정신의 중심으로 보는 융의 관점과는 출발점이 달라서 서로 비교하기 어렵다. 같은 젤프스트(Selbst=Self, 자기)라는 말을 하르트만보다 30년 전부터 써오고 있는 융의 개념을 프로이트 학파 정신분석에서 한마디도 언급하지 않은 것은 이런 점에서 다소 이해가 된다. 그러나 자아만으로는 현상을 설명할 수 없다는 것을 알고 자신이라는 개념을 설정하여 의식의 기능을 보다 분화된 관점에서 설명하고자 시도한 점은 흥미로운 현상이다. 신프로이트 학파인 호나이(K. Horney)의 자기분석(self-analysis), 그의 진정한 자기(real self)는 신경증적으로 왜곡된 자기상이 아니라 진정한 그 자신의 전체를 지칭한다는 점에서 융의 전체상과 비슷하다. 그런데 호나이를 포함해서 매슬로(Maslow), 프롬(Fromm), 로저스(C. Rogers), 롤로 메이(Rollo May) 등 신프로이트파, 실존심리 혹은 인간주의 심리학자들이 한결같이 주장하는 자기실현(self-actualization)은 상당히 융의 견해에 접근하고 있으면서도 궁극적으로 무의식의 창조성을 인정하는 데까지는 이르지 못하고 있다. B.B. Wolman(ed.), *International Encyclopedia of Psychiatry, Psychology, Psychoanalysis, and Neurology*, Vol.9, New York: Aesculapius Publishers, 1977, pp.100~108; J.W.T. Redfearn, *My Self, My Many Selves*, London: Karnac Books, 1985, pp.1~8; K. Horney, *Self-Analysis*, London: Routledge & Kegan Paul, 1962.

9) C.G. Jung, "Die Bedeutung der analystischen Psychologie für die Erziehung," G.W. Bd.17, p.65. 문명의 발달과 함께 어린이의 의식개발도 빨

라지고 있고 의식성의 측정방법도 정밀해져서 과거에 몰랐던 것을 많이 알게 되었다. 이곳과 그 이후 융의 어린이의 의식발달에 관한 소견 중 연령에 관한 것은 아마 조금씩 앞당겨야 할지 모른다.

10) C.G. Jung, *Von den Wurzeln des Bewußtseins*, Zürich: Rascher Verlag, 1954, p.543. 물론 높은 단계의 의식이라 하더라도 아직 완전히 통합된 전체가 아니며 정신치료자가 항상 경험하듯 현대인은 아직도 바다에서 모습을 드러내는 섬들을 그 의식에 합쳐야 할 것이라고 융은 강조했다.

11) C.G. Jung, "Die Bedeutung," 앞의 책, p.64.

12) C.G. Jung, 같은 책, p.66; W. McGuire, R.F.C. Hull(ed.), *C.G. Jung Speaking, Interviews and Encounters*, Princeton: Princeton Univ. Press, 1977, p.285. 4세 이전이라고 말하기도 했다. 같은 책에 있는 리처드 에번스와의 대화 참조.

13) C.G. Jung, 같은 책, p.64.

14) 융의 어린이꿈의 세미나에서는 원형적 상징이 많이 다루어졌다. C.G. Jung, *Seminare Kinderträume*, Olten: Walter Verlag, 1987 참조.

15) 이부영, 「한국민간의 정신병관과 그 치료(1)」, 『신경정신의학』 9(1), 1970, 35~45쪽.

16) 원시인에게 물으면 그들은 언제나 몸을 강조한다. "이것을 누가 갖다주었느냐?"고 물으면 흑인의 대답은 이런 것이다. "우흐(신음소리) 갖다주었소." '나'에는 악센트가 없다. 단지 갖다주었다고 한다. "그럼 당신이 가져왔느냐?" 하고 물으면 말하기를 "이곳에, 내게, 내게, 그래요, 나, 나 자신, 이것, 여기 이것"이라고 말한다. W. McGuire, R.F.C. Hull(ed.), *C.G. Jung Speaking*, 앞의 책, p.285.

17) C.G. Jung, *Aion*, 앞의 책, p.15.

18) C.G. Jung, "Die Bedeutung," 앞의 책, p.65.

19) C.G. Jung, *Analytical Psychology*, 앞의 책, p.8.

20) 푸에블로 인디언들이 융에게 말하기를 "모든 미국인은 미쳤다. 그 까닭은 그들이 머리로 생각한다고 하기 때문이다. 건강한 사람은 머리로 생각하지 않는다. 우리는 가슴(heart)으로 생각한다"고 했다. 이에 대해 융은 서양인의 의식개념은 우리가 가장 높이 평가하는 머릿속의 생각이지만 푸에블로 인디언들은 의식을 감정의 강도에서 유도하고 있다고 보았다. C.G. Jung, *Analytical Psychology*, 앞의 책, p.9, 10.

21) McGuire 등, *C.G Jung Speaking*, 앞의 책, p.467.

22) C.G. Jung, "Die Bedeutung," 앞의 책, p.66.

23) 같은 책, pp.66~68.

24) C.G. Jung, *Analytical Psychology*, 앞의 책, p.6.

25) 같은 책, p.8.

26) 이부영, 『분석심리학』 개정증보판, 일조각, 1998, 81~86쪽, '페르조나'와 인용문헌 참조.

27) 이부영, 같은 책, 126~183쪽, 제4장 심리학적 유형론; C.G. 융, 한국융연구원 옮김, 『C.G. 융 기본저작집 1: 정신요법의 기본문제』, 솔, 2001, 244~332쪽, '심리학적 유형에 관한 개설' 참조. 또한 M.L. von Franz, "Inferior Function," M.L. von Franz, J. Hillman, *Lectures on Jung's Typology*, Zürich: Spring Publication, 1971, pp.1~72도 참조.

28) 이부영, 『분석심리학』, 앞의 책, 제3장 마음의 구조와 기능 참조. 또한 〈분석심리학의탐구〉 ①, 『그림자』, 한길사, 1999도 참조.

29) C.G. Jung, *Über die Psychologie des Unbewußten*, Rascher Verlag Paperback, 1964, p.68, 69; C.G. Jung, "Ziele der Psychtherapie," Grundwerk Bd.1, 1991, p.34(『C.G. 융 기본저작집 1: 정신요법의 기본문제』, 41쪽); 이부영, 「C.G. Jung의 '신경증'론」, 『심성연구』 14(2), 1999, 66, 67쪽 참조.

30) 이부영, 『분석심리학』, 앞의 책, 제3장 마음의 구조와 기능 참조. 또한 〈분석심리학의 탐구〉 ②, 『아니마와 아니무스』, 한길사, 2001 참조.

31) C.G. Jung, *Psychologische Typen*, 앞의 책, p.512, 513.

32) 같은 책, p.513.

33) C.G. Jung, *Die Beziehungen zwischen dem Ich und dem Unbewußten*, Zürich: Rascher Verlag, 1963, p.69.

34) 같은 책, p.134, 135.

35) 같은 책, p.137.

36) C.G. Jung, *Traumsymbole des Individuationsprozess*, Grundwerk. Bd.5, Olten: Walter Verlag, 1995(C.G. 융, 한국융연구원 옮김, 『C.G. 융 기본저작집 5: 꿈에 나타난 개성화 과정의 상징』, 솔, 2002), p.191 참조.

37) C.G. Jung, 같은 책, p.191.

38) C.G. Jung, *Die Beziehungen*, 앞의 책, p.134.

39) C.G. Jung, *Aion*, 앞의 책, p.56.

40) 이부영, 『분석심리학』, 98~111쪽, '원형론' 참조; C.G. Jung, *Archetyp und Unbewußtes*, Grundwerk C.G. Jung Bd.2, Olten: Walter Verlag, 1990의 논문(C.G. 융, 한국융연구원 옮김, 『C.G. 융 기본저작집 2: 원형과 무의식』, 솔, 2002) 참조.

41) C.G. Jung, *Briefe I*, p.88.

42) C.G. Jung, *Briefe II*, p.496.

43) 같은 책, 같은 곳.

44) 동시성현상(Synchronicity Phenomena)이란 정신적 체험이 그것과 의미상으로 일치되는 외부의 구체적 사건과 공간을 달리하며 동시에 일어나는 것을 말하며 융이 정신현상의 비인과적 원리를 제창하게 된 현상이다. 예를 들면 먼 곳에서 어떤 사람이 사망한 시간에 그 친구의 꿈이나 환상에 그가 나타나 작별을 고하는 것과 같은 것이다. 이부영, 『분석심리학』, 앞의 책, 313~323쪽, 제9장 비인과적 동시성론과 심성연구의 미래 참조.

45) C.G. Jung, *Briefe II*, p.496.

46) 같은 책, p.388.

47) C.G. Jung, *Traumsymbole des Individuationsprozess*, 앞의 책, p.25.

48) C.G. Jung, "Transzendente Funktion," G.W. Bd.8, *Dynamik des Unbewußten*, Zürich: Rascher Verlag, 1957, pp.77~104.

49) 이것은 아니엘라 야훼 엮음, 이부영 옮김, 『C.G. 융의 회상, 꿈 그리고 사상』, 집문당, 2000, pp.434~447에 소개되어 있다. 무의식의 적극적인 대변은 적극적 명상(active imagination)의 방법으로 발전하여 무의식을 의식화하는 중요한 방법의 하나가 되고 있다. 이부영, 『분석심리학』, 앞의 책, 288~293쪽, 제7장 정신치료, (2) 적극적 명상 참조.

50) 야훼 엮음, 같은 책, 223쪽.

51) 같은 책, 224쪽.

52) 같은 책, 224, 225쪽.

53) C.G. Jung, *Gestaltungen des Unbewußten*, Zürich: Rascher Verlag, 1950. 또는 C.G. Jung, "Zur Empirie des Individuationsprozess," G.W. Bd.9-1, Olten: Walter Verlag, 1976, pp.311~372; C.G. Jung, "Über Mandalasymbolik," G.W. Bd.9-1, pp.374~414; C.G. Jung, *Psychologie und Alchemie*, Zürich: Rascher Verlag, 1952 참조.

54) C.G. Jung, *Briefe III*, p.195.

55) 같은 책, p.195, 196.

56) C.G. Jung, *Aion*, p.51.

57) 같은 책, pp.52~54.

58) 같은 책, p.54.

59) 같은 책, p.326.

60) 같은 책, p.327.

61) 나무의 상징에 관한 융의 연구는 C.G. Jung, "Der Philosophische Baum," C.G. Jung, *Von den Wurzeln des Bewußseins*, Zürich: Rascher Verlag, 1954, pp.351~496.

62) C.G. Jung, K. Kérenyi, *Einführung in das Wesen der Mythologie, das göttliche Kind/ das göttliche Mädchen*, Zürich: Rhein Verlag, 1951.

63) C.G. 융, 이부영 옮김, 『현대의 신화』, 삼성출판사, 세계사상전집 31, 1981, 33~156쪽.

64) C.G. Jung, "Über Mandalasymbolik," *Gestaltungen des Unbewußten*, Rascher Verlag, p.189, 190. 만다라의 구조와 기능에 관해서는 김용환, 『만다라』, 1998, 열화당 참조. 나바호 인디언의 만다라 모래그림에 대하여는 C.A. Reichard, *Navajo Medicine Man, Sandpaintings*, New York: Dover Publications, 1977의 그림들 참조.

65) C.C. Jung, "Über Mandalasymbolik," 같은 책, pp.189~191.

66) 같은 책, p.191.

67) 같은 책, p.192.

68) 같은 책, 같은 곳.

69) 같은 책, p.193, 194.

70) 같은 책, p.194.

71) 같은 책, pp.194~196, 하도(河圖).

72) 또한 셋과 하나로서의 4는 서양연금술에서 항상 관심을 기울였던 것으로 플라톤의 티마이오스(Timaios), 괴테의 『파우스트』 제2부에서 반복적으로 발견된다고 한다. C.G. Jung, "Mandalas," G.W. Bd.9-1, p.412 참조. 또한 융은 신학생이 꾼 꿈의 관찰을 통해 4위의 중요성을 발견함으로써 인간의 정체성을 상징하는 자연의 상징으로 4위를 제시했다. C.G. Jung, "Psychologie und Religion," G.W. Bd.11, Rascher Verlag, pp.1~117 참조.

73) C.G. Jung, "Mandalas," G.W. Bd. 9-1, Olten: Walter Verlag, p.411.

74) 같은 책, p.412.

75) 같은 책, p.414.

76) 같은 책, p.413, 414; C.G. Jung, Über Mandalasymbolik, *Gestaltungen*, 앞의 책, p.198.

77) 같은 책, p.199.

78) 고대 그리스의 음악의 신이며, 뛰어난 노래와 하프 연주로 모든 자연의 정령과 악령을 감동시키는 비극적 영웅, 오르페우스(Orpheus)는 디오니소스 자그레우스(Dionysus Zagreus)를 숭앙하는 비의(秘儀)의 창시자로 전해진다. 이것을 오르페우스 비의라고 하는데 알은 오르페우스 비의에서 만물을 생성하며 만물이 들어 있는 우주이며 죽은 자의 정화와 제물로 사용했다고 한다. 뱀이 감고 있는 알은 창조적 지혜로 둘러싸인 우주의 영원한 싹을 의미한다. G. Jobes, *Dictionary of Mythology, Folklore and Symbols*, Part 1, The Scarecrow Press, 1961, p.492; 같은 책, Part 2, 1962, pp.1216~17; 또한 M. Grant, J. Hazel, *Lexikon der antiken Mythen und Gestalten*, München: Deutscher Taschenbuch Verlag, 2000, p.314, 315; C. Kerényi, *Dionysos*, New Jersey: Princeton Univ. Press, 1976, p.82, 83.

79) C.G. Jung, *Gestaltungen*, 앞의 책, p.207, 208, 제11도에 대한 해석.

80) C.G. Jung, 같은 책, p.209, 제14도에 대한 해석. 히란야가르바(황금의 알, 또는 태)에 대해서는 J.A., Dowson, *A Classical Dictionary of Hindu Mythology*, p.121 참조.

81) C.G. Jung, 같은 책, pp.213~221의 설명.

82) C.G. Jung, *Briefe II*, p.330, 331.

83) 같은 책, p.130, 131.

84) 동방에서의 시바와 샤크티의 합일처럼 서방에서는 그리스도와 그의 신부인 교회의 관계가 있음을 지적하면서 융은 '자기'의 본질과 일치하는 서술을 우파니샤드에서 비교할 것을 권한다. C.G. Jung, *Gestaltungen*, 앞의 책, p.214, 215 참조.

85) 같은 책, p.216, 217의 그림 25~28, 그리고 p.220, 221의 그림 31, 32와 관련된다.

86) 같은 책, p.223의 그림 35 참조. 우로보로스(Ouroboros 또는 Uroboros)는 그리스어로 '꼬리를 무는 자'라는 뜻이다. 자기의 꼬리를 무는 뱀(또는 용)의

형상으로서 일찍이 서양연금술의 상징으로 다루어졌다. 하나인 것에서 나와 다시 하나로 돌아가는 연금술의 작업(opus), 즉 순환과정을 상징한다. 연금 술에서 최고의 물질, 메르쿠리우스(Mercurius)는 연금술작업의 시작이자 끝 이다. 그는 기본물질(prima materia)이며 초기단계인 니그레도(negredo, 검 음)다. 용으로서 자신을 삼켜버리고 죽으며, 라피스(Lapis, 현자의 돌)로서 부활한다. 스스로 자신을 잡아먹고, 스스로 교합하고 잉태하고 죽이고, 부활 하게 하는 우로보로스는 메르쿠리우스의 이중성질과도 같다고 융은 말했다. C.G. Jung, *Psychologie und Alchemie*, Zürich: Rascher Verlag, p.401, 402, 506 참조.

87) *Gestaltungen*, 앞의 책, p.227의 그림 42, p.231의 그림 49, p.232의 그림 51 참조.

88) 같은 책, p.224의 그림 36과 관련된다.

89) 모든 그림에 대한 자세한 설명은 원전을 참고할 것이다. C.G. Jung, "Über Mandalasymbolik," G.W. Bd.9-1, pp.373~407. 또한 만다라 그림이 들어 있는 한 피분석자의 일련의 그림에 관한 해석으로 같은 책, pp.311~372, Zur Empirie des Individuations-prozesse를 참조할 것.

90) C.G. Jung, *Gestaltungen*, p.234.

91) C.G. Jung, *Briefe I*, pp.429~432.

92) C.G. Jung, *Briefe III*, p.317.

93) 같은 책, p.503.

94) 같은 책, p.107.

95) C.G. Jung, *Die Beziehungen zwischen dem Ich und dem Unbewußten*, p.134.

96) 같은 책, p.135.

97) C.G. Jung, *Aion*, p.56.

98) 같은 책, pp.65~110(V. Christus, ein Symbol des Selbst).

99) 같은 책, p.64.

100) 같은 책, p.71.

101) 같은 책, p.71, 72, 74 참조. 또한 삼위일체 도그마의 심리학적 해석에서 융 은 비슷한 말을 하고 있다. 즉 그리스도의 모습에 심혼의 밤의 측면, 정신 의 어두운 측면이 결여되어 있으며 악의 통합 없이 전체성 또한 있을 수 없 으니 우리는 그리스도를 세계령(Weltseele)의 첫 번째 혼합수단에 비길 수

있을 것이며 그로써 그리스도는 삼위일체에 속하게 되었다. 그런데 티마이오스에 따르면 아직 현실에 도달하지 못했으므로 두 번째 혼합이 필요하다고 했다. *Symbolik des Geistes*, Zürich: Rascher Verlag, p.385를 보라.

102) C.G. Jung, *Aion*, p.87.

103) 같은 책, p.88.

104) 융은 여기서 기원후 150년경에 간행된 클레멘트의 성서설교집에서 미지의 저자가 선과 악을 신의 오른손과 왼손이라고 이해하고, 창조 그 자체도 대극의 쌍(Syzygien)으로 이루어진다고 했으며, 바르데사네스, 마리누스, 이레나이우스도 비슷한 말을 했다고 했다. 같은 책, p.88 참조.

105) C.G. Jung, *Aion*, 앞의 책, pp.108~110 참조. 여기서 융은 기독교심리학에서 볼 수 있는 서로 용납할 수 없는 대극 간의 갈등은 그 첨예화된 도덕성에 근거하며 이것은 구약의 법정의(法正義)에서 나온 것이라고 하면서 이런 영향이 인도나 중국의 철학적 종교에서 발견되지 않는 것은 주목할 만한 일이라 했다. 고통을 증강시키는 대극의 첨예화가 높은 단계의 진리에 해당된다는 말은 차라리 하지 않겠다고 했다. 다만 둘로 쪼개진 세계(당시의 소련과 서방)는 궁극적으로 개개인의 정신상태와 관계가 있는데 개인이 내적인 대극을 인식하고 통일된 마음을 가지지 않을 때 그것은 밖으로 나타나 세계의 갈등이 되고 분열이 된다고 했다. 같은 책, p.110 참조.

106) 같은 책, p.99 각주 72.

107) 같은 책, p.384, 385(Versuch einer psychologischen Deutung des Trinitätsdogmas).

108) C.G. Jung, *Von den Wurzeln des Bewußtseins*, Zürich: Rascher Verlag, p.318(Das Wandlungssymbol in der Messe).

109) 아니엘라 야훼 엮음, 이부영 옮김, 『C.G. 융의 회상, 꿈, 그리고 사상』, 집문당, 319쪽. 아니엘라 야훼는 그 뒤의 대화에서 융이 그리스도와 붓다의 고통을 비교하면서 그리스도는 고통 가운데 긍정적인 가치를 인식하고 고통을 겪는 자로서 붓다보다 더 인간적이라고 했다고 했다. 붓다는 고통을 끊을 뿐 아니라 희열도 끊는다. 그는 감정이나 정동에서 단절되고 있었다. 그러므로 참으로 인간적이라 할 수 없다. 복음서에서 그리스도는 한 번도 인간이기를 중단한 일이 없는 신인(神人)으로 묘사되고 있지만 이에 비해 붓다는 살아 있을 때 이미 인간이기를 청산했다고 말했다. 같은 책, 319쪽, 각주 6(야훼).

110) 같은 책, 17쪽, 제1장 프롤로그.

111) A. Jaffé, *C.G. Jung, Word and Image*, p.136, 137.

112) C.G. Jung, *Beziehungen Zwischen dem Ich und dem Unbewußten*, Zürich: Rascher Verlag, 1963, p.65.

113) 같은 책, p.70.

114) 이부영, 『분석심리학』, 앞의 책, 112~125쪽, '자기와 자기실현' 참조.

115) C.G. Jung, *Kinderträume*, olten: Walter Verlag, 1987.

116) 같은 책, pp.345~350(Winter Seminar, 1939~40); 폰 프란츠, 「개성화과정」, C.G. 융, 이부영 외 옮김, 『인간과 무의식의 상징』, 집문당, 169쪽 참조.

117) 이부영, 「사례—10세 여아의 꿈에 대한 분석심리학적 논평」, 『정신의학보』 9(3), 1985, 73, 74쪽.

118) 이부영, 같은 논문, 73~75쪽.

119) 이부영, 「C.G. Jung의 신경증이론 ─ 고통의 의미와 관련해서」, 『심성연구』 14(2), 55~73쪽; 한오수, 「C.G. Jung의 신경증이론 ─ 원인론과 관련하여」, 『심성연구』 14(2), 46~54쪽.

120) C.G. Jung, "Ziele der Psychotherapie," Grundwerk Bd.1, 1991, Olten: Walter Verlag, p.34(C.G. 융, 한국융연구원 옮김, 『C.G. 융 기본저작집 1: 정신요법의 기본문제』, 솔, 2001) 참조.

121) 이부영, 『분석심리학』, 앞의 책, 270쪽 참조.

122) 『논어』, 「선진」 8, 顔淵死, 子曰: 噫! 天喪子, 天喪子!

123) 「마태복음」 27 : 46, 세시쯤 되어 예수께서 큰 소리로 "엘리 엘리 레마 사박타니!" 하고 부르짖으셨다. 이 말씀은 "나의 하느님, 나의 하느님, 어찌하여 나를 버리셨나이까?"라는 뜻이다. 『가톨릭 주석 신약성서』, 성요셉출판사, 1995, 123쪽.

124) 폰 프란츠, 「개성화과정」, C.G. 융, 이부영 옮김, 『인간과 무의식의 상징』, 집문당, 171쪽.

125) C.G. Jung, K. Kerényi, *Einführung in das Wesen der Mythologie*, Zürich: Rhein Verlag.

126) 폰 프란츠, 「개성화과정」, C.G. 융, 앞의 책, 172쪽.

127) 「마태복음」 10 : 37, "아버지나 어머니를 나보다 더 사랑하는 사람은 내 사람이 될 자격이 없고 아들이나 딸을 나보다 더 사랑하는 사람은 내 사람이 될 자격이 없다." 앞의 책, 66쪽.

128) 게세마니의 기도, 「마르코복음」 14 : 36, "아버지, 나의 아버지, 아버지께서는 무엇이든 다 하실 수 있으시니 이 잔을 나에게서 거두어주소서. 그러나 제 뜻대로 마시고 아버지의 뜻대로 하소서." 앞의 책, 172쪽.

129) 융이 세속적인 성공을 생각하는 사람이었다면 의과대학 졸업 뒤 장래가 보장된 내과교수직을 거절하고 정신의학을 전공하지 않았을 것이고 당시 독일의 대학에서 백안시하던 프로이트의 정신분석을 공개적으로 옹호하지 않았을 것이다. 또한 대학 교수직을 버리고 개원의에 머물지 않았을 것이고 프로이트의 후계자를 마다하고 그를 떠나 외로운 무의식의 탐색을 하지 않았을 것이다. 그는 사회적 이익보다 안에서 터져나오는 창조적 심혼이 이끄는 길로 갔다. 그렇다고 해서 그는 수도자나 은둔자, 또는 사회개혁자의 결벽성을 가지고 있지 않았던 까닭에 만년에 그에게 찾아온 영예, 사회의 요구 등을 굳이 거절하지 않았다. 그 때문에 오해도 받았으나 그가 그런 페르조나를 대단하게 생각했다는 증거는 어디에도 없다.

130) G.L. Engel, A Psychological Setting of Somatic Disease, The Giving Up – Given up Complex, Proc. Roy. Soc. Med. 60(1967)(Arieti(ed.), *American Handbook of Psychiatry*, New York: Basic Books, 1975, p. 488, 489; R. Pasnau, *Consultation-Liason Psychiatry*, New York: Grune & Stratton, 1975, p.44에 인용). 또한 B.Y. Rhi, Confucianism and Mental Health in Korea, *The Psycho-cultural Dynamics of the Confucian Family, Past and Present*, International Cultural Society of Korea, 1986, p.253.

131) C.G. 융, 한국융연구원 옮김, 『C.G. 융 기본저작집 1: 정신요법의 기본문제』, 솔, 2001, 124쪽(G.W. Bd.16, p.153)

132) C.G. Jung, "Über die Beziehung der Psychotherapie zur Seelsorge," G.W. Bd.11, Rascher Verlag, 1963, p.358.

133) A. 야훼, 이부영 옮김, 『C.G. 융의 회상, 꿈 그리고 사상』, 집문당, 163쪽.

134) 같은 책, 167, 168쪽.

135) 이부영, 「한국인 성격의 심리학적 고찰」, 한국정신문화연구원, 『한국인의 윤리관』, 1983, 227~276쪽.

136) 폰 프란츠, 「개성화과정」, C.G. 융, 이부영 외 옮김, 『인간과 무의식의 상징』, 집문당, 166쪽.

137) 「마태복음」 7 : 4, "제 눈 속에 있는 들보는 보지 못하면서 어떻게 형제에게

'네 눈의 티를 빼내어주겠다'고 하겠느냐 !" 앞의 책, 56쪽.

138) 「요한복음」 8 : 7, 앞의 책, 290쪽.

139) 폰 프란츠, 「개성화과정」, 앞의 책, 181쪽.

140) 같은 책, 181쪽.

141) 같은 책, 186쪽.

142) 실제 모성보다 무의식의 모성성에 유착된 상태. 이부영, 「융의 모성상과 모성콤플렉스론」, 『심성연구』 2(2), 1987, 73~88쪽; "Die Psychologischen Aspekte des Mutter-Archetypus," C.G. Jung, *Von den Wauzeln des Bewußtseins*, Zürich: Rascher Verlag, pp.87~135.

143) 『인간과 무의식의 상징』, 앞의 책, 116쪽.

144) E. Jung, *Animus and Anima*, p.42; 이부영, '분석심리학 3부작' ②, 『아니마와 아니무스』, 131쪽 및 116~132쪽 참조.

145) 융이 경험한 이야기 한 토막: 한 여성피분석자와의 분석작업이 그녀의 경직된 합리주의 때문에 큰 어려움에 부딪혀 있을 때 그녀가 꿈을 가져왔다. 즉 누군가로부터 재생의 상징인 황금풍뎅이(스카라베우스) 모양의 보석을 받는 매우 인상적인 꿈이었다. 꿈 이야기를 하고 있는데 갑자기 융의 등 뒤에서 소리가 났다. 창가를 두드리는 곤충이 있었다. 창을 열고 잡아보니 스카라베우스에 속하는 풍뎅이였다. 융은 그 풍뎅이를 잡아 "여기 당신의 스카라베우스가 있소" 하며 건네주었다. 이 동시성사건은 그 여성피분석자의 합리주의를 깨뜨리기에 충분했다. C.G. Jung, "Synchronizität," Grundwerk Bd.2, Walter Verlag, p.284.

146) E. Jung, 앞의 책, p.34; 이부영, '분석심리학 3부작' ②, 『아니마와 아니무스』, 126쪽 참조.

147) 『인간과 무의식의 상징』, 앞의 책, 224쪽.

148) C.G. Jung, K. Kerényi, *Einführung in das Wesen der Mythologie*, 앞의 책, p.119.

149) C.G. Jung, *Die Beziehungen zwischen dem Ich und dem Unbewußten*, Zürich: Rascher Paperback, 1963, pp.123~138.

150) 『인간과 무의식의 상징』, 앞의 책, 185, 187쪽 참조.

151) C.G. Jung, *Aion*, Rascher Verlag, 1951, p.44, 45.

152) 같은 책, p.47.

153) C.G. Jung, *Symbole der Wandlung*, Zürich: Rascher Verlag, 1952.

154) C.G. Jung, "Psychologie und Religion," G.W. Bd.11, Zürich: Rascher Verlag, 1963, pp.1~117.

155) C.G. Jung, "Das Wandlungssymbol in der Messe," C.G. Jung, *Von den Wurzeln des Bewußtseins*, Zürich: Rascher Verlag, pp.217~350.

156) C.G. Jung, "Versuch zu einer psychologischen Deutunge des Trinitätsdogmas," G.W. Bd.11, Zürich: Rascher Verlag, 1963, pp.119~218.

157) C.G. Jung, *Gestaltungen des Unbewußten*, Zürich: Rascher Verlag, 1950.

158) C.G. Jung, "Der philosophische Baum," C.G. Jung, 1954; *Von den Wurzeln des Bewutseins*, Zürich: Rascher Verlag, pp.351~496.

159) C.G. Jung, *Aion*, 앞의 책 중 pp.111~250, 물고기 상징에 관한 연구 참조.

160) C.G. Jung, K. Kerényi, *Einführung in das Wesen der Mythologie*, Zürich: Rhein Verlag, 1951.

161) C.G. Jung, R. Wilhelm, *Das Geheimnis der goldenen Blüte*, Zürich: Rascher Verlag, 1965. 동양종교에 관한 문헌은 C.G. Jung, G.W. Bd.11, Zürich: Rascher Verlag, 1963; *Zur Psychologie westlicher und östlicher Religion*의 제2부 동방종교 pp.571~654에 수록되어 있다(발터 출판과 판이 동일함). 또한 우리나라 번역본 C.G. 융, 김성관 옮김, 『융심리학과 동양종교』, 일조각, 1995 참조.

162) W.Y. Evans-Wentz(hrgb.), *Das Tibetanische Totenbuch*, Zürich: Rascher Verlag, 1953과 이중 C.G. Jung, "Psychologischer Kommentar zum Bardo Thödol," 같은 책, pp.LVII-LXXIIIL 참조.

163) 이부영, 「노자 도덕경을 중심으로 한 C.G. Jung의 도(道) 개념」, 『도와 인간과학』, 소암 이동식 선생 회갑기념논문집, 1981, 223~241쪽.

164) M.L. von Franz, *Alchemy*, 앞의 책, p.13.

165) C.G. Jung, "Traumsymbole des Individuationsprozess," C.G. Jung, *Psychologie und Alchemie*, Rascher Verlag, p.365, 367, 369.

166) C.G. Jung, *Psychologie und Alchemie*, p.402.

167) 같은 책, p.402.

168) 같은 책, p.428, 439, 441.

169) 같은 책, p.449.

170) M.L. von Franz, *Alchemy*, 앞의 책, p.268.

171) 같은 책, p.86, 87

172) 같은 책, pp.220~223.

173) C.G. Jung, *Psychologie und Alchemie*, p.372.

174) 같은 책, p.376, 377.

175) 같은 책, p.387.

176) 같은 책, p.387, 388.

177) 같은 책, pp.69~138 참조.

178) M.L. von Franz, *Alchemy*, 앞의 책, p.14.

제2부 한국인 피분석자의 꿈에 나타난 자기와 자기실현의 상징

1) 여기에 제시하는 꿈에 관한 자료의 첫 번째 부분은 필자의 다음 논문에 실린 것이다. 확충과 해석은 일부 추가했다. 이부영, 「한국인 피분석자의 꿈에 나타난 개성화과정」, 『심성연구』 2, 1~31쪽, 1987.

2) H. *Bächtold Stäubli, Handwörterbuch des deustschen Aberglaubens*, Bd.VIII, Berlin: Walter de Gruyter & Co., 1936/37, pp.578~591.

3) M. Eliade, *Shamanismus und archaische Ekstase Technik*, Zürich: Rascher Verlag, 1956, p.447.

4) C.G. Jung(ed.), *Man and His Symbols*, London: Aldus Books, 1964, p.74.

5) C.G. Jung, *Traumsymbole des Individuationsprozess*, Grundwerk Bd.5, Solothurn: Walter Verlag, 1995, p.12; C.G. 융, 한국융연구원 옮김, 『C.G. 융 기본저작집 5: 꿈에 나타난 개성화 과정의 상징』, 솔, 2002 참조.

6) C.G. Jung, *Psychologie und Alchemie*, 1944, pp.88~91.

7) J.E. Cirlot, *A Dictionary of Symbols*, London: Routledge Kegan Paul, 1983, p.312, 313.

8) M. Eliade, *Shamanismus*, 앞의 책, pp.449~456.

9) H. Bächtold Stäubli, 앞의 책, 1936/37, p.1146; M. Leach, 앞의 책, 1972, p.598.

10) 한국불교연구원, 〈한국의 사찰〉 ①, 『불국사』, 1974, 34~36쪽.

11) 야훼 엮음, 이부영 옮김, 『C.G. 융의 회상, 꿈, 그리고 사상』, 집문당, 183쪽.

프로이트와 갈라서기 직전 융은 꿈을 꾸었다. 그것은 자신의 집이라고 하는 곳의 2층인 로코코풍의 거실에서 시작한다. 아래층이 궁금해서 내려가본다. 그곳은 15~16세기풍으로 훨씬 고풍스러웠고 돌층계로 해서 더 아래로 내려가니 지하실이 나왔는데 둥근 아치가 있는 고풍스러운 방이다. 로마시대에 유래하는 듯했다. 거기 석판이 있어 들추니 또 아래로 내려가는 계단이 있다. 내려가보니 작은 석실에 뼛조각, 깨진 그릇, 삭아버린 두개골 등 원시문화의 유물들이 있었다.

12) M. Leach(ed.), *Funk & Wagnalls Standard Dictionary of Folklore, Mythology and Legend*, San Francisco: Harper & Row, 1972, p.319; C.G. Jung, *Symbole der Wandlung*, Zürich: Rascher Verlag, 1952, p.132, 201, 405; H. Bächtold Stäbli, 앞의 책, Bd.IV, 1931/32, pp.470~489.

13) C.G. Jung, *Aion*, p.295.

14) 같은 책, p.326, 327.

15) 김두종, 『동서의학사대강』, 탐구당, 1979, 242쪽.

16) Rhi, B.Y., Die Toten und "Sal", das Tötende im koreanischen Schamanismus, Diplom Thesis von C.G. Jung Institut Zürich, 1966; M.L. von Franz, "Patterns of Creativity Mirroed in Creation Myths," C.G. Jung, *Symbole der Wandlung*, Zürich: Spring Publication, 1972, p.405.

17) J. Hall, *Dictionary of Subjects and Symbols in Art*, New York: Harper and Row, 1974, p.105; G. Jobes, 앞의 책, 1962, pp.456~458.

18) J. Hall, 같은 책, p.146; G. Jobes, 같은 책, p.737 참조.

19) C.G. Jung, *Symbole der Wandlung*, Rascher Verlag, p.496, 그림 185.

20) 이부영, '분석심리학 3부작' ②, 『아니마와 아니무스』, 186, 187쪽 참조. 민담의 보물지킴이는 M.L. von Franz, *Individuation in Fairytales*, Zürich: Spring Publication, 1977, p.39 참조.

21) M. Eliade, *A History of Religious Ideas*, Vol.1, Chicago: Univ. Chicago Press, 1978, p.87.

22) 森三樹三郎, 『中國古代神話』, 1969, 118, 119쪽.

23) H. Zimmer, *Myth and Symbols in Indian Art and Civilization*, Princeton: Princeton Univ. Press, 1974, p.37, 116.

24) J.E. Cirlot, 앞의 책, 1981, p.94.

25) C.G. Jung, *Psychologie und Alchemie*, 1944, p.278, 279.

26) C.G. Jung, "Zur Empirie des Individuationsprozess," G.W. Bd.9, Olten: Walter Verlag, 1976, p.314.

27) M.L. von Franz, *Patterns of Creativity Mirroed in Creation Myths*, Zürich: Spring Publication, 1972, pp.147~149.

28) M.L. von Franz, 같은 책, p.148.

29) 같은 책, 같은 곳.

30) H. Bächtold-Stäubli, Bd.II, 1929/30, pp.595~644.

31) C.G. Jung, *Die Beziehungen zwischen dem Ich und dem Unbewußten*, Rascher Verlag, 1963, p.24.

32) 이부영, 『한국민담의 심층분석』, 민담 '호랑이와 세 아이'의 해석 참조. 108~132쪽. 호랑이와 선비의 이야기는 임석재, 『한국구전설화-전라북도편 1』, 평민사, 1990, 73, 74쪽. '이성계의 幼時' 중국의 이야기로는 R. Wilhelm, *Chinesische Märchen*, Diederichs, p.11, 12. 'Wer ist der Sünder?'가 있다.

33) 이부영, 『분석심리학』, 개정증보판, 118쪽의 그림. 4각의 주제가 있는 만다라 상이 나오는 꿈은 이부영, '분석심리학 3부작' ②, 『아니마와 아니무스』, 167쪽에도 소개되어 있다.

34) M. Eliade, *Shamanismus*, 앞의 책, 1956, pp.45~67. 이부영, 「입무과정의 몇 가지 특징에 대한 분석심리학적 고찰」, 『한국문화인류학』 II, 111, 112쪽.

35) J.E. Cirlot, 앞의 책, 1983, p.23.

36) C.G. Jung, *Psychologie und Alchemie*, 1944, p.114, 173, 325, 363, 545 참조.

37) 이부영, 「재생의 상징적 의미」, 『심성연구』 12(2), 1997, 89~114쪽에 해당되는 꿈과 해석을 참조할 것.

38) 이부영, 「한국인의 꿈에 나타난 원형상(2) ― 피분석자의 꿈을 중심으로」, 『정신의학보』 9(1), 2~24쪽.

39) 손진태, 『한국민족설화의 연구』, 1954, 106~132쪽.

40) 무의식은 자아의식과는 달리 하나의 객체처럼 그 자체로 존재하며 자율적으로 정신생활을 조절하는 객관적 현실이라는 뜻에서 이를 객체정신이라 한다. C.G. Jung, *Von den Wurzeln des Bewußtseins*, Zürich: Rascher Verlag, p.601, 605.

41) H. Bächtold-Stäubli, 앞의 책, Bd.II, 1932/36, pp.672~685.

42) J.C. Cooper, 1978, p.100.

43) J.G. Frazer, *The Golden Bough*(abridged ed.) London: McMillan, 1967, p.240, 744; M. Leach(ed.), *Funk and Wagnalis*, 앞의 책, 1972, p.638; J.Chevalier, A. Gheerbrant, 1994, p.614.

44) C.G. Jung, "Theoretische Überlegungen zum Wesen des Psychischen," G.W. Bd.VIII, Zürich: Rascher Verlag, 1967, p.241, 242(C.G. 융, 한국융연구원 옮김, 『C.G. 융 기본저작집 2: 원형과 무의식』, 솔, 2002, 참조).

45) H. Bächtold-Stäubli, 앞의 책, Bd.II, pp.672~685 참조.

46) C.G. Jung, *Psychologie und Alchemie*, Zürich: Rascher Verlag, 1944, p.249, 250.

47) 같은 책, pp.325~328.

48) 같은 책, p.402, 506, 507.

49) C.G. Jung, *Briefe II*, p.329.

50) C.G. Jung, "Psychologie und Religion," G.W. Bd.11, Rascher Verlag, 1963, p.70, 71.

51) C.G. Jung, *Zivilisation in Übergang*, G.W. Bd.10, Walter Verlag, 1974, p.441.

52) 이부영, '분석심리학 3부작' ①, 『그림자』, 295, 296쪽; 『노자 도덕경』 제77장, 天之道, 其猶張 弓與! 高者抑之, 下者擧之; ……

53) C.G. Jung, *Psychologie und Alchemie*, 1944, pp.280~286. 세계시계의 환상과 이에 대한 해석 참조.

54) 목표를 향한 길은 순환적이다. 명확하게 말해서 그것은 나선형이다. 꿈의 주제는 항상 일정한 형태로 되돌아오며 중심적인 것을 향해서 맴돈다. 같은 책, 48, 49, 299쪽.

55) 녹청 또는 청녹은 연금술에서는 금속의 병이다. 그러나 바로 그러기에 현자의 돌을 만드는 기본물질이 된다. 그 녹색이야말로 마술적 방법에 의해 진정한 황금으로 변하는 것이다. 이런 생각은 불완전함 없는 정신적 전체란 없으며 삶은 그것을 완수하는 데 완전성이 아니라 온전성(Vollständigkeit)을 필요로 함을 뜻한다고 융은 말했다. C.G. Jung, *Psychologie und Alchemie*, p.223. 그러나 우리의 이 꿈의 녹색은 자연의 성장, 생명의 확장을 가리키고 있다.

56) C.G. Jung, R. Wilhelm, *Das Geheimnis der goldenen Blüte*, Zürich: Rascher Verlag, 1965; C.G. Jung, *Psychologie und Alchemie*, p.321, 322.

57) M. Eliade, *Occultism, Witchcraft, and Cultural Fashons*, Chicago: The Univ. Chicago Press, 1962, pp.93~119 참조.

58) C.G. Jung, *Psychologie und Alchemie*, p.350, 505.

59) 이부영, 「정신과 환자의 체험에 나타난 원형상(1)—빛의 체험을 중심으로」, 『최신의학』 22(1), 1980, 253~264쪽.

60) K. Kerényi, *Labyrinth-Studien*, Zürich: Rhein-Verlag, 1950.

61) K. Kerényi, *Die Mythologie der Griechen*, Bd.I, Deutscher Taschenbuch Verlag, 1981, p.211, 212, Bd.II, p.185, 186.

62) 이상의 그림은(그림 9에서 12까지) 김재희 작가가 피분석자의 환상과 꿈의 이미지 체험을 교감하면서 재현한 것이다.

63) R.K. Siegel, L.J. West, *Hallucinations*, New York: John Wiley & Sons, 1975, pp.87~148. 환각제 투여로 생긴 시각상에 관한 기술과 그림 참조.

64) 폰 프란츠, 「개성화과정」 중 '자기와 사회' 참조, C.G. 융, 이부영 외 옮김, 『인간과 무의식의 상징』, 집문당, 2000.

65) 이부영, 「한국인 피분석자의 꿈에 나타난 갈등의 양상과 해결」, 『신경정신의학』 14(3), 1~12쪽.

66) 민담에 나타난 악에 대처하는 방법에 관하여 M.L. von Franz, "Das Problem des Bösen im Märchen," *Studien aus dem C.G. Jung-Institut Zürich XIII*, Zürich: Rascher Verlag, pp.91~126 참조; 이부영, 『한국민담의 심층분석—분석심리학적 접근』, 집문당, 2000, 133~174쪽, '한국민담에 나타난 악의 상과 대처양식' 참조.

67) 이윤주, 연병길, 이부영, 「정신분열증 체험내용의 상징성에 관한 심리학적 의미분석」, 『신경정신의학』 22(1), 1983, 32~48쪽.

68) 이부영, 『분석심리학』, 제9장 비인과적 동시성론과 심성연구의 미래 참조.

69) 이 주제에 대해서는 따로 논문을 발표할 예정이다.

70) 한국분석심리학회에서는 2002년 9월 가을학회에서 이 문제를 다루었다. 그 요지는 2003년 1월 『길』에 실릴 예정이고, 『길』 2002년 가을호의 '서초칼럼'에 이에 관한 필자의 간단한 에세이가 실려 있다.

제3부 한국전통문화에 나타난 자기실현의 상징

1) 이 장의 요지는 1997년 8월 서울대 의대 정년퇴임 강연으로 발표했다.

2) 『삼국유사』 권1, 기이(奇異) 제1, 고조선. 이병도 옮김, 『삼국유사』, 대양서적, 1972, 76, 77쪽.

3) M. Eliade, *Shamanismus*, 1956, p.107.

4) 금기의 조건은 백일을 견디는 것인데 곰이 3, 7일에 여자가 되었고 호랑이는 못 되었다고 해서 호랑이가 실패했다는 것은 불공평하다. 백일 뒤에 호랑이가 남자가 되었을 수도 있었을 것이고 또 여자로 변할 수도 있었을 것이다. 이 신화를 이야기한 사람은 아예 처음부터 환웅의 아내를 생각했고 그것은 당연히 곰이라고 생각한 듯하다.

5) C.G. Jung, "Der Philosophische Baum," 앞의 책 참조.

6) 우리나라 무속의 신성한 나무(神木)로서의 당산나무, 한국 민담전설에 나오는 나무에 관계된 이야기에서 나무는 신성한, 살아 있는 몸이기도 하고 나무 아래서 나무의 정기를 받아 잉태하는 등 생생(生生)의 상징으로 나타난다. 한국의 신목(神木)과 세계수의 관계에 대해서는 이부영, 「민간신앙과 집단적 무의식」, 『한국인의 생활의식과 민중예술』, 성균관대학교 대동문화연구원, 1984, 97~118쪽 참조.

7) 단군신화에서의 '실종된 호랑이'의 문제는 2002년 여름 한국분석심리학회 하계학술대회에서 이 학회의 정회원인 이보섭 선생이 무속에 관한 발표를 하는 가운데 제기했다.

8) 이부영, '분석심리학 3부작' ①, 『그림자』, 한길사, 248~251쪽 참조. "칼과 창으로 괴물을 제거하는 페르세우스형 영웅신화와는 또 다른 영웅의 모습이며 그것은 묵묵히 밥찌꺼기로 두꺼비를 기르는 소녀의 마음이다……. 지극히 내향적이며 여성적인 마음, 동양의 도(道)가 지닌 부드러움(柔)이 갖는 '강인함을 기르는 자세'이다(250, 251쪽). 이부영, 『한국민담의 심층분석』의 '지네장터설화' 참조.

9) 손진태, 『한국민족설화의 연구』, 을유문화사, 1954, 106~132쪽; 이부영, 『한국민담의 심층분석』, 1995, '한국민담에 나타난 악의 상과 대처양식' 또는 133~171쪽 참조.

10) 같은 책, 88~109쪽, '지네장터설화'—영웅원형의 한국적 전개 참조.

11) 河合隼雄, 『昔話と日本人の心』, 東京: 岩波書店, 1983, 10쪽.

12) 각 개별 민담의 해석은 이부영, 『한국민담의 심층분석』, 앞의 책 참조.

13) 김태곤, 『황천무가연구』, 창우사, 1966; 홍태한, 「서사무가 '바리공주' 연구」, 경희대학교 대학원 박사학위논문, 1997; 김진영, 『서사무가 바리공주 전집

1』, 민속원, 1997.

14) 여기서 다루는 것은 주로 1930년대 서울에서 채록된 무가다. 赤松智城, 秋葉
隆, 『朝鮮巫俗の硏究』上, 東京: 大阪屋號書店, 1937, 1~60쪽. '무조전설'(巫祖傳
說). 경성 무녀 배경재 구전 '바리공주.' 바리공주 무가의 유화(類話) 사이의
비교, 각 상징의 세부적인 확충, 비교신화학적 고찰은 따로 발표될 예정이므
로 여기서는 생략한다.

15) 장지영 주해, 『홍길동전』, 『심청전』, 정음사, 1973.

16) 이부영, 「입무과정의 몇 가지 특징에 관한 분석심리학적 고찰」, 『문화인류
학』 2, 111~122쪽 참조.

17) C.G. Jung, "Zur Psychologie der Trickster-Figur," C.G. Jung, Die
Archetypen und das Kollektive Unbewußte, G.W. Bd.9-1, Olten: Walter
Verlag, 1976, pp.273~290.

18) Brüder Grimm, Kinder-und Hausmärchen, 1, Band, Zürich: Manesse
Verlag, pp.228~236. 'Das Mädchen ohne Hände'(손 없는 소녀).

19) 천관사(天官寺) 전설. 최상수, 『한국민간전설집』, 통문관, 1984, 214, 215
쪽; E. Peterich, Götter und Helden der Griechen, Olten: Walter Verlag,
p.115.

20) 이부영, 『한국민담의 심층분석』, 집문당, 161~164쪽.

21) C.G. Jung, Symbole der Wandlung, Zürich: Rascher Verlag, 1952, p.554,
555. "두 어머니의 주제는 이중탄생의 사상을 가리킨다. 한 어머니는 현실적
이며 인간적인 어머니이고 다른 어머니는 상징적인 어머니, 즉 그녀는 신적
이며 초자연적이거나 범상치 않은 특성을 가지고 있다."

22) 대상으로 삼은 서울의 무가, 「바리공주」의 끝부분에는 심리학적으로 한 가지
미흡한 점이 있다. 이승의 왕에 대한 저승의 대자(對者)라 할 수 있는 무상신
선(無上神仙)이 왕에 의해 부마(駙馬)로 임명된다는 점이다. 다시 말해 무의
식의 자기상이라고까지 볼 수 있던 요소가 집단의식에 종속하는 위치에 놓
이게 되고 바리공주만 만신의 왕이 된다는 것이다. 저승의 짝, '바리공주+
거인'은 부부신으로서 만신의 왕이 되는 것이 아니다. 바리공주는 만신의 왕
이 되었으나 그녀의 반려자를 왕권에 소속되는 것으로 남겨놓았다. 물론 다
른 바리공주 무가에서는 다른 귀결을 갖고 있고 다르게 해석될 수 있을 것이
다. 지노귀굿에서 바리공주의 굿거리가 가지고 있는 심리적 의미에 관해서
는 다음 논문 참조. 이부영, 「사령(死靈)의 무속적 치료에 관한 분석심리학적

연구」, 『최신의학』 12(1), 1970, 79~94쪽.

23) 이부영, 「민간신앙과 집단적 무의식」, 1984, 앞의 논문 참조; 이부영, 「입무과정의 몇 가지 특징에 관한 분석심리학적 고찰」, 앞의 논문 참조; 이부영, 서경란, 「내림굿 과정의 심리역동과 그 정신치료적 의미에 관한 분석고찰」, 『신경정신의학』 29(2), 471~501쪽 참조.

24) 김광일, 김태곤, 「무(巫)의 강신 몽 분석」, 『신경정신의학』 9(1), 1970, 47~56쪽.

25) 이부영, 「민간신앙과 집단적 무의식」, 앞의 논문 참조. 또한 이부영, 「한국의 샤머니즘과 분석심리학—고통과 치유의 상징을 찾아서」, 한길사, 2012.

26) 子曰 吾十有五而志于學, 三十而立, 四十而不惑, 五十而知天命, 六十而耳順, 七十而從心所欲, 不踰矩.

27) 木村英一 譯, 『論語』, 講談社, 1985, 31, 32쪽.

28) 『논어』, 「계씨」 16 : 7.

29) 이부영, 「논어의 인격론 시고—분석심리학의 입장에서」, 『심성연구』 4(2), 1989, 115~153쪽 중 132~135쪽.

30) Bou-Yong Rhi, 'Heavens' Decree, Confucian Contributions to Individuation, M.A. Mattoon(ed.), *The Transcendent Function, Individual and Collective Aspect, Proceedings of the twelfth International Congress for Analytical Psychology*, Chicago, Einsiedeln: Daimon Verlag, 1992, pp.302~309.

31) 『논어』, 「자로」 13 : 27, 子曰 剛毅木訥 近仁.

32) 이부영, 『그림자』, 274쪽; 『아니마와 아니무스』, 286~288쪽.

33) 이상은, 「퇴계의 학문과 사상」, 퇴계선생 400주기 기념사업회, 『퇴계학연구』, 1972, 31~139쪽.

34) 퇴계 천명도설의 분석심리학적 이해에 관해서는 그 개요를 1994년 서울에서 열린 국제분석심리학회에서 발표했다. Rhi, B.Y., Neo-Confucian Concept of Mind by Toegye-a Jungian Commentary. Paper presented at the 16th International Congress for Psychotherapy. Seoul, 1994.

35) 이부영, 『그림자』, 275~278쪽.

36) 불교사상의 분석심리학적 조명에 관하여는 이부영, 『분석심리학』, 개정증보판, 일조각, 368~397쪽, '동양의 종교사상과 분석심리학' 참조. 또한 이부영, 「불교와 분석심리학—자기실현을 중심으로」, 『불교와 제과학』, 동국대 개교 80주년 기념 논총, 동국대학교, 1987, 261~286쪽; 최훈동, 이부영, 「불교의

유식사상과 분석정신치료이론의 비교 시론」, 『신경정신의학』 25(1), 1986, 101~113쪽; 이죽내, 김현준, 「원효가 본 지관(止觀)에 대한 분석심리학적 고찰」, 『심성연구』 8(1, 2), 1993, 41~56쪽; 이죽내, 「원효의 번뇌이론에 관한 분석심리학적 고찰」, 『심성연구』 12(1), 1997, 1~21쪽; 이죽내, 「원효의 여래장개념에 대한 분석심리학적 고찰」, 『심성연구』 14(1), 1997, 1~13쪽; 서동혁, 「유식삼십송에 나타난 아라야식과 마나스식에 대한 분석심리학적 연구」, 『심성연구』 13(2), 1998, 67~106쪽; 서동혁, 「유식삼십송에 나타난 3성(三性), 3무성(三無性)에 대한 분석심리학적 연구」, 『심성연구』 15(1), 2000, 1~22쪽; 서동혁, 「세친유식 30송에 관한 분석심리학적 연구」, 서울대학교 대학원 의학박사학위논문(지도 이부영 교수); 이부영, 「일심(一心)의 분석심리학적 조명 - 원효 대승기신론소, 별기를 중심으로」, 『불교연구』 11(12), 1995, 277~301쪽.

37) M. Spiegelman, Miyuki, *Buddhism and Jungian Psychology*, New Falcon Publications, Tempe, Part Two, The Zen-Oxherding Pictures, 1994; Miyuki, "Self-realization in the Ten Oxherding Pictures," *Quadrant Spring*, 1982, pp.25~46; 河合隼雄, 『ユング心理學と佛敎』, 岩波書店, 1995, '牧牛圖と錬金術' 참조.

38) 십우도에 관한 고찰은 다음 문헌을 대상으로 했다. 곽암, 이기영 역해, 『십우도』, 한국불교연구원, 1995.

39) 소의 원형적 상징에 관해서는 다음 논문 참조. 이부영, 「한국인의 꿈에 나타난 원형상 II―피분석자의 꿈을 중심으로」, 『정신의학보』 9(1), 1985, 2~24쪽.

40) 곽암, 이기영 역해, 앞의 책, 13쪽. 한자원문을 일일이 인용하지 않겠다.

41) C.G. Jung, R. Wilhelm, *Das Geheimnis der goldenen Blüte*, Zürich: Rascher Verlag, 1955, p.17. "우리가 목표이며 가장 깊은 통찰의 절정이라고 말하는 중심적인 것에서 시작한다."

42) 곽암, 이기영 역해, 앞의 책, 20, 21쪽.

43) "산북을 보았나 산남을 보았나―같은 길 오고 가는 것"에 관한 이기영의 해설 등은 앞의 책, 20, 23, 24쪽 참조. 또한 이부영, 『그림자』, 279, 280쪽 참조.

44) 곽암, 이기영 역해, 앞의 책, 28, 29쪽.

45) 같은 책, 34, 35쪽.

46) 이부영, 『그림자』의 화보에 있는 「십우도」 그림 참조.

47) 곽암, 이기영 역해, 앞의 책, 44, 45쪽.

48) 같은 책, 44쪽 참조.

49) 같은 책, 54쪽. 이기영의 해설이다.

50) 같은 책, 59쪽.

51) 같은 책, 64~66쪽.

52) 같은 책, 68, 69쪽.

53) 같은 책, 69, 70쪽.

54) 같은 책, 64쪽.

55) 같은 책, 73쪽.

56) 같은 책, 74쪽. 이기영의 해설 참조.

57) 같은 책, 88, 89쪽.

58) 같은 책, 102쪽.

59) 같은 책, 105, 106쪽.

60) 河合隼雄, 앞의 책, 76~79, 93쪽.

61) M. Miyuki, 앞의 논문.

62) 河合隼雄, 앞의 책, 75, 76, 93쪽. 上田閑照, 柳田聖山, 『十牛圖』, 東京: 筑摩書房, 79~81쪽.

63) 같은 책, 96~98쪽.

64) 곽암, 이기영 역해, 『십우도』, 45, 46쪽.

65) 이부영, 『그림자』, 282~298쪽, '도교사상과 그림자의 문제' 제하의 글 참조.

66) 이부영, 「노자 도덕경을 중심으로 한 C.G. Jung의 도개념」, 『도와 인간과학』, 소암 이동식 선생 회갑기념논문집, 223~241쪽. 도덕경에 대한 자세한 분석 심리학적 조명은 이부영, 『노자와 융―도덕경의 분석심리학적 해석』, 한길 사, 2012 참조.

참고문헌

국내문헌

1. 단행저서

가톨릭 주석(1995), 『신약성서』, 성요셉출판사.

김진영(1997), 『서사무가 바리공주 전집』 1·2, 민속원.

김태곤(1966), 『황천무가연구』, 창우사.

김헌선(1994), 『한국의 창세신화』, 길벗.

손진태(1954), 『한국민족설화의 연구』, 을유문화사.

이부영(1998), 『분석심리학—C.G. Jung의 인간심성론』, 개정증보판, 일조각.

───── (2021), '분석심리학 3부작' ① 『그림자』, 한길사.

───── (2000), 『한국민담의 심층분석—분석심리학적 접근』, 집문당.

───── (2021), '분석심리학 3부작' ② 『아니마와 아니무스』, 한길사.

───── (2012), 『노자와 융 – 도덕경의 분석심리학적 해석』, 한길사.

───── (2012), 『한국의 샤머니즘과 분석심리학—고통과 치유의 상징을 찾아서』, 한길사.

일연, 이병도 옮김(1972), 『삼국유사』, 대양서적.

최상수(1984), 『한국민간전설집』, 통문관.

홍태한(1997), 『서사무가 '바리공주' 연구』, 경희대학교 대학원 박사학위논문.

논문

김광일, 김태곤(1970), 「무(巫)의 강신몽 분석」, 『신경정신의학』 9(1), 47~56쪽.

서동혁(1997), 「세친유식 30송에 관한 분석심리학적 연구」, 서울대학교 대학원 의학박사학위논문(지도 이부영 교수).

──── (1998), 「유식삼십송에 나타난 아라야식과 마나스식에 대한 분석심리학적 연구」, 『심성연구』 13(2), 67~106쪽.

──── (2000), 「유식삼십송에 나타난 삼성(三性), 무삼성(三無性)에 대한 분석심리학적 연구」, 『심성연구』 15(1), 1~22쪽.

이부영(1969), 「입무과정의 몇 가지 특징에 관한 분석심리학적 고찰」, 『문화인류학』 2집, 111~122쪽.

──── (1970), 「사령(死靈)의 무속적 치료에 관한 분석심리학적 연구」, 『최신의학』 12(1), 79~94쪽.

──── (1975), 「한국인 피분석자의 꿈에 나타난 갈등의 양상과 해결」, 『신경정신의학』 14(3), 1~12쪽.

──── (1980), 「정신과 환자의 체험에 나타난 원형상(1) - 빛의 체험을 중심으로」, 『최신의학』 22(1), 253~264쪽.

──── (1981), 「노자 도덕경을 중심으로 한 C.G. Jung의 도(道) 개념」, 『도와 인간과학』, 소암 이동식 선생 회갑기념논문집, 223~241쪽.

──── (1983), 「한국인 성격의 심리학적 고찰」, 한국정신문화연구원, 『한국인의 윤리관』, 227~276쪽.

──── (1984), 「민간신앙과 집단적 무의식」, 성균관대학교 대동문화연구원, 『한국인의 생활의식과 민중예술』, 97~118쪽.

──── (1985) 「한국인의 꿈에 나타난 원형상 II―피분석자의 꿈을 중심으로」, 『정신의학보』 9(1), 2~24쪽.

──── (1987), 「융의 모성상과 모성 콤플렉스론」, 『심성연구』 2(2), 73~88쪽.

──── (1987), 「불교와 분석심리학―자기실현을 중심으로」, 『불교와 제과학』, 동국대 개교 80주년 기념논총, 동국대학교, 261~286쪽.

──── (1989), 「논어의 인격론 시고―분석심리학의 입장에서」, 『심성연구』 4(2), 115~153쪽.

────, 서경란(1990), 「내림굿 과정의 심리역동과 그 정신치료적 의미에 관한 분석고찰」, 『신경정신의학』 29(2), 471~501쪽.

──── (1995) 「일심(一心)의 분석심리학적 조명―원효 대승기신론 소, 별기를 중심으로」, 『불교연구』 11(12), 277~301쪽.

──── (1997), 「재생의 상징적 의미」, 『심성연구』 12(2), 89~114쪽.

이상은(1972), 「퇴계의 학문과 사상」, 『퇴계학연구』, 퇴계 선생 400주기 기념사업회, 31~139쪽.

이유주, 연병길, 이부영(1983), 「정신분열증 체험내용의 상징성에 관한 심리학적 의미분석」, 『신경정신의학』 22(1), 32~48쪽.

이죽내, 김현준(1993), 「원효가 본 지관(止觀)에 대한 분석심리학적 고찰」, 『심성연구』 8(1·2), 41~56쪽.

이죽내(1997), 「원효의 번뇌이론에 관한 분석심리학적 고찰」, 『심성연구』 12(1), 1~21쪽.

───(1997), 「원효의 여래장개념에 대한 분석심리학적 고찰」, 『심성연구』 14(1), 1~13쪽.

최훈동, 이부영(1986), 「불교의 유식사상과 분석정신치료이론의 비교 시론」, 『신경정신의학』 25(1), 101~113쪽.

역서·번역논문

곽암, 이기영 역해(1995), 『십우도』(十牛圖), 한국불교연구원.

야훼, 아니엘라 엮음, 이부영 옮김, 『C.G. 융의 회상, 꿈, 그리고 사상』, 집문당.

융, C.G., 이부영 옮김(1981), 『현대의 신화』, 세계사상전집 31, 삼성출판사.

───, 한국융연구원 옮김(2001), 『C.G. 융 기본저작집 1: 정신요법의 기본문제』, 솔.

───, 한국융연구원 옮김(2002), 『C.G. 융 기본저작집 5: 꿈에 나타난 개성화과정의 상징』, 솔.

───, 한국융연구원 옮김(2004), 『C.G. 융 기본 저작집 3: 인격과 전이』, 솔.

장지영 주해(1973), 『홍길동전』 『심청전』, 정음사.

폰 프란츠, M.L., 「개성화과정」, C.G. 융, 이부영 외 옮김, 『인간과 무의식의 상징』, 집문당, 163~238쪽.

───, 김현진 옮김(2019), 『창조신화』, 한국융연구원.

국외문헌(중·일)

저서

陳鈞 編著(1997), 『中國神話大觀—創世神話』, 北京: 東方出版社.

森三樹三郎(1964), 『中國古代神話』, 東京: 大安.

君島久子 編(1989), 『東アジアの創世神話』, 東京: 弘文堂.

河合隼雄(1983), 『昔話と日本人の心』, 東京: 岩波書店.

赤松智城, 秋葉隆(1937), 『朝鮮巫俗の研究』上, 東京: 大阪屋號書店.

역서

木村英一 譯(1985), 『論語』, 講談社.

국외문헌(영 · 독)

저서

Bächtold Stäubli(1936/37), *Handwörterbuch des deustschen Aberglaubens*, Bd.VIII, Berlin: Walter de Gruyter & Co.

Brüder Grimm, *Kinder-und Hausmärchen*, Band.1, Zürich: Manesse Verlag.

Cirlot, J.E.(1983), *A Dictionary of Symbols*, London: Routledge Kegan Paul.

Dowson, J.A.(1968), *A Classical Dictionary of Hindu Mythology*, London: Routledge and Kegan Paul.

Eliade M.(1956), *Shamanismus, und archaische Ekstase Technik*, Zürich: Rascher Verlag.

──── (1962), *Occultism, Witchcraft, and Cultural Fashions*, Chicago: The Univ. Chicago Press.

──── (1978), *A History of Religious Ideas*, Vol.1. Chicago: Univ. Chicago Press.

Evans-Wentz, W.Y.(hrgb.)(1953), *Das Tibetanische Totenbuch*, Zürich: Rascher Verlag.

Frazer, J.G. (1967), *The Golden Bough*(abridged ed.), London: McMillan.

Grant, M.J. Hazel(2000), *Lexikon der antiken Mythen und Gestalten*, München: Deutscher Taschenbuch Verlag.

Hall, J.(1974), *Dictionary of Subjects and Symbols in Art*, New York: Harper and Row.

Horney K.(1962), *Self-Analysis*, London: Routledge & Kegan Paul.

Jaffé, A(ed.)(1979), *C.G. Jung, Word and Image*, Princeton: Princeton Univ. Press.

Jobes, G.(1961), *Dictionary of Mythology, Folklore and Symbols*, Part 1, Part 2(1962), New York: The Scarecrow Press.

Jung, C.G.(1950), *Gestaltungen des Unbewußten*, Zürich: Rascher Verlag.

────── (1951), *Symbolik des Geistes*, Zürich: Rascher Verlag.

────── (1951), *Aion*, Zürich: Rascher Verlag.

────── (1952), *Psychologie und Alchemie*, Zürich: Rascher Verlag.

────── (1952), *Symbole der Wandlung*, Zürich: Rascher Verlag.

────── (1954), *Von den Wurzeln des Bewußtseins*, Zürich: Rascher Verlag.

────── (1960), *Psychologische Typen*, G.W. Bd.10, Zürich: Rascher Verlag.

────── (1963), *Die Beziehungen zwischen dem Ich und dem Unbewußten*, Zürich: Rascher Verlag.

────── (1963), *Zur Psychologie westlicher und östlicher Religion*, G.W. Bd.11, Zürich: Rascher Verlag.

────── (ed.)(1964), *Man and His Symbols*, London: Aldus Books.

────── (1964), *Über die Psychologie des Unbewußten*, Zürich: Rascher Paperback.

────── (1968), *Analytical Psychology, Its Theory and Practice*, New York: Vintage Books.

────── (1972), *Briefe I(1906~45)*, Olten: Walter Verlag.

────── (1972), *Briefe II(1946~55)*, Olten: Walter Verlag.

────── (1973), *Briefe III(195~61)*, Olten: Walter Verlag.

Jung, E.(1974), *Animus and Anima*, Zürich: Spring Publication.

Jung, C.G.(1974), *Zivilisation in Übergang*, G.W. Bd.10, Olten: Walter Verlag.

────── (1987), *Seminare Kinderträume*, Olten: Walter Verlag.

────── (1990), *Archetyp und Unbewußtes*, Grundwerk C.G. Jung Bd.2, Olten: Walter Verlag.

────── (1995), *Traumsymbole des Individuationsprozess*, Grundwerk C.G. Jung Bd.5, Olten: Walter Verlag.

Jung, C.G., K. Kerényi(1951), *Einführung in das Wesen der Mythologie, das göttliche Kind/das göttliche Mädchen*, Zürich: Rhein Verlag.

Jung, C.G., Wilhelm, R.(1965), *Das Geheimnis der goldenen Blüte*, Zürich:

Rascher Verlag.

Kerényi, K.(1950), *Labyrinth-Studien*, Zürich: Rhein Verlag.

—— (1976), *Dionysos*, New Jersey: Princeton Univ. Press.

—— (1981), *Die Mythologie der Griechen*, Bd.1, Deutscher Taschenbuch Verlag.

Leach M.(ed.)(1972), *Funk & Wagnalls Standard Dictionary of Folklore, Mythology and Legend*, San Francisco: Harper & Row.

McGuire, W., Hull R.F.C.(ed.)(1977), *C.G. Jung Speaking, Interviews and Encounters*, Princeton: Princeton Univ. Press.

Pasnau, R.(1975), *Consultation-Liaison Psychiatry*, New York: Grune & Stratton.

Peterich E., *Götter und Helden der Griechen*, Olten: Walter Verlag.

Redfearn J.W.T.(1985), *My Self, My Many Selves*, London: Karnac Books.

Reichard, C.A.(1977), *Navajo Medicine Man, Sandpaintings*, New York: Dover Publications.

Rhi, B.Y.(1966), *Die Toten und "Sal", das Tötende im koreanischen Schamanismus*, Diplom Thesis von C.G. Jung Institut Zürich.

Siegel, R.K., West, L.J.(1975), *Hallucinations*, New York: John Wiley & Sons.

Spiegelman, M., Miyuki, M.(1994), *Buddhism and Jungian Psychology*, Tempe: New Falcon Publications.

Von Franz, M.L.(1977), *Individuation in Fairytales*, Zürich: Spring Publication.

—— (1980), *Alchemy*, Toronto: Inner City Books.

—— (1995), *Creation Myths*, Boston: Shambala.

Wilhelm, R., *Chinesische Märchen*, Düsseldorf-Kölnh: Diederichs.

Wolman B.B.(ed.)(1977), *International Encyclopedia of Psychiatry, Psychology, Psychoanalysis and Neurology*, Vol.9, New York: Aesculapius Publishers.

Zimmer, H.(1974), *Myth and Symbols in Indian Art and Civilization*, Princeton: Princeton Univ. Press.

논문

Engel, G.L.(1967), "A Psychological Setting of Somatic Disease, The Giving Up—Given up Complex," Proc. Roy. Soc. Med. cited from Arieti(ed.) (1975), *American Handbook of Psychiatry*, New York: Basic Books, p.488, 489.

Jung, C.G.(1954), "Die Psychologischen Aspekte des Mutter-Archetypus," Jung, C.G., *Von den Wurzeln des Bewußtseins*, Zürich: Rascher Verlag, pp.87~135.

—— (1954), "Das Wandlungssymbol in der Messe," C.G. Jung, *Von den Wurzeln des Bewußtseins*, Zürich: Rascher Verlag, pp.217~350.

—— (1954), "Der philosophische Baum," C.G. Jung, *Von den Wurzeln des Bewußtseins*, Zürich: Rascher Verlag, pp.351~496.

—— (1957), "Transzendente Funktion," G.W. Bd.8, *Dynamik des Unbewußten*, Zürich: Rascher Verlag, pp.77~104.

—— (1963), "Über die Beziehung der Psychotherapie zur Seelsorge," G.W, Bd.11, Rascher Verlag.

—— (1963), "Versuch zu einer psychologischen Deutungen des Trinitätsdogmas," G.W. Bd.11, Zürich: Rascher Verlag, pp.119~218.

—— (1963), "Psychologie und Religion," G.W. Bd.11, Rascher Verlag, pp.1~117.

—— (1967), "Theoretische Überlegungen zum Wesen des Psychischen," G.W. Bd.8, Zürich: Rascher Verlag, pp.187~267.

—— (1972), "Die Bedeutung der analystischen Psychologie für die Erziehung," G.W. Bd.17, Olten: Walter Verlag, pp.59~76.

—— (1976), "Über Mandalasymbolik," G.W. Bd.9-1, Olten: Walter Verlag, pp.373~407.

—— (1976), "Zur Psychologie der Trickster-Figur," C.G. Jung, *Die Archetypen und das Kollektive Unbewußte*, G.W. Bd.9-1, Olten: Walter Verlag, pp.273~290.

—— (1976), "Zur Empirie des Individuationsprozess," G.W. Bd.9-1, Olten: Walter Verlag, pp.311~372.

—— (1990), "Synchronizität," Grundwerk Bd.2, Olten: Walter Verlag, pp.279~290.

——(1991), "Ziele der Psychotherapie," C.G. Jung, Grundwerk Bd.1, Olten: Walter Verlag, pp.31~48.

Miyuki(1982), "Self-realization in the Ten Oxherding Pictures," *Quadrant Spring*, pp.25~46.

Rhi B.Y.(1986), "Confucianism and Mental Health in Korea," Slote, E(ed.), *The Psycho-cultural Dynamics of the Confucian Family, Past and Present*, International Cultural Society of Korea, pp.249~276.

——(1992), "'Heavens' Decree, Confucian Contributions to Individuation," M.A. Mattoon(ed.), *The Transcendent Function, Individual and Collective Aspect*, Proceedings of the Twelfth International Congress for Analytical Psychology Chicago, Einsiedeln: Daimon Verlag, pp.302~309.

——(1994), "Neo-Confucian Concept of Mind by Toegye—a Jungian Commentary," Paper presented at the 16th International Congress for Psychotherapy, Seoul.

Von Franz, M.L.(1961), "Das Problem des Bösen im Märchen," Studien aus dem C.G. Jung-Institut Zürich XIII, Zürich: Rascher Verlag, pp.91~126.

——, M.L.(1971), "Inferior Function," M.L. von Franz, J. Hillman, *Lectures on Jung's Typology*, Zürich: Spring Publication, pp.1~72.

찾아보기

354

자기와 자기실현

하나의 경지, 하나가 되는 길

지은이 이부영
펴낸이 김언호

펴낸곳 (주)도서출판 한길사
등록 1976년 12월 24일 제74호
주소 10881 경기도 파주시 광인사길 37
홈페이지 www.hangilsa.co.kr
전자우편 hangilsa@hangilsa.co.kr
전화 031-955-2000~3 팩스 031-955-2005

부사장 박관순 총괄이사 김서영 관리이사 곽명호
영업이사 이경호 경영이사 김관영
편집 백은숙 박희진 노유연 이한민 박홍민
관리 이주환 문주상 이희문 원선아 이진아 마케팅 정아린
디자인 창포 031-955-2097
인쇄·제책 영림

제1판 제 1쇄 2002년 12월 20일
제1판 제14쇄 2018년 4월 24일
제2판 제 1쇄 2021년 2월 10일
제2판 제 3쇄 2023년 10월 10일

값 22,000원
ISBN 978-89-356-6360-6 04810
ISBN 978-89-356-6357-6 (세트)